日本国際理解教育学会創立30周年記念出版

国際理解教育を問い直す

現代的課題への15のアプローチ

日本国際理解教育学会 編著

明石書店

まえがき

　日本国際理解教育学会は、2020年度に創設30周年を迎えた。本書は、それを記念して出版するものである。学会創設以前、国際理解教育の実践と研究を中心に担っていたのは、1953年から政府主導で行われたユネスコ共同学校（ユネスコスクール）計画とそれに参加した学校、教師たちであった。遅れて民間レベルでは、1971年に帝塚山学院大学に国際理解研究所が設置され、その機関誌『国際理解』が国際理解教育の理論的・実践的フォーラムとしての役割を担っていた。このユネスコスクールや国際理解研究所に様々な形でかかわった実践者や研究者を中心に、その他多彩な人々が参集して本学会は誕生した。

　本学会の設立総会は1991年1月26日、はあといん乃木坂健保会館で開催された。当日配布された「設立の趣旨」は、次のような言葉で結ばれた。「東洋の太平洋に浮かぶ我が国が、21世紀に向けて、東洋と西洋を結び、南と北を繋ぎながら、世界の諸国民と平和共存するためには、人々の心に国際教育の重要性を訴えなければならない。我々はここに、研究者、教育実践者、その他の関係者を糾合して、日本国際理解教育学会を発足させ、国際教育の研究と実践、諸国民との交流を通じて、我が国の国際教育の促進、発展に寄与することを決意した。」（当時は、ユネスコの1974年勧告に従って「国際教育」という言葉が使われた。）

　本学会はこの「設立の趣旨」にもとづいて、21世紀に入り「研究者、教育実践者、その他の関係者を糾合し」、隣国との「交流を通じて」様々な研究・実践活動を行ってきた。学会の総力を結集した四度の科学研究費による共同研究の実施、プロジェクト方式による研究活動の推進、全国各地を会場にした実践研修会の開催、国立民族学博物館やJICA地球ひろばと連携・協働した国際理解教育のプログラム開発や教員研修ワークショップの実施、日本・韓国・中国による共同研究・実践の推進と交流、等々である。これら学会の研究・実践活動の成果を学会紀要『国際理解教育』に発表するとともに、学会創設の周年を契機に出版事業を企画し、その成果を世に問うてきた。

　それが、国立民族学博物館と連携した共同プロジェクト「博学連携教員研修ワークショップ」の研究成果をまとめた『学校と博物館でつくる国際理解教

育—新しい学びをデザインする—』（明石書店、2009年）、多くの学会員が参加した科学研究費による共同研究「グローバル時代に対応した国際理解教育のカリキュラム開発に関する理論的・実践的研究」の研究成果のエッセンスをまとめた『グローバル時代の国際理解教育—実践と理論をつなぐ—』（明石書店、2010年）、および学会のFD活動の一環として総力をあげて取り組んだ『現代国際理解教育事典』（明石書店、2012年）である。以上の三部作は、学会創設20周年の記念として企画されたものであった。その後、遅ればせながら、2007年にユネスコ・アジア文化センター（ACCU）の助成を得て開催した「日韓中三カ国相互理解のための教材開発ワークショップ」の研究成果を、本学会とACCUの共同企画で『日韓中でつくる国際理解教育』（明石書店、2014年）として刊行した。2015年には、学会創設25年を記念して、国際理解教育の研究・実践のガイドブックとなる『国際理解教育ハンドブック—グローバル・シティズンシップを育む—』（明石書店、2015年）を刊行した。本書には、『グローバル時代の国際理解教育—実践と理論をつなぐ—』以降の新しい実践や、前書では触れなかった国際理解教育の戦後の歩みや国際動向、および各分野の最新の研究成果が盛り込まれた。

　この度、本学会が30周年を迎えるにあたり、もう一度学会のこれまでの研究成果を振り返り、30年の歩みのなかで「学会として何ができたか」、また新たな30年に向けた「今後の課題は何か」を明らかにし、将来の学会の発展につなげていきたいと考えた。そこで、これまでの学会の研究成果の発表の場である学会紀要『国際理解教育』（2020年現在 Vol. 26まで刊行）と、学会が編集・刊行してきた上記の書籍を主な検討対象として、国際理解教育の「理論と実践をメタ的に振り返る」作業を行い、本書が誕生した。その経緯については、序章を参考にされたい。

　本書の編集の過程で新型コロナウイルス（COVID-19）の感染が世界的に広がり、本年（2020）6月に予定していた学会の研究大会も中止せざるをえなくなった。この度のコロナ・パンデミックは、グローバル化の負の側面と地球が運命共同体であることを改めて認識させた。

　今から200年前、インドのベンガル地方の風土病であったコレラが1817年にカルカッタで発生し、瞬く間にアジア全域からアフリカに感染が広がり、1822年（文政5年）には長崎をとおして日本にも上陸した。その後、1826年から

1837年までの大流行は、イギリス人によってヨーロッパにも持ち込まれ、数百万人が亡くなった。この感染症の拡大に対応するために、ロンドンやパリなどの大都市が大きく改造された。ロンドンでは、多くの労働者が密集して住むトイレも十分に整備されていない劣悪な集合住宅に下水道が整備され、その後田園の良好な環境と都市の利便性とを兼ね備えた田園都市構想が生まれた。パリでも出稼ぎ労働者が密集して住む不衛生住宅の土地を収用して道幅を拡張し、統一性をもった建物が建築され、パリを「花の都」に変貌させた。

　今回のCOVID-19の感染拡大は、日本の生活環境や生活様式を大きく変えようとしている。しかし、19世紀のロンドンやパリのような変貌は期待できるだろうか。それどころか、今日コロナによる国家間・地域間の「分断」、「人種」「民族」間の「対立」や「格差」が顕在化してきていることが指摘されている。コロナ禍によるナショナリズムやポピュリズムの台頭は、多くの国でナショナル・アイデンティティを呼び覚まし、「地球市民」の育成を目標としてきた国際理解教育にも新しい課題を突きつけてきている。

　このような今日の世界的な分断状況のなかにあって、アフターコロナの世界においては、これまでにも増して国際的な「協力」や「連帯」が求められている。今日、このような「協力」や「連帯」に向けた意識を高め、行動できる資質や能力を育成する教育として国際理解教育の重要性が改めて問われているといっても過言ではない。折しも、2020年は第二次世界大戦後、国際的な「協力」を推し進めてきた国連が創設されて75年目の年に当たる。今回のコロナ・パンデミックは、国連が取り組んできた平和と安全、開発および人権という三つの柱に大きなチャレンジを投げかけている。本学会としても、今後国際理解教育の研究と実践のなかにこの問題を位置づけて取り組んでいきたいと願っている。

　本書が、ウイズコロナ、アフターコロナ時代の国際理解教育の実践と研究を考える指針となることを願ってやまない。

2020年10月24日　国連創設75年の日に
日本国際理解教育学会
会長　森 茂 岳 雄

第2部　国際理解教育の授業実践、学びを問い直す　83

序　章

本書へのオリエンテーション

藤原孝章

1．経緯とねらい

　本書は、学会設立の30周年の節目にあたる記念出版である。企画にあたっては、国際理解教育のカリキュラムについて提案した2010年版（『グローバル時代の国際理解教育―実践と理論をつなぐ―』）、国際理解教育の実践的、理論的なパースペクティブを示した2015年版（『国際理解教育ハンドブック―グローバル・シティズンシップを育む―』）の過去二回の著作をベースにした。そして、過去二書との違いを明確にするために、「学会30年の研究の成果をふまえつつ、理論と実践をメタ的に振り返る」ことを出版の基本的なコンセプトとした。「主体的で、対話的で、深い学び」や「真正の学び」など、近年は、学習者の自己省察的で、リフレクティブな学びが注目されている。学習者にとってそうであるなら、学会としても、2010年と2015年の記念出版との違いを生み出すためにも、そのような振り返りがあっていいではないか、というのが企画のはじまりであった。

　企画は、前会長時代の2018年の年頭にあたって提案されたが、現在の形に至るまで少し紆余曲折があった。というのも、「学会30年の研究の成果をふまえつつ、理論と実践をメタ的に振り返る」という基本コンセプトを実行する手立てについて、編集委員および学会理事のあいだで、対話を重ねたからであった。出版時期も本来なら5年毎の刊行という意味で、2020年6月の刊行をめざして企画していたが、コンセプトの検討とその手立てを実現するための内容構成の決定に時間を要することになった。タイトルの仮称についても「研究ハ

ンドブック」、「探究ハンドブック」、「リーディングス 国際理解教育」などと変遷し、最終的に『国際理解教育を問い直す─現代的課題への15のアプローチ─』に落ち着いた。

　さらに、内容についても、当初は、30年間の学会紀要の論文や先行研究を分析、検討するという観点から、学会理事の方々に、過去の論文から評価すべき3本のリストアップを依頼し、そのなかから内容を構成していく手立てとしていた。しかし、それでは過去の論文の単なる系譜やレビューに終わってしまい、現代的課題や未来を見据えた課題について論じることは困難ではないかということが、対話を重ねるなかでわかってきた。むしろ、現代的課題に向き合うような「根源的な問い」を立て、過去のリソースを系譜づけ、メタ的なアプローチと切り口を提案する方向に一歩踏み出した方が30周年の趣旨に沿うのではないか。そうすれば、目標、内容、方法、実践といったカリキュラム開発のあり方を提案した2010年版や、国際理解教育のパースペクティブを示した2015年との差異化が図れるのではないか、そもそも「国際」や「理解」とは何か、「教育」や「授業」ありきでよいのかといった議論が出てきたのである。

　そこで、以下に述べるような現代的課題と向き合う15の根源的な問いを立て、課題に応えるアプローチを採用したのである。創立30周年を迎え、学会として何ができて、何ができなかったのか。学校や社会にどんな影響を与えたのか、これから乗り越えていくべき課題は何なのかを示していくのなら、出版の意義があるのではないかという、出版社である明石書店の大江道雅社長の心強い助言もいただいた。

　このような経緯から、執筆者に依頼したのは、〈創立30周年を迎え、学会として何ができたか、今後の課題は何かについて、学会紀要『国際理解教育』掲載論文や学会編集の出版物を中心に検証、批評することをとおして、明らかにしていく〉という論点と切り口である。その際、各研究大会の大会（シンポジウム）テーマ、学会の各委員会でのプロジェクト（研究実践委員会の特定課題研究、紀要編集委員会の「特集」、国際委員会のプロジェクト）など学会の研究成果を盛り込む。必要があれば、関連学会・研究団体の学会紀要や出版物なども参照することとした。

２．本書の構成と特色

　本書の特色は、各章が、問いの形を取って課題に向き合っていることである。したがって各章の執筆においても、まず、「なぜこの課題を問い直すのか」の問いを立て、次に、各章のテーマと課題に向き合い、論述した上で、最後に、「問いへの応答と残された課題」を取り出している。これは各章で共通している。また、章によっては課題について深く掘り下げた「深掘り型」（第１章、第10章など）と課題を俯瞰的に考察した「マップ型」（第３章、第７章、第11章など）の二つの取り上げ方をしている。

　目次からわかるように本書は３部からなっている。

　第１部は「国際理解教育の原点を問い直す」である。文字通り、もう一度原点に立ち帰って、国際とグローバルはどう違うか（第１章）、ユネスコの教育勧告をどう受けとめるか（第２章）、国際理解教育はどのように実践・研究されてきたか（第３章）、国際理解教育は理解ありきでよいか（第４章）と問うている。本学会ではこの30年間、「国際理解」というけれど、「国際」の内実はどう変化したのか、国際でよいのか、「理解」は可能なのか、理解ではなく対話や共生、問題解決があげられるのはなぜか、などへの答えを模索してきたといってよい。また、本学会はユネスコの理念や勧告と密接な関係にあるが、この30年どう対応してきたのか、そもそも、国際理解教育の研究や実践の実際はどうであったのかを、第１部では明らかにしようとしている。

　第２部は「国際理解教育の授業実践、学びを問い直す」である。授業実践や学びにかかわる根源的な問いを立て、国際理解教育は学習指導要領にどう応答してきたのか（第５章）、国際理解教育のカリキュラムマネジメントはどうあるべきか（第６章）、教師の経験、問題意識、子どもの状況から国際理解教育の授業をどうデザインするか（第７章）、地域、博物館、NPOなどと連携した国際理解教育の授業をどうデザインするか（第８章）、スタディツアー・フィールドワークから国際理解教育の授業をどうデザインするか（第９章）、地域における国際理解教育の実践をどうデザインするか（第10章）、と問い、国際理解教育のカリキュラムや授業デザインのあり方を追究している。国際理解教育は、教育学一般の研究だけではない。むしろ授業実践や教材開発研究、カリキュラムづくり、学校を含む地域やフィールドをふまえた教育実践に関する研究も重視し

ている。その理由は、学会を構成する会員には教員などの実践者も多く、かつ、教育実践による学習者の学びの変容に注目してきたからである。第2部ではこのような実践的課題をふまえたものとなっている。

第3部は「国際理解教育の現代的課題に応える」である。ここでは、国際理解教育の現代的課題への挑戦として、多文化教育としての国際理解教育の授業はどうあるべきか（第11章）、シティズンシップ教育としての国際理解教育の授業はどうあるべきか（第12章）、SDGs時代の国際理解教育の授業はどうあるべきか（第13章）、ユネスコの提起する現代的課題に国際理解教育はどう応えるか（第14章）、日韓中共同プロジェクトが提起する課題に国際理解教育はどう応えるか（第15章）という、5つの先端的課題に取り組み、今後の可能性を探っている。第3部で取り上げた多文化、シティズンシップ、SDGs、ユネスコのESD、日韓中共同研究は、本学会でこれまで議論され、また今後、議論されていくべき課題である。他にも、平和や難民、開発や国際協力、トランスサイエンスなど重要な現代的テーマもあると想定されるが、第3部は、それらの諸課題へのアプローチの事例として読んでもらえるとありがたい。

また、本書では、日本国際理解教育学会として、長きにわたって協力・友好関係にある韓国の国際理解教育学会および中国の研究者から、韓国および中国からみた日本の国際理解教育というテーマでコラムを寄せてもらっている。

3．問い直すということ──新型コロナ（COVID-19）を超えて

本書は、現代的課題と向き合う15の根源的な問いを立て、課題に応えるアプローチを採用し、学会として何ができて、何ができなかったのか、これからの課題は何なのかを示そうとしたものである。しかし、それはまさにチャレンジングなアプローチであって、国際理解教育のオルタナティブな新しい姿を示すにはまだまだ途上であることは断っておいた方がよい。

本学会が、育成すべき人間像を「人権の尊重を基盤として、現代世界の基本的な特質である文化的多様性および相互依存性への認識を深めるとともに、異なる文化に対する寛容な態度と、地域・国家・地球社会の一員としての自覚をもって、地球的課題の解決に向けてさまざまなレベルで社会に参加し、他者と協力しようとする意思を有する人間」であり、同時に、「情報化社会のなかで

的確な判断をし、異なる文化をもつ他者ともコミュニケーションを行う技能を有する人間」(日本国際理解教育学会編 2010：28) としたのは10年も前のことであるが、ここに示された人権尊重、寛容、共生、協力といった理念は、2020年の新型コロナパンデミックの状況にあってますます重要となっている。

　リモートであっても「つながる・つなげる、伝え合う、話し合う」システムが国境を越えて構築され、多くの「コミュニティ」がバーチャル上には成立しつつある一方で、自国第一主義や富の格差によって私たちの「健康・安全」や物流などサプライチェーンの囲い込みや分断があからさまになり、SNS上には誹謗中傷やヘイトスピーチなどの排外的な自己中心的な言説が溢れている。数多くの人権侵害が殺人や自殺などを引き起こす現実も目にしている。これらの「不都合な真実」に対して、内外では連帯と共生、公正と平等のメッセージも届くようになっている。

　人権尊重、寛容、共生、協力を掲げる国際理解教育はこれらにどう応答し、どう責任をとっていくか、明確にメッセージをもつべき課題に直面していることを痛感している。新型コロナ (COVID-19) を超えて、本書が、国際理解教育の現代的課題へのチャレンジと希望への足がかりとなることを願っている。

おわりに

　本書は、学会の研究をメタ的に振り返っていることから、研究デザインのあり方として、これから国際理解教育研究を志す若い研究者や大学院生、学生に大いに役立つであろう。授業実践や授業デザインについても同様に追究していることから、国際理解教育の授業実践を意図している現場の実践者、教員にも有用なものとなっている。また、本書における現代的課題についての論考は、広くグローバル教育やシティズンシップ教育、開発教育、異文化間教育など関連諸教育にも関係していることから、一般の読者や研究者にも意義あるものであると信じている。

第 1 部

国際理解教育の
原点を問い直す

第1章

国際とグローバルはどうちがうか

藤原孝章

1. なぜこの課題を問い直すのか

　日本国際理解教育学会は、1991年に設立され約30年間を数える。和暦でいえばほぼ「平成」年間を歩んできたことになる。また、ソ連が崩壊し、冷戦によって分断されていた世界市場が出現したという意味で、経済のグローバリゼーションの始まりの時期でもあった(資料1 年表参照)。日本国際理解教育学会は、日本という国家が世界における立ち位置を模索し、教育の国際化を課題にすえた頃に設立された。そして今また、教育のグローバル化が国家の教育課題とされている。

　国際理解教育もしくは国際教育は、インターナショナル・エデュケーション(international education)のことであり、ネイション(nation)、すなわち、近代国民国家を前提にした教育思想である。他方、現在ではグローブ(globe)すなわち地球社会を前提にした教育思想であるグローバル・エデュケーション(global education)、すなわちグローバル教育もしくはグローバル・シティズンシップ教育が登場している。

　国際理解教育もしくは国際教育は、歴史的には、第二次世界大戦後のユネスコ設立の理念である平和と基本的人権を重視した教育思想の名称として登場した。他方、グローバル教育は、1974年のユネスコ「国際教育」勧告(国際理解、国際協力及び国際平和のための教育並びに人権及び基本的自由についての教育に関する勧告)にもみられるように、グローバルな諸課題とその解決への関心や地球意識の重要性を背景に、英米などで登場してきた教育思想である(永井 1989、藤

原 2016)。さらには、国連の持続可能な開発目標（SDGs）と関連してユネスコでは グローバル・シティズンシップ教育が教育思想として提唱されている（UNESCO：2014）。

　本章では、以上のような、平和と基本的人権、地球的課題とその解決、連帯をテーマとしてきたユネスコの教育思想をふまえつつ、日本国際理解教育学会創設時の会長であった天城勲の論説を紐解きながら、①国際とグローバルにおける語り方の違いは何か、②二つの違いは教育の方略にどう影響するのか、③今後の学会の課題は何なのか、という三つの問いを設定し、この30年間の世界や社会の情勢を振り返りつつ、課題と展望を提示してみたい。

2. 学会創設時の研究と関心

　日本国際理解教育学会は、1991年1月26日「はあといん乃木坂健保会館」で設立総会を行い、天城勲（前文部事務次官、当時日本ユネスコ国内委員会会長）を会長、牧野茂を事務局長（当時教育科学研究所）とし、会員数290名で出発した（日本国際理解教育学会 2004：210-215）。設立当初は「国際理解教育研修会グローバルセミナー」（1991年から94年）を開催するにとどまり、学会紀要が創刊されるのは、1995年1月まで待たなくてはならなかった。この間の事情は筆者には詳らかではないが、当時の学会理事の既発表論文が「創刊準備号（0号）」として1993年1月に刊行されている（日本国際理解教育学会 2004：216-222）。

　各執筆者の論説はいずれも参考に値するものばかりであるが、概ね共通しているのは、1974年ユネスコ「国際教育」勧告の肯定的評価であり、平和と基本的人権を柱とするユネスコに国際理解教育の理念的根拠を求めるものである。

　なかでも、天城（1993：2-10）の論説「わが国の国際化─教育を中心として─」は、国民国家としての日本の世界のなかでの立ち位置を冷静に見つめ、教育の国際化に対応した創設期の国際理解教育のあり方を示している点で出色である。本章で取り上げる所以である。

　天城（1915年生、2011年没）は、長く文部省にあって、事務次官（1969年1月～1971年6月）時代も含め日本の教育政策に深くかかわった。退官後も日本ユネスコ国内委員会の会長（1989年8月～1992年5月）のかたわら、約10年（1991年1月～2001年6月）にわたって日本国際理解教育学会の会長を務めた（渡部

2003：214-229）。

　天城の論説は、第1章では国際理解教育の前提である国家の捉え方について論じ、第2章では国民国家日本の世界のなかでの立ち位置や自覚を論じ、その上で、第3章で国際教育の視点をユネスコの理念に依拠しつつ論じ、最後に日本の国際理解教育の枠組みと課題を提言している。

3．国民国家と国際化──国際とグローバル

　天城の論説の中心になっているのは国民国家である。天城は第1章の「国家と国際関係」において、国際教育の前提となる国家について、主権、文化、産業経済を中心とする一体性から国家を規定し、その静態と動態の面から描いていくべきだと述べている。

　　「国際」とはいうまでもなく国との関係である。したがって、国際を考える場合には前提として国とはなにであるかを確認しておく必要がある。（中略）「国際」の前提となる国とは近代国家であり、国民国家（Nation State）である。国家の形式的枠組みは、（1）国家＝国民＝国籍＝領土（国土）の四つの要素が主権によって等式化されている。領土の侵犯や移民・難民が大きな国際問題となるのはこの形式的枠組みが前提とされるからである。その国民は、形式的枠組みにおいては国籍によって国家に一体化されているが、（2）国民の実態は、民族（人種）、言語、宗教の諸属性を備えながら永い歴史の過程で一定の生活様式と思考様式を形成している。これを広義の文化と呼べば、国家・国民は一般的には文化的同一性（cultural identity）を保持している。しかし、世界のなかには国民の諸属性が単一ではなく複数の組み合わせになっている多民族国家あるいは多宗教国家等といわれる国々も存在している。（3）第三の側面として、第一及び第二の側面の国家と国民の生存と生活を支えている産業、経済の営みを忘れてはならない。現在世界に存在する170の国家、その地球上の位置、地勢、風土、歴史的過程とあいまってその産業の形態、経済の発達段階には大きな差異と多様性がみられる。したがって国家とは、簡単に図式化してみれば、（1）形式的な枠組み、（2）文化的な同一性、そして（3）多様な産業・経済（技術）の

実態の三側面を同時に備えた存在であることはわかる。

　「国際」とはこのような三側面を持つ独立した国と国との関係であるが、目的と観点によって、（1）第一の形式的枠組みが主権の名において正面に出てくるのが国家政治関係であり、（2）第二の同一性を保持する国民の文化的側面の接触、交流が国際文化関係であり、（3）産業・経済（技術）における相互補完、採長補短の交流が国際経済関係と一般にとらえられている。以上は国際関係の静態的図式と見ることができる。ところが現実の国際関係は国家のこの三側面が複雑に交流、混在しているのが実態である。特に貿易規模の世界的拡大と経済的な国家間の相互依存がより緊密化しているなかで、さらによくいわれる物、金、ヒト、情報の交流はより活発となり、国家間のボーダーレス化や世界の拠点を結ぶネットワーク化が各分野で促進されている（後略）。

　具体的には、（1）主権によって等式化される国家＝国民＝国籍＝領土（国土）、（2）民族（人種）、言語、宗教の諸属性が永い歴史のなかで形成される生活様式や思考様式という文化的同一性、（3）国家と国民の生存と生活を支えている産業、経済の営みの三側面を指摘している。（1）は主権国家であり、（2）は国民文化（当該国の文化伝統）であり、（3）は国民経済といえるだろう。いずれにしても前提になっているのは近代国民国家である。近代国民国家は、17世紀中頃のウェストファリア条約（1648年）以後に成立した西欧における主権国家体制に始まるとされるが、典型としてはそれらが西欧以外に拡大した19世紀に確立したといえる。なぜなら、内にあっては「一国家・一民族・一言語」の一体性を、国民教育をとおして形成し、外に向かっては他民族の領域を侵略し、帝国化する植民地帝国となっていったからである。それらは欧米列強といわれ近代国民国家のモデルとなっていった。

　日本の国際化も実は19世紀に始まる。それは、内に向かっては、幕府と藩に分割された領邦国家を統一し、かつ、先住民族のアイヌ民族と別の国家であった琉球王国を編入、周縁化した明治国家が、「一国家・一民族・一言語」を掲げ、文明開化と富国強兵のもと、西欧化と近代化のモデルとしたのは欧米列強であったからである。外に向かっては、日清・日露の戦争を経て、台湾・朝鮮半島・南樺太・千島列島を領有する植民地国家となり大日本帝国という欧

米列強モデルの19世紀型国民国家を手に入れたからである。

　19世紀型国民国家モデルでは、世界は主要国家の勢力均衡や合従同盟の機械論的な世界観が支配する。20世紀に入って第一次世界大戦の反省から国際連盟という超国家機関も構想されたが、帝国内利益の優先（ブロック経済化）と軍備増強によって、連合国と枢軸国という二大国家群による第二次世界大戦を避けることはできなかった。

　このようなモデルは、21世紀の現在大きく変容している（**表1-1**）。

表1-1　国際とグローバル (1) —前提としての国家と地球社会 (筆者作成)

	国際	グローバル
前提	国民国家	地球もしくは地球社会
主権	欧米諸国をモデルとした近代国民国家、欧米列強	巨大国家、マイクロステート (極小国家、ミニ国家)
領域	帝国主義、国境の分割 (植民地)、自国貨幣・通貨	核兵器、世界市場、多国籍企業、IT系グローバル企業、金融マーケット、仮想通貨 (暗号資産)、統一貨幣、インターネットやSNS
国民	単一民族 (一国家・一民族・一言語)	国籍と民族の差別化、多民族・多文化、移民・難民、先住民族の承認
超国家組織	国際連盟、国際連合 (主権国家の集合体)	領域共同体 (EU、アセアンなど)、国際会議体 (G7〜G20)、国際条約・諸規約、国際NGO

　まず、第二次世界大戦後、欧米列強は植民地を失い帝国ではなくなった。植民地は独立し、主権をもつ国家が数多く誕生した。しかし、独立した新興諸国は、言語や民族、宗教の面で、国民国家としての一体性を形成、保持するのに困難な国もあり、政治的にも安定を欠いていた。貧困や債務に悩まされ、政治的にも発言力は小さく、経済的、政治的にみて国民国家の体裁を保っていない国も少なくはない。構造的暴力を内在化した社会構造を抱え、いったん紛争や戦争、気候変動や地震などの災害が起きれば、難民を輩出したり、国際社会の支援なしに国家を運営することができない政府も多い。他方、米ソのような世界を二分する超大国や主要先進国のグループが出現し、主権国家の著しい不均衡がみられた。

　ソ連崩壊後は、EU（ヨーロッパ連合）、ASEAN（東南アジア諸国連合）、BRICS（新

興工業国）のような地域共同体や国家群も出現するなど、G7、G8、G20といった主要国家グループによる国際会議が政治や経済、地球環境などの問題をテーマに頻繁に行われるようになった。また、非政府組織であるNGOも国際的な課題解決のアクターとなっている。経済協力、開発援助、通貨・貿易、地球環境問題など一国ではコントロールできない課題、国家の主権を制限しなければ協調できない課題が目に見えるようになっている。主権国家の集まりである国際連合も、これらの変化に応じて、ユネスコにみられるように主権国家のみでは解決不可能な人類共通の課題について討議し、いくつもの決議や条約の成立に努力している。

　19世紀モデルは、内に向かっても、「一国家・一民族・一言語」の国民国家幻想が維持できなくなっている。グローバリゼーションによって、人の移動や移民が増加し、国家内に移民や外国人労働者、難民を抱えるようになり、国籍（ナショナリティ）と民族性（エスニシティ）が別のものとなっている。また、国民国家幻想のもとで見えなくなっていた周縁の民族が、先住民族や少数民族として可視化してきている。容易に「国民」として統合できない、文化的一体化を困難にする社会的要素が拡大してきたのである。

　国民経済の側面をとってみても、グローバリゼーションで語られる多くのことが国家の主権の枠を超えて拡大深化している。国民経済という閉じられたボーダーは、企業の多国籍化、地球規模での利益の最大化、24時間の金融マーケットと膨大なバーチャルマネーの取り引きといった経済行為、核兵器や生物化学兵器、軍事偵察衛星などの軍事的テクノロジー、SNSをはじめとするインターネット空間や通信網の地球規模の拡大によって、実質的に無化されている。

４．世界情勢と日本の立場──日本の自己認識

　続いて、天城は、国際化と教育の課題にあたって、「わが国の国際的な立場の認識」の重要性を述べている。

　　今日の日本の発展と繁栄は、もちろん自らの努力によるところは大きいが、実は戦後世界秩序において日本は最大の利益を享受したことを忘れて

はならない。生産資源、エネルギー原料、食糧さえもその大部分を海外から輸入し、その原料を高度な技術と勤勉な労働によって加工し付加価値を高めた製品として海外に輸出して今日の繁栄をもたらしている日本の実態は誰でもよく知っている。良い製品を、安く、大量に生産し、なみなみならぬ努力を払って市場を開拓して世界規模に経済を拡大してきたと日本人は信じてきた。ところが海外からは、輸出において市場公開の便益を存分に享受しながら、輸入に関しては日本市場はなお障壁が多く、日本の優れた技術もこれはといえば外国の模倣であり、日本人は生活の楽しみを犠牲にして働きすぎであるなど日本人の生活様式や思考様式まで批判が浴びせられ、さらには日本は経済大国にふさわしい「役割」をもっと果たすようにと迫られている。たしかに経済大国日本は驚異の眼で見られているが、その眼には不可解と不信の影を色濃くにじませている。なぜであろうか。どうすればよいのであろうか。日本の国際化とは、この疑問に答えていくことにほかならない。

　（日本は、島国ゆえに閉鎖的なのではなく、島国だからこそ歴史的にも外に文物を求める開放性があった。明治の国際化も近代化、西欧化を国是としてきた。しかし、日本は文物の輸入には積極的だったが発信のない受信型であった、と述べたあと―引用者）貪欲とも言える外国文物の導入、摂取の過程で口に合わないもの、消化しきれないもの、体質に合わないものは吐き出すか拒否してきた。かくて日本は、具体的には日本人は、国内においてはもちろん外国においても、異質なものとの共存の経験は無きに等しく、したがって共存のすべも身についていないのである（後略）。

　日本の加工貿易・輸出依存型繁栄モデルと自信、世界第二の経済大国となった当時の日本の繁栄と成功への自己肯定が示されている。同時に、経済的にも文化的にも閉鎖的で異質なものとの共存を避けてきた日本への懐疑、疑問、葛藤、不均衡な交流状態にある日本という自己認識がある。これが、国際化の課題であるとする、ナショナリズムのありかがここに示されている。1990年代は、ドルベースで日本のODA（政府開発援助）が世界最大であった。世界に開かれた形での国際貢献、世界のなかの日本の役割、日本人としての自覚が課題として指摘されたのは、このようなナショナリズムに応えたものといえる。

現在（2020年代）はどうだろうか。日本は、GDP において、中国に抜かれ、第三の経済大国である。一人当たり名目 GDP（US ドル）は26位（2019年）と1990年代から大きく後退している。加工貿易・輸出依存型経済も、原料輸入・製品輸出に加えて、工業素材の輸出、製品輸入といった相互依存型構造に変容している。家電、半導体、自動車など加工貿易・輸出依存型経済の繁栄の象徴であった世界的な企業群の地位低下が著しい。これらに代わって、時価総額ランキングなどをみると、海外の、AI を駆使した IT 系・情報通信系グローバル企業群が上位に来ている。また、日本では相対的貧困が拡大し、誰もが豊かではなくなり、かつそれが再生産され、社会の格差化が明らかになってきた。人口減少社会が目の前に迫り、経済の成長は、インバウンドの外国人観光客を頼りにするようになっている。

しかし、日本は経済的にも技術的にも「普通の国」になったけれども、外国への発信という面では、年間3000万人（2019年）ものインバウンドの観光客が来日することで、自らの良さを発見し、発信している。それは、神社仏閣、歌舞伎やお祭りのような伝統文化だけではなく、アニメやコスプレ、テーマパークなどのサブカルチャーであり、世界遺産にもなった和食や寿司であったりする。さらには、サッカーや野球などプロスポーツの世界でも海外に在住し、活躍している若者も多い。

ただし、天城がいう「異質なものとの共存」については、政府が外国人労働者の受け入れ拡大の方針を明確化したにもかかわらず（2019年改正入管法施行）、共生への施策は遅れており、ネットや街頭ではヘイトスピーチなど排除の行為が拡大し、多文化共生、社会的包摂をめぐっては解決すべき課題が多い。

5．日本の教育の国際化

天城は、最後に、「国際教育の視点」として次の（ア）〜（カ）を示したのち、教育の国際化には、「教育の国際化を図るため政策、制度ないしはプログラム」、および、「国際化の教育を実践するための目的、目標、方法」の二つがあり、後者は教育の全課程を通じて実施される必要があるとの認識を示し、前者については、次の（ア）から（キ）のプログラムを提言し、この論説を終えている。

　・国際教育の視点
　　（ア）普遍的価値：ユネスコのいう人権および基本的自由、平和、差別、
　　　　憎悪、暴力、武力、戦争の否定
　　（イ）異文化間理解：異文化間の相互の理解と尊重、交流と共存
　　（ウ）特定国との相互理解：アメリカやアジア近隣諸国との関係
　　（エ）開発途上国：開発と援助・協力、開発教育
　　（オ）地球環境問題
　　（カ）政治的および経済的国際関係
　・教育の国際化を図るため政策、制度ないしはプログラム
　　（ア）帰国子女教育のための特別学級，研究協力校、担当教員の研修、
　　　　手引書作成，高校への編入学機会の拡大等
　　（イ）国際化に対応した特色ある高等学校、学科、コースの設置
　　（ウ）長期，短期の教員の海外派遣研修
　　（エ）コミュニケーション能力向上を図る外国語教育の充実、このため
　　　　の教育課程の基準の改善、ネイティブ・スピーカーの招致、英語
　　　　教員の海外研修、外国語科目の多様化等
　　（オ）高等学校における留学制度や海外修学旅行
　　（カ）外国の学校との姉妹校提携
　　（キ）急増する在日外国人子弟の受入

　国際教育の視点として、ユネスコにみられる平和や人権、自由、非戦といっ
た普遍的価値をふまえながら、国民文化の相互理解（異文化間の理解）、日米や
日中など特定国の理解、開発教育、地球的課題など、現在でも十分に適応可能
な視点が述べられている。教育政策としても、当時の日本が直面していた、帰
国生の受け入れや国際化に対応した特色ある学校づくり、外国語教育、留学制
度や海外修学旅行、姉妹校提携、ニューカマー外国人子弟の教育などの諸課題
を的確に指摘している。国際理解教育を単なる英語などの教科学習にとどめな
い広範な学習活動への取り組みも示唆している。
　教育の国際化政策の現在はどうだろうか。（ア）帰国子女教育に関しては、
受け入れ専門校もあり、かつ、中国や東南アジアの日本人学校からの帰国児童
生徒が増えているので、当時のような政策課題ではなくなっている。（イ）国

際化に対応した特色ある高等学校においては、国際科・コースに始まり、現在では「グローバル人材育成」政策もあって、SSH（スーパー・サイエンス・ハイスクール）やSGH（スーパー・グローバル・ハイスクール）、国際バカロレア校など拡大している。（エ）についても、初等教育における外国語（英語）の教科化、高等学校でのオールイングリッシュによる授業化、大学入試の改革など英語教育の変化も著しい。（オ）や（カ）についても現在では珍しくはなくなっている。「トビタテ！留学Japan」（文部科学省）もあって奨励されている。（キ）外国人児童生徒については、この30年間の間に外国人労働者・居住者が拡大したこともあって、初等・中等教育の学校に増えている。それに伴い、日本語指導の不十分さによる学習の困難、不登校をはじめとして教育を受ける権利も課題となっている。

6．国際理解教育におけるナショナルな語りとグローバルな語り

　天城がいみじくも提案した枠組み、すなわち、国民国家を前提とし、そこから当該の国民国家の世界情勢における立ち位置を論じ、国家が直面する政治や経済、文化の課題を引き出し、その上で政策課題としての国際化を論じ、最後に、国際教育の理念や考え方、枠組みを提案するという、このような考え方を仮に、国際理解教育における「ナショナルな語り」としておく。

　他方、切実な課題に直面する授業実践や個人の学習変容などに注目すべきとの指摘も創刊準備号にはあった。それは、国際理解教育のカリキュラム開発の必要性やテーマの多様性とその包括化を学校現場のニーズから探っている米田伸次の論説であり、「帰国子女」を対象にしつつ、学校適応ではなく、異文化や多文化の状況における個人の学習変容の課題を指摘している川端末人の論説である。グローバルやローカル（地域）の課題のなかでの学校や地域における授業実践の事実や異文化や多文化の状況のなかでの個人の学びや変容などをもとに国際理解教育を語るオルタナティブな語りを「グローバルな語り」としよう。

　両者は**表1-2**に示すように世界観、教育思想、社会認識、文化観、言語観およびカリキュラム構成観において対照的である。後者のグローバルな語りについては、石森広美（2013、2019）の研究があり、本学会紀要17号（2011年）、25

表1-2　国際とグローバル (2) ―カリキュラムの語り (筆者作成)

語り	ナショナルな語り	グローバルな語り
世界観	国民国家を前提 機械論的世界観 同心円拡大世界観	地球社会を前提 ホリスティック世界観 〈自己⇔地球〉世界観・グローカルの世界観
教育思想	国際理解教育／国際教育	グローバル教育／グローバルシティズンシップ教育
社会認識	世界のなかの日本 日本人としての自覚 国際化＝西欧化	地球的な課題への参画・地球規模の連帯 地球市民としての自覚 人権を持った諸個人
文化観	文化本質主義 自文化対他文化／異文化 伝統文化 同化、排除、隔離	文化構築主義 複文化、多文化、文化変容 サブカルチャー 共生、包摂、公正、多様性
言語観	国語 英語第一主義	日本語 国際共通語

号 (2019年) においても関連したテーマで特集が組まれている。また、本書第12章でも検討されている。

　ナショナルな語りは、国際化やグローバル化という枕詞があっても、要は天城の論説のように、国家 (国民教育) を前提に教育課題を捉えていくものである。〈自己→地方→国家→世界〉という同心円拡大によって世界を見ていくもので、自己が世界と出会うためには国民国家をとおしてのものになる。テーマや語りとしては、世界のなかの日本、日本人としての自覚、自文化と他文化の相互理解が優先され、その際の自文化とは、日本の伝統文化である。言語も外国語としての日本語ではなく国語優先である。このような考え方の典型的なものは学習指導要領に沿ったカリキュラムである。

　他方、グローバルな語りは、地球社会の成立を前提としており、学習者は人権をもった諸個人であり、地球市民である。自己と地球が直接向き合う、地域と世界がつながりあう世界観に立ち、国と国との理解、自文化と他文化の文化理解ではなく、地球的な課題、変容する文化や多文化・複文化の状況における個人や地域の学びが優先され、グローバルでローカルな課題に内発された学校や地域での授業実践や個人の学びや変容の事実から教育課題を捉えていくものである。

7．問いへの応答と残された課題

　日本国際理解教育学会は、以上のような学会創設時にみられた二つの語りの方向性に応えるべく、科研費研究補助金による研究を三回にわたって行っている。第1回目は、「国際理解教育の理論的、実践的指針の構築に関する総合的研究」(1905〜97年度) であり、第2回目は「グローバル時代に対応した国際理解教育のカリキュラム開発に関する理論的・実践的研究」(2003〜05年度) であり、第3回目は、「日韓中3カ国の協働による相互理解のための国際理解教育カリキュラム・教材の開発」(2009〜11年度) である。

　第1回目は、まさに天城の提言を受けたものであり、ナショナルな語りの枠組みのなかにあった。第2回目は、時期的に、総合的な学習の時間や開発教育やワールドスタディーズ、グローバル教育などの教育思想や学習方法を背景として、国際理解教育の実践の広がりに応えるべく、ナショナルな語りとグローバルな語りが交差するものであった。

　報告書の成果出版物である『グローバル時代の国際理解教育』(2010年) では、「育成すべき人間像」を「人権の尊重を基盤として、現代世界の基本的な特質である文化的多様性および相互依存性への認識を深めるとともに、異なる文化に対する寛容な態度と、地域・国家・地球社会の一員としての自覚をもって、地球的課題の解決に向けてさまざまなレベルで社会に参加し、他者と協力しようとする意思を有する人間」とし、同時に、「情報化社会のなかで的確な判断をし、異なる文化をもつ他者ともコミュニケーションを行う技能を有する人間」とした。そのうえで、四つの目標と四つの学習領域を提示している。すなわち、①体験目標（交流や参加など）、②知識・理解目標（文化的多様性、相互依存、安全・平和・共生、未来への選択）、③技能（思考・判断・表現）目標（コミュニケーション能力、メデイア・リテラシー、問題解決能力）、④態度（関心・意欲）目標（人間としての尊厳、寛容・共感、参加・協力）、であり、A. 多文化社会、B. グローバル社会、C. 地球的課題、D. 未来への選択、である。そして、この四つの学習領域に沿ったモデル・カリキュラムの開発と実践を掲載している。このなかの個々の実践には、グローバルでローカルな課題に内発された学校や地域での授業実践や個人の学びや変容の事実から出発したものもある。続編である『国際理解教育ハンドブック』(2015年) も基本的な両者の交差する視点から書かれている。

　第3回目は、ある意味では、「ナショナルな語り」では理解不可能で対立するような日韓中三カ国の教育状況を背景にしながら、相互理解が可能な教材開発に焦点をあてた研究である。その意味では、「グローバルな語り」からの発想といえるだろう（『日韓中でつくる国際理解教育』2014年）。この方略は、現在の日韓中三カ国の共通教材である「異己」理解・共生プロジェクトにも継続されている。

　日本の現行学習指導要領（2017年告示）では、前文において、学校教育は「持続可能な社会の創り手」を育てることであると明記され、個人の生涯にわたる学びに焦点をあてた資質能力の育成が課題とされ、アクティブ・ラーニングや社会に開かれた教育課程などの重要性が示されている。世界に目を向けると、国連の SDGs（持続可能な開発目標）のための教育（ESD）やユネスコの GCED（グローバル・シティズンシップ教育）が提唱されている。

　二つの語りは対照的ではあるが、対立的ではない。

　今後は、「国際理解教育の理念や本質、原理を問う」というような、ナショナルな語りへのたしかな対応を継続するとともに、グローバルな語りの対象として、足元の国際化や多文化と出会い、葛藤している外国にルーツをもつ子どもやマイノリティ、スタディツアーや体験学習、総合的な学習・探究、教科の学習、グローバルな変化や状況に直面している地域や学校の実践、個人の学習や変容と向き合い、「授業実践の事実から構築する国際理解教育」、地球市民のエスノグラフィーなどにも注力すべきである（松井 2019：13-25、織田 2019：24-33、山田 2019：87-97）。そこから、SDGs のいう未来を変える目標、社会変容へとつながるようなカリキュラムが構想されるべきであろう。

引用文献

天城勲（1993）「わが国の国際化—教育を中心として—」『国際理解教育』創刊準備号（0号）、2-10頁

石森広美（2013）『グローバル教育の授業設計とアセスメント』学事出版

石森広美（2019）『「生きる力」を育むグローバル教育の実践—生徒の心に響く主体的・対話的で深い学び—』明石書店

永井滋郎（1989）『国際理解教育—地球的な協力のために—』第一学習社

日本国際理解教育学会（2011）「特集　グローバル時代のシティズンシップと国際理解教育」『国際理解教育』Vol.17、34-95頁

日本国際理解教育学会（2019）「特集『グローバル人材』育成と国際理解教育」『国際理解教育』

Vol.25、36-97頁

織田雪江（2019）「SDGs をテーマに取り組んだ学園祭における生徒の意識変容」同上、24-33頁

日本国際理解教育学会（2004）「資料 1 日本国際理解教育学会の歩み」「資料 2 研究紀要『国際理解教育』一覧」『国際理解教育』Vol.10、210-215頁、216-222頁

藤原孝章（2016）『グローバル教育の内容編成に関する研究―グローバル・シティズンシップの育成をめざして―』

松井理恵（2019）「滞日ムスリム児童のエスのグラフィー」『国際理解教育』Vol.25、13-25頁

山田文乃（2019）「外国にルーツを持つ児童に寄り添った多文化共生教育実践」同上、87-97頁

渡部淳（2003）「第 5 回教育懇話会報告 天城勲　戦後日本の教育と私の歩み」『国際理解教育』Vol.9、214-229頁

UNESCO（2014）*Global Citizenship Education Preparing Learners for the Challenges of the 21st Century.*

資料 1　年表　学会設立以後 30 年間の動向：世界と日本（1990年～ 2020年）（筆者作成）

	世界		国内		学会関連（出版も含む）
		1989	新学習指導要領（国際化、情報化への対応、国際理解という観点の導入）＊バブル経済、円高	1989	永井滋郎『国際理解教育―地球的な協力のために』第一学習社
1990	「万人のための教育世界会議」	1990	入管法改正（日系人の就労許可）	1990	川端末人・多田孝志『世界に子どもひらく』創友社
1991	ソ連崩壊　湾岸戦争	90年代	＊バブル崩壊による不況＊地域の国際交流協会が設立され、足元の国際化や教員研修に取り組む＊ 10 年間にわたって ODA 世界一（ドルベース）＊世界のなかの日本の役割や国際貢献が問われる	1991	日本国際理解教育学会設立
90年代	＊地球規模での世界市場出現＊旧ユーゴ、アフリカなど民族紛争多発、難民急増				
1992	国連環境開発会議（リオデジャネイロ）				
1993	世界人権会議（ウィーン）			1993	佐藤照雄編『国際理解教育大系（全 12 巻）』教育出版センター
1994	ユネスコ第 44 回国際教育会議（74 年勧告改訂版「平和、人権、民主主義のための教育策定」）	1994	国連子どもの権利条約批准		
1995	「人権教育のための国連 10 年」（2004 年まで）	1995	阪神淡路大震災		

1996	ユネスコ「21世紀の国際教育委員会報告」(訳本『学習：秘められた宝』)				
		1997	天城勲監訳『学習：秘められた宝』ユネスコ		
1998	ユネスコ「21世紀のシティズンシップ教育」	1998	学習指導要領(「総合的な学習の時間」に国際理解が入る)。特定非営利活動促進法制定	1998	科研費研究報告書(基盤(A)代表：中西晃)『国際理解教育の理論的、実践的指針の構築に関する総合的研究』(1995〜97年度)
2001	国連ミレニアム開発目標(MDGs、2000年採択、2015年まで) 9.11アメリカ同時多発テロ事件			2000	溝上泰・大津和子編『国際理解重要用語300の基礎知識』明治図書出版
2002	国連環境開発会議(ヨハネスブルグ)	2002	「総合的な学習の時間」小中学校で完全実施(高校は2003年)		
2003	イラク戦争				
2005	国連ユネスコ：持続可能な開発のための教育(ESD)10年(2014年まで)	2005	ESD10年に伴う教育(文部科学省・ユネスコ国内委員会)		
		2006	総務省「地域における多文化共生推進プラン」通知	2006	科研費研究報告書(基盤(B)代表：米田伸次・多田孝志)『グローバル時代に対応した国際理解教育のカリキュラム開発に関する理論的・実践的研究』(2003〜05年度)
2008	リーマンショック(*グローバル経済の連鎖性が注目される)	2008	新学習指導要領告示(持続可能な社会の形成、小学校高学年に外国語(英語)活動		
		2009	*リーマンショックによる不況、失業、ワーキングプア、ホームレス、子どもの貧困など相対的貧困、社会の格差拡大が注目される	2009	中牧弘允・多田孝志・森茂岳雄編『学校と博物館でつくる国際理解教育』明石書店
2010	中国、日本を抜いてGDP世界第2位			2010	日本国際理解教育学会編『グローバル時代の国際理解教育』明石書店

	*2010 年代以降、SNS やインターネット機能を備えたスマートフォンが急速に広がる。	2011	東日本大震災、津波・原発事故		
		2012	国立教育政策研究所『学校における持続可能な発展のための教育（ESD）に関する研究（最終報告書）』外国人登録法廃止、在留カードへ	2012	科研費研究報告書（基盤 (B) 代表：大津和子）『日韓中 3 カ国の協働による相互理解のための国際理解教育カリキュラム・教材の開発』（2009 ～ 11 年度）日本国際理解教育学会編『現代国際理解教育事典』明石書店
		2013	文部科学省『国際理解教育実践事例集 小学校編』教育出版		
2014	ユネスコ、グローバルシティズンシップ教育（GCED）の提唱			2014	大津和子編『日韓中でつくる国際理解教育』明石書店
2015	第 21 回気候変動枠組み条約締約国会議（COP21）パリ協定合意、2016 年発効			2015	日本国際理解教育学会編『国際理解教育ハンドブック』明石書店
2016	国連持続可能な開発目標（SDGs17、2015 年採択、2030 年まで） *2010 年代に入ってシリア紛争によるシリア難民急増 *2010 年代に入って、グローバルな経済格差、特に IT デジタル企業の GAFA の独占が注目される	2016	ユネスコスクール 1000 校を超える（2005 年は 19 校）		
		2017	学習指導要領告示（前文に「持続可能な社会の創り手」の育成、小学校中学年で外国語活動、高学年での英語の教科化、特別の教科 道徳）		
		2018	日本ユネスコ国内委員会『ユネスコスクールで目指す SDGs 持続可能な開発のための教育』（改訂版）		
		2019	改正入管法（外国人労働者の受入拡大）・入管庁設置 *移民時代の幕開けか		
2020	*新型コロナウイルスの世界的感染拡大				

第2章

ユネスコの教育勧告をどう受けとめるか

嶺井明子・菊地かおり

1．なぜこの課題を問い直すのか

　1974年勧告、すなわち「国際理解、国際協力および国際平和のための教育、並びに人権及び基本的自由についての教育に関する勧告（Recommendation concerning Education for International Understanding, Co-operation and Peace and Education relating to Human Rights and Fundamental Freedoms）」（以下、74年勧告）はユネスコが発した国際理解教育に関する唯一の勧告であり、本学会の原点でもある。74年勧告は現在も生きている各国政府宛ての勧告であり、1985年以降、各国政府は定期的に実施状況の報告を求められている。同勧告はこの長い名称に代えて「国際教育（international education）」という簡潔な表現を用いるとしている。

　国際公務員として1960年以来30年余のユネスコ勤務経験をもつ千葉杲弘は、学会紀要第1号にて、国際理解教育は「ユネスコの根本概念と直接関係しており、ユネスコでなければ国際的に提唱し推進できないほど最もユネスコ的な活動である」と述べると同時に、「政治とは無関係には存在しえなかった」と指摘している（千葉 1995：7, 9）。本学会の初代会長（1991〜2000年）であり、74年勧告の制定過程に深くかかわった天城勲は、「国際教育の理念は崇高であるが、実態は世界の政治的現実を反映して極めて泥臭くその道のりの遠いことを痛感させられる」とユネスコ総会に参加するなかで記している（天城 1988：34）。また、国民形成を担う公教育それ自体が政治性を内包するが、とりわけ74年勧告は国際公民の育成を掲げている点で、国家の枠内での国民形成とのバランスのと

り方をめぐり緊張関係を生じさせる（嶺井 1996）。日本政府はユネスコ総会において74年勧告に賛成票を投じたものの、国内の文部行政には反映されず、74年勧告とは乖離した「日本型国際理解教育」政策を推進した。

　ユネスコは設立当初「国連の良心」と評された。しかし残念ながらそうした「ユネスコ神話」は崩壊している。ユネスコ文書を読み解く際は、ユネスコの精神や理念をふまえつつも、「政治性」の刻印、関係する各国や各機関の期待や思惑の調整の産物である点を承知した上で、是々非々で主体的に理解することが肝要である。こうした観点から74年勧告にかかわる歴史的プロセスを検証し、「勧告をどう受け止めるか」に応答したい。本章では、①ユネスコ成立時の状況、②74年勧告制定の経緯と争点、③日本政府による74年勧告への対応、④1994・95年に行われた74年勧告の改訂論議、⑤74年勧告と現在ユネスコが推進する持続可能な開発のための教育（ESD）およびグローバル・シティズンシップ教育（GCED）との接続の試みに着目して検討する。

　勧告をどう受けとめるかを考察する際、国および地方の行政レベルや、教育実践のレベルなど様々な局面が想定されるが、本書の第2部以降において教育実践の場での国際理解教育が主として検討されるため、本章では文部行政の対応を俎上に載せることとする。

2．ユネスコという機関をどう受けとめるか

　ユネスコ憲章前文では、「戦争は人の心の中で生まれるものであるから、人の心の中に平和の砦を築かなければならない」と謳われている。教育、科学、文化を通じて、「人類の知的・精神的連帯（intellectual and moral solidarity of mankind）」（下線、引用者）により国際平和と人類の共通の福祉に貢献するというのがユネスコの理念である。

2.1．ユネスコのジレンマ：民間性 VS. 政府間組織

　ユネスコは国連の一機関であり、政府間組織である。しかし、「政府による政治的・経済的取り決めによる平和は長続きしない」との立場から、民間性重視、専門性（知識人）重視の理念を掲げたユニークな組織である。ユネスコ憲章はこの理念を担保する「特別の仕掛け」として、①国内委員会の設置（第7条）、

②NGOとの協力関係（第11条）、③執行委員会委員の選出基準（個人代表制）（第5条）を制度化した。しかし民間性・専門性の保障は難しく、たとえば③は専門性にもとづき個人を選出する制度として出発したが、早くも1954年には修正され、1991年の第26回総会では執行委員「国」を選出する制度に改正された。ユネスコは「国益」の調整機関として機能する余地が増大した。

2.2.　ユネスコの政治利用

　ユネスコの政治化はソ連の加盟（1954年）により始まったという見方があるが、実は初期の段階から「政治的」であった。第二次大戦後の平和状態は短かった。

　米国はソ連加盟前にユネスコの主導権を握るため、文化戦略を練り積極的にユネスコにかかわり利用したとの指摘がある（Graham 2006：246）。ルーサー・エバンス（第三代ユネスコ事務局長）やジョージ・スタッダード（第一次米国教育使節団・団長）など米国の文化分野で進歩的な国際主義者たちの言説も次第にソ連「封じ込め政策」を支持する言説に変化していった。スタッダードはユネスコを「理念戦争（War of Ideas）」における共産主義への「対抗勢力」として位置づけた。朝鮮戦争勃発の直前に韓国が加盟したこと、「反共の砦」（第二次米国教育使節団報告書）と米国が位置づけた日本が占領下の1951年に加盟できたことはその一環である。

2.3.　ユネスコの財源

　ユネスコの活動は基本的に加盟国の分担金と任意の拠出金などにより支えられている。上位10カ国程度で全体の約7割を負担している。分担率トップである米国は、時々の政治的理由により支払い停止や脱退を繰り返し、安定したユネスコ活動を妨げている。1974～77年支払い停止、1984年末脱退、2003年復帰、2011年以降は再び支払い停止、2018年末脱退し今日に至っている。1990年代、日本は最大の分担金拠出国であり、松浦晃一朗氏が事務局長に選出された1999年当時もそうであった（分担率19.6%）[注1]。中国の台頭は著しく、2019年度には日本を抜きトップ（約15.5%）となっている。

3．1974年勧告制定の経緯・争点

　1960年代から70年代前半の国際舞台はアフリカなどの多数の新興独立国の
国連加盟を背景として、概して途上国の発言力が強い時代であり、ユネスコで
も「途上国・社会主義諸国」対「西欧・資本主義諸国」という対立構造があった。
また、1972年にはローマクラブ『成長の限界』が刊行され、国連として初の地
球環境会議（「人間環境会議」）が開催されるなど、地球規模での環境問題がク
ローズアップされ人類の将来に警鐘が鳴らされた。人類社会が一体となって問
題解決に向け行動する必要性が主張されだした時期であった。

3.1.　勧告の源流：定義の困難さと3点のユネスコ資料

　新たな国際規範文書（後の74年勧告）作成の予備的調査を行った1972年執行
委員会資料には、以下のような記述がみられる。それは、1947年からユネス
コが実施してきた活動はかなり多様性に富んでおり定義することは難しいこと、
「シティズンシップ」、「倫理 (ethics)」、「道徳 (moral)」などの解釈が難しい概念
を使っていることがその一因であること、ただし、道徳性は多様であるが唯一
のコードは世界人権宣言であること、名称も力点も揺れてきたが1968年には
「国際理解、国際協力、国際平和のための教育」に落ち着いたこと等である。
新たな規範文書作成にあたり下記3点の資料が参照された（UNESCO Executive
Board 1972 : Annex, Part Ⅱ）。

　①1952年の執行委員会作業部会報告『世界共同社会のための教育』で提示さ
　　れた8原則。
　②1968年7月の第31回国際公教育会議（ユネスコと国際教育局 (IBE) の共同開
　　催）・第64勧告「教育課程及び学校生活に不可欠の一部としての国際理解
　　教育に関する各国文部省に対する勧告」にて提示された7指導原則[注2]。
　③1970年のユネスコ専門家会議報告書『国際理解と平和のための教育—特に
　　道徳、公民教育を中心として』に含まれる「国際理解と平和のための教育
　　の意義についての考察」

　1972年秋の第17回総会は、「国際理解、国際協力及び国際平和のための教
育」に関する「勧告」を作成すること、勧告には「人権並びに基本的自由のため
の教育」も含ませるべきことを決定した。

3.2.　制定過程の政治的争点としての「構造的暴力」

　政府代表専門家特別委員会（1974年4～5月）は、事務局案に対して各国から寄せられたコメントを基に43条の勧告案を作成した。この特別委員会の議長はメキシコ、副議長の4名には日本（天城勲）が入り、報告総括は英国が担当した。

　総会直前の教育委員会において下記の二つの条項の追加が提案された。

　　「教育は、諸国内の矛盾と緊張との底にある経済的・政治的性質の歴史的及び現代の諸要因の批判的分析、並びに、理解と真の国際協力と世界平和の発展とに対する現実の障害であるその矛盾を克服する方途の研究を含むべきである。」（第14条）

　　「教育は、諸人民の真の利益を強調すべきであり、また、その利益と搾取を行い、戦争を誘発する経済的・政治的暴力を保有している独占グループの利益関係とは両立しないことを強調すべきである。」（第15条）

　この二つの条項は、日本や米国等、8カ国が反対したが賛成多数で承認された。勧告案全体としては賛成72（日本を含む）、反対1（米国）、棄権6（仏、ノルウェー、加、スウェーデン他）で採択された。

　総会本会議では、追加された第14条と第15条に対して、北欧5カ国が共同で修正案を提出した。ノルウェー代表は、本件のような国際文書の採択においてはユナニミティ（unanimity／全会一致制）が非常に大切であるとして、第14条と第15条を受容可能な表現に修正するよう求めたが、僅差で否決された。

　制定過程において最後まで争点となったのは、上述のように、政治的抑圧や経済的搾取といった「構造的暴力」の問題性を勧告に組み込みたいという南側の途上国からの提案であった。しかし、それは北側の国々の利害と衝突する面があり反対にあったが、最終的には多数決により承認された。

　勧告案は全体として、賛成76（日本を含む）、反対5（米、西独、加、仏他）、棄権15（ニュージーランド、豪、伊、メキシコ他）で採択された。英国とポルトガルは賛成票を投じた理由を、勧告案は専門的な観点から準備されたものであり、総会本会議で政治的観点から議論されたのは残念であったが、あくまで専門的な観点からこの勧告が速やかに実施に移されることを願ったと説明した[注3]。

3.3.　新しい国際理解教育（国際教育）の登場

　英国とポルトガルが専門的観点から賛成したと述べているように、74年勧告は政治的観点からのみ作成・議論されたものではない。74年勧告のフォローアップ専門家会議（1976）報告書は、勧告の意義として、人権に関する教育を国際教育の核心でありかつ不可欠の部分（a vital and integral part）と位置づけた点、グローバルな問題の解決への積極的参加を強調した点を指摘し、勧告は国際教育を発展させる活動を正当化する力（a legitimizing force）となるだろうと述べている。また、国際教育とは勧告のすべての範囲を含み、「開発教育」「グローバル教育」などの言葉の意味も含むと定義している[注4]。同会議に参加した文部省視学官・榊原康男は「従来とかく観念的あるいはきれいごとに終始していたユネスコ教育を根本的に改善しようとする画期的なもの」であると報告した[注5]。

　金谷敏郎は74年勧告の特徴として下記3点をあげ、「国家の枠を越えて、人類社会あるいは地球社会の責任ある一市民として、人類の善を目指して行動できる人間像が、国際教育の理念として登場」したと高く評価した（金谷 1994：50）。

　　1）知識にとどまることなく、態度・価値観・行動の育成を重視する教育
　　2）人類の一体性・国際社会の一員であることを認識し行動する人間の育成
　　3）地球的視野で人類の共通問題に取り組み、その解決に参加する人間の育成

4．1974年勧告に対する日本政府の対応

4.1.　日本ユネスコ国内委員会の対応

　国内委員会（会長：平塚益徳）はユネスコ事務局から送付された勧告案（第1次）を検討するため国際理解教育振興分科会（主査：天城勲）を設置し、文部省各局との協議を経て、日本政府の見解（案）を準備し、外務省に提出していた。第1次案に対する政府見解（1973年12月）は下記の3点にまとめられており、1974年1月の国内委員会総会において説明された[注6]。

　　1．この勧告のねらいとする二つの教育の理念を再調整する必要性
　　2．この勧告の効果的な適用を助ける諸原則の明確化
　　3．この勧告の構成および表現上の技術的な問題の解決

　1974年4〜5月の専門家会議に天城と共に参加した国内委員会事務総長・西田亀久夫は、勧告案の特質と問題点を概略次のように指摘している。

　①勧告案はこれまでの教育に単に国際的な視点を付加するのではなく、「国際的な公民教育」としてその性格を規定しようとしている。

　②これまでの国際理解教育の3本柱であった「外国事情の理解」「人権の自覚」「国際機関の役割」という構造を分解・再組織して、「公民的自覚」「人類共通課題の認識」「文化の多様性の評価」「実践的行動様式の訓練」という重層的なものに改めようとしている。

　③「国際理解・協力・平和のための教育」と、人権・基本的自由の教育とを明確に区別しながら、その新しい結合を意図している。それは、前者の人道的・融和的な性格がともすれば観念的・心情的なものに流れる欠陥を防ぎ、後者の現実的・倫理的な性格と破邪求道的な行動原理を導入しようとする新しい試みである。

　ただし、「これは意欲的であるだけに、教育として数多くの問題をはらむことになる」と指摘し、「これは…公民教育本来の根本問題である」と締めくくっている（西田 1974：5-6）。

4.2.　国内政策への影響：進むユネスコ離れ

　国内委員会において74年勧告案が検討された時期は、奥野誠亮文部大臣が中央教育審議会に「国際化時代に対応する抜本的施策を樹立する必要がある」として、「教育・学術・文化における国際交流について」を諮問し、答申が出された時期と重なっている（1972年6月～1974年5月）。中教審答申は、前文にユネスコ憲章前文の一部を盛り込んでいるものの、「日本人の国際性の育成」をめざした国際化への対応方策が主眼である。奥野文相は、中教審答申はユネスコ精神にもとづいて日本人を国際化し交流を進めるものであるとユネスコ総会で言及した。しかし、天城は「ユネスコ的なグローバルな発想と…日本という立場から見た国際理解教育へのアプローチとは若干観点が違って」おり、今後いかに国内に定着させるかは大きな問題であると1975年1月の国内委員会総会にて報告している。

　中教審答申の翌月、1974年6月の文部省機構改革は、「日本ユネスコ国内委員会事務局」を廃止（内局化）し、ユネスコ業務の担当者を大幅削減した。国内委員会委員からは事務処理対応に不満の声があがっていた。たとえば、74年勧告は加盟国宛の勧告であるにもかかわらず、勧告を翻訳・紹介した国内委員

会による『国際理解教育の手引き』刊行は1982年と遅れた。勧告にユネスコ協同学校の活用を盛り込む提案をしたのは日本であり、中教審「答申附属書」にも国際理解教育の振興の項目にユネスコ協同学校が位置づいていたにもかかわらず、政策的支援を行わず休眠状態に陥るのを放置した[注7]。74年勧告は74年中教審答申の陰に隠れ、文部行政にほとんど影響を与えなかった。

5.　1974年勧告の改訂論議

　1991年の第26回ユネスコ総会は、74年勧告の見直しをユネスコ国際教育局の第44回国際教育会議（ICE、1994）にて行うことを決定した。1980年代の国際通貨基金（IMF）と世界銀行よるに構造調整政策がもたらした南側の国々の疲弊、そして社会主義体制の崩壊による東西冷戦体制の解消といった国際情勢は、勧告制定時とは異なった政治的状況であり改訂論議を枠づけた。第44回ICEでは国際理解教育の評価と展望が議論され、74年勧告は改訂されずそのまま残されることとなった。同時に、同会議で採択された「宣言」をふまえて、95年のユネスコ総会にて「平和・人権・民主主義のための教育に関する総合的行動要綱」が当時の状況に対応するものとして採択された。

5.1.　改訂論議への日本政府と本学会の対応

　ユネスコのIBEは、1993年7月に74年勧告改訂に関する質問紙を各国ユネスコ国内委員会事務総長宛に送付していたが、日本は何も対応しておらず回答もしていなかった。1974年に「ユネスコ国内委員会事務局」が廃止（内局化）され、ユネスコ離れが進んでいたことは先述の通りである。

　こうした事態に危機感を募らせた当時の本学会長であった天城勲、理事の千葉杲弘、米田伸次らは理事会を招集して対策を練り、国内委員会や文部省に働きかけた。1994年2月の学会総会では、「74年ユネスコ国際教育勧告の見直しの動きに関連しての問題提起」が行われた（学会会報第4号、1994年3月25日号）。第44回ICEに向けたアジア太平洋地域の準備会議（フィリピン、1994年3月）には、日本政府代表は派遣されなかったが、千葉理事（本学会派遣）、米田理事（日本ユネスコ協会連盟派遣）、オブザーバーとして河内徳子が参加した。第44回ICE（ジュネーブ）には千葉が日本政府代表の専門家として参加した。

　本学会紀要第1、3、4号にはこれら会議に参加した理事らの論稿、および関連資料が掲載されており、勧告改訂にかかわる動き（国内、アジア、ヨーロッパ、ユネスコ）を詳細に知ることができる。

5.2.　「平和・人権・民主主義」に潜む政治性

　改訂論議に参加した千葉は「平和・人権・民主主義」に潜む西欧諸国による政治性を次のように指摘しており見逃せない。ユネスコ事務局はすでに1991年の段階で「平和・人権・民主主義」という新たな組み合わせのキーワードを使い始めており、1994〜95年度の事業計画では、「平和、人権、あらゆる形態の差別の除去に対するユネスコの貢献」が、いつの間にか「平和、人権、民主主義に対するユネスコの貢献」にすり替わっていた（下線：筆者）。ヨーロッパ地域準備会議は国際理解教育とか国際教育といった言葉を廃止して、平和、人権、民主主義の教育とすべきだと強く主張していた。こうして1994年第44回ICEに提出された総合的行動要綱は、「教育を通した平和構築」ではなく、「平和・人権・民主主義」の総合的行動要綱となった（1998：39-41）。千葉は「人権・民主主義といった西洋的概念イコール普遍的価値とみなされがちな状況」に警鐘を繰り返し、「国際理解」と「共生」の概念を付け加えることを強く主張したという（1995：20-21）。

6.　日本のユネスコ政策の転換──ESDを軸とした政策の推進

　2001年1月、文部省から文部科学省への改組の際、ユネスコ活動の推進を担当する「国際統括官」（国内委員会事務総長を兼務）を新設し、国際統括官付に国内委員会事務局を置いた。1974年に廃止（内局化）された事務局の復活であり、ここに日本のユネスコ政策の転換をみてとれる。松浦晃一朗第8代ユネスコ事務局長（1999年11月〜2009年11月）を支援する国内体制整備の一環ともみられる。その後、ユネスコ活動を取り巻く状況は大きく変化し、まさに政治的様相を呈している。

　小泉政権による持続可能な開発のための教育（ESD）の提案を皮切りに、国連ESDの10年（2005〜14年）の推進、ユネスコ／日本ESD賞（2015〜19年）など、ESDの推進を軸に20年が経過した。ユネスコ協同学校を取り巻く状況も激変

した。ESD 推進拠点として位置づけられたユネスコスクール（旧ユネスコ協同学校）は急速に増加し、2018年には1116校となり、世界のユネスコスクールの1割を占めるまでに至った。2020年12月の第12回ユネスコスクール全国大会を「ESD 研究大会」と称しているのは象徴的である。一方で、ユネスコスクールの学習領域は、ESD、グローバル・シティズンシップ教育（GCED）、異文化間学習の三つのテーマが中心であるという指摘や（小林 2019：45）、ユネスコでは ESD と GCED が「同じコインの二つの側面」として位置づけられているという指摘もある（菊地・永田 2018：97）。しかし、日本は ESD の推進のみで GCED 等への取り組みはほとんどみられない。その背景には、ESD は日本政府、GCED は韓国政府の「肝いり」で推進されてきたということもある（山田 2016：26）。加えて、一連の取り組みを見る限り、日本では74年勧告との関係は意識されていないようである。

7．ユネスコによる1974年勧告と SDGs4.7 との接続の試み

　国連・ユネスコが現在、持続可能な開発目標（SDGs）の目標4［教育］のもとに推進している ESD や GCED において74年勧告はどのように継承されているのだろうか。

　74年勧告は、加盟各国に対して4年ごとに勧告の実施状況報告を求めている。2016年7月には、74年勧告の第6回実施状況調査について発表された[注8]。このなかで注目すべきは、「1974年勧告の原則は、教育に関する持続可能な開発目標のターゲット4.7と密接に結びついて（closely aligned）」いることから、「4年ごとの報告を、ターゲット4.7の達成に向けた進捗状況を把握するための主たるデータとすることが第199回ユネスコ執行委員会において承認された」という点である。SDGs の目標4のうち、ターゲット4.7は、ESD や GCED に焦点をあてている[注9]。

　第199回ユネスコ執行委員会（2016年3月開催）では、「教育2030のアジェンダに照らして、1974年勧告の実施状況の把握は、平和、人権、正義、自由の進展のための教育を確かなものとするために極めて重要である。1974年勧告の内容と原則は、持続可能な開発目標のターゲット4.7と密接に結びついていることから、ターゲット4.7に反映されている関連概念が〔実施状況調査の〕ガ

イドラインに含まれていること、そして、このガイドラインをターゲット4.7の進捗を把握するためのツールとして用いるための努力が行われてきた」と述べている（UNESCO Executive Board 2016: Part III, 2、〔〕内引用者）。また、同委員会において示されたガイドラインの草案では、74年勧告で言及されていた内容は、それと密接に関連する「持続可能な開発のための教育、気候変動、グローバル・シティズンシップ、暴力的な過激主義の予防などを含みながら展開してきている」としている。このように、74年勧告の実施状況調査においては、SDGs4.7のESDやGCEDとのつながりが意識されるようになっている[注10]。

　2018年には、第6回実施状況調査の結果を取りまとめた報告書『持続可能な開発のための教育とグローバル・シティズンシップ教育の進展』（UNESCO 2018）が提出された。報告書では、調査で用いた質問紙は、74年勧告を四つの指導原則と関連するトピックとして概念化したという説明がなされている（*Ibid.*: 2）。ここで示された四つの指導原則は、「文化的多様性と寛容」、「平和と非暴力」、「人権と基本的自由」、「人類の生存と幸福」である。さらに「この質問紙は、〔ターゲット4.7の〕グローバル指標（global indicator）の公式の調査ツールである」という説明もみられる（*Ibid.*: 3、〔〕内引用者）。

　このように、74年勧告の実施状況調査を通じて、74年勧告とSDGs、そのなかでも特に、ESDとGCEDとの共通項を概念化し、新しい原則を打ち出そうとする動きがみられる。ただし、これらの動きは当初から意図していたというよりも、ターゲット4.7のモニタリング指標の設定の難しさに加え、74年勧告の実施報告がすでに制度化されていたことから、実施状況調査を活用しようとする方向性をもたらした可能性もある。

8．問いへの応答と残された課題

　本章では「ユネスコの教育勧告をどう受けとめるか」という問いに対して、ユネスコという国際機関の特徴、並びに、74年勧告の歴史的プロセスをその政治性に着目して検証することで、ユネスコの脱神話化の必要性を提起した。ユネスコ文書に集約された英知に真摯に学びながらも、その葛藤の歴史やそれに内在する政治性をどのような立場から、いかに批判的に受けとめるかが改めて問われている。「ユネスコに与えられた使命は、永遠の疑問符を示し続けるこ

とにある」との見方もある（野口 1996：247）。

　74年勧告が採択された半世紀前の国際化の時代とグローバリゼーションが進展する今日では状況は大きく異なっているが、74年勧告が提起した課題は重要性を失っていない。現代は主権国家の他に多様なアクターが台頭しており、巨大なグローバル資本が地理的国境を越えた新たな境界として世界市場を形成している。74年勧告の制定過程において争点の一つとなった「構造的暴力」（経済的搾取、政治的抑圧、文化的疎外）の問題は複雑化し、深刻化している。

　日本の教育政策に目を転じれば、国を愛する態度を養うことが教育目標に明記され（2006年教育基本法改正）、道徳が教科化された。また、国際的な経済競争に打ち勝つ「グローバル人材」の育成が重視され、文部科学省初等中等教育局の「国際教育課」は「情報教育・外国語教育課」に変更され、国際理解教育は後景に退いている。OECD-PISA の参加国は拡大し、数値化できる学力の競争が激化している。加えて、新型コロナウイルスの世界的大流行（パンデミック）が起きている。このような状況下で、74年勧告が提起した国際公民的資質と国民形成をどのように接続させるのかは喫緊の課題となっている。

　74年勧告を参照点として、グローバルな権力構造のなかで経済・政治・文化的に不利な立場に置かれる人びとの存在を見据え、その構造を問うことが平和で公正、持続可能な共生社会の構築へとつながるだろう。

注

1）分担金の多寡のみで事務局長が決まることはもちろんない（松浦 2004、井上 2003）。財源の観点からユネスコの独立性や自主性を危惧する声は1960年代からあった。国連開発の10年のもとでユネスコ事業計画は知的協力というより途上国の開発援助に急傾斜し、国連開発計画（UNDP）等からくる予算外財源が正規予算を上回る形勢になった。ユネスコ創設の精神を忘れた単なる国際援助の技術的行政機関に成り下がったという非難も出ていた（日本ユネスコ協会連盟 1972：9-46）。

2）邦訳は速やかに『文部時報』（第1097号、1968年12月）に掲載・紹介された。

3）1975年1月の国内委員会総会にて第18回ユネスコ総会の報告があり、そこで74年勧告の審議状況が報告された。『日本ユネスコ国内委員会第56回会議議事録』（1975年1月、86-88）

4）UNESCO, Report of Meeting of Experts held at Unesco House, 15-19 March 1976, p.3 仮訳は、帝塚山学院大学内国際理解研究所『国際理解』（第9号、1977年8月）に掲載あり。

5）「国際理解教育の刷新―ユネスコ専門家会議の報告―」カルコン会議配布資料（1976年5月6日、国立教育会館）

6）『日本ユネスコ国内委員会第54回会議議事録』（1974年1月、37-46、103-107）に勧告第1次案に対する日本政府見解および、天城、西田による説明あり。

7）74年勧告が出て時間が経過しているのに協同学校についてなぜ対応しないのかとの内海巌の質問に対する、木田宏・国内委員会事務総長（学術国際局長兼務）の前向きでない答弁が1976年2月の国内委員会第58回会議議事録に記録されている。嶺井（2015：52-59）参照。

8）'UNESCO 1974 Recommendation used to measure progress towards education target 4.7', UNESCO HP, 2016.07.15. http://www.unesco.org/new/en/media-services/single-view/news/unesco_1974_recommendation_used_to_measure_progress_towards/［Access：2020.05.01］。なお、第6回までの1974年勧告実施状況調査は以下のとおり。第1回・1989年、第2回・1992〜93年、第3回・2000年、第4回・2008年、第5回・2012年（UNESCO 2018：12）。直近では、2020年12月が第7回報告の締め切りであった。

9）起草にかかわった吉田和浩は、ターゲット4.7が長文となり、「初期の意図がぼやけてしまっているとすれば、遺憾である」と述べている（吉田2016：9）。

10）第199回ユネスコ執行委員会の後、2016年4月には、第4回（2008年実施）と第5回（2012年実施）の実施状況調査のレビューが行われている（Mc Evoy 2016）。このレビューは、74年勧告に、ターゲット4.7、12.8（持続可能なライフスタイル等）、13.3（気候変動の緩和、適応、影響軽減等）に関する要素が組み込まれているという仮説のもとに行われた。

引用・参照文献

天城勲（1988）「国際化と国際教育の意義」文部省教育改革実施本部編『国際理解と協力の進展』（昭和63年国際化資料）、29-37頁

井上正幸（2003）「体験的国際理解教育論」『国際理解教育』Vol.9、142-144頁

金谷敏郎（1994）「国際理解のための教育の目的・目標についての史的検討」図書教材研究センター『国際理解教育・環境教育などの現状と課題』8-69頁

河内徳子（1997）「ユネスコの新たな提案—平和文化の構築」『国際理解教育』Vol.3、6-21頁

菊地かおり・永田佳之（2018）「ESD及びGCEDをめぐる国際的な最新動向」『国際理解教育』Vol.24、96-101頁

城戸一夫（1993）「報告　平和・軍縮とNGOとしてのユネスコ運動」『国際理解教育』創刊準備号（0号）、58-71頁

小林亮（2019）「ユネスコの地球市民教育（GCED）が目指す共生型のグローバル人材育成の試み」『国際理解教育』Vol.25、36-46頁

千葉杲弘（1993）「ユネスコと国際教育」『国際理解教育』創刊準備号（0号）、50-57頁

千葉杲弘（1995）「1974年国際教育勧告の改訂をめぐって」『国際理解教育』Vol.1、6-41頁

千葉杲弘（1998）「ユネスコにおける国際理解教育の概念の変遷」『国際理解教育の理論的実践的指針の構築に関する総合的研究』（科研報告書：課題番号07300024、代表：中西晃）、11-46頁

永井滋郎（1989）『国際理解教育—地球的な協力のために—』第一学習社

西田亀久夫（1974）「新しい勧告案について」国際理解教育研究協議会『国際理解教育』第3号、5-6頁

日本ユネスコ協会連盟（1966）『ユネスコ民間活動20年史』

日本ユネスコ協会連盟（1972）『人類の平和は可能か—ユネスコ25年の歩み—』

日本ユネスコ国内委員会 (1959)『国際理解のための社会教育の手びき』(1961、1962、1966 改訂)

日本ユネスコ国内委員会 (1960)『学校における国際理解教育の手びき』(1963、1971 改訂)

日本ユネスコ国内委員会 (1962)『日本ユネスコ活動十年史』

日本ユネスコ国内委員会 (1982)『国際理解教育の手引き』東京法令出版

野口昇 (1996)『ユネスコ 50 年の歩みと展望』シングルカット社

松浦晃一朗 (2004)『ユネスコ事務局長奮闘記』講談社

嶺井明子 (1996)「ユネスコ 74 年勧告と日本の国際理解教育の課題」『国際理解教育』Vol.2、
　26-42 頁

嶺井明子 (2011)「多元的シティズンシップによる国際理解教育概念の再構築—ユネスコと日本
　を事例として—」『国際理解教育』Vol.17、37-46 頁

嶺井明子 (2015)「戦後日本の文教政策と国際理解教育」日本国際理解教育学会編著『国際理解
　教育ハンドブック—グローバル・シティズンシップを育む—』明石書店、52-59 頁

山田肖子 (2016)「SDG4 形成過程の言説分析に基づくグローバル・ガバナンス再考」『国際開発
　研究』第 25 巻第 1・2 号、17-33 頁

吉田和浩 (2016)「EFA ステアリング・コミティーの活動からみた『教育 2030』」広島大学教育
　開発国際協力研究センター『国際教育協力論集』第 19 巻第 1 号、1-15 頁

米田伸次 (1998)「国際理解教育と人権に関する一考察」『国際理解教育』Vol.4、22-44 頁

WCOTP・日教組報告書編集委員会 (1983)『世界の平和・軍縮教育—1982 年国際シンポジウム
　報告書』勁草書房

Graham, S. E. (2006). The (Real) Politics of Culture : U.S. Cultural Diplomacy in UNESCO,
　1946-1954, Diplomatic History, Vol.30, No.2, (April, 2006), *The Society for Historians of
　American Foreign Relations (SHAFR)*, p. 246.

Mc Evoy, C. (2016). *Historical Efforts to Implement the UNESCO 1974 Recommendation on
　Education in Light of 3 SDGs Targets.* Paris : UNESCO.

UNESCO Executive Board. (1972). *Item 4.2.2 of the Provisional Agenda, Possible
　International Regulation on Education for International Understanding, Co-operation and
　Peace* (89 EX/11), Paris : UNESCO

UNESCO Executive Board. (2016). 'Application of the 1974 Recommendation concerning
　Education for International Understanding, Cooperation and Peace and Education
　relating to Human Rights and Fundamental Freedoms (199 EX/14 Part III)',
　Implementation of Standard-Setting Instruments, Paris : UNESCO.

UNESCO (2018). *Progress on Education for Sustainable Development and Global Citizenship
　Education.* Paris : UNESCO.

第3章

·····································

国際理解教育はどのように
実践・研究されてきたか

津山直樹・成田喜一郎

1．なぜ、国際理解教育の研究の歩みを問い直すのか
——実践と理論との乖離

　グローバル化と多文化化が進展するのに伴って、めまぐるしく社会が変化するなかで、国際理解教育の実践・研究は時代の潮流や教育政策に影響を受けて行われてきた。

　その大きな流れとして「世界の国々を理解するためにユネスコを背景とした平和、人権、国際協調などの普遍的価値を実現する」ことから「グローバル化と多文化化に伴う新たな課題に向き合い、グローバルな資質・能力を身に付けて多文化共生を実現する」ことへと拡張してきた。

　このようにユネスコを背景とした普遍的価値を実現することや地球市民として多文化共生を実現するための大きな概念を研究する理論研究と時代の潮流に沿って様々なテーマを扱ってきた実践研究が乖離したまま国際理解教育の研究がなされてきたのではないか。また、実践研究の課題として佐藤郡衛（2010：117）は、「教育実践の語りは、ねらいと計画案がまず示され、そしてその実践の効果を曖昧な方法（事前と事後のアンケートや典型的な子どもの作文）で示すことが多い」と指摘し、「多様な実践の語りをどのようにするか」と問いかけている。

　そこで、本章では、①これまでの国際理解教育実践・研究の特徴と課題は何か、②これからの国際理解教育実践・研究の方法的枠組みの可能性は何か、③その枠組みに必要なものは何かという三つの問いへの応答をとおして、時代の潮流に影響を受けて様々な視点が入り込んできた国際理解教育実践・研究

の成果と新たな課題を探ることを目的とする。

２．この研究の歩みをどのように問い直すのか
──分析の視点と方法

　本章の目的を達成するための方法は、まず、①国際理解教育の研究史の俯瞰、②実践研究史を分析する枠組みの提示、③実践と研究とのつながりを深めるための方法という三つの視点をもとに、①については、「刊行文献」の分析および「テキストマイニング」の手法を援用して学会紀要に掲載された実践研究史の特徴と課題をつかむ。②については、それをふまえ、実践研究史がどのような枠組みで展開したのかを明らかにする。③については、実践と理論を架橋・往還する研究デザインのあり方を探る。

３．国際理解教育の研究史をいかに俯瞰するか
──新たな方法の選択

3.1.　刊行された国際理解教育研究史─理論研究と実践研究─を俯瞰する

　渡部淳（2015）は、国際理解教育には二つの潮流があるとした。一つは、1950年代に始まった「ユネスコを起源とする国際教育の流れ」で、「1950年代からはじまり1970年代には日本でいったん『開店休業』状態になったユネスコ協同学校（現在はユネスコ・スクールと呼称）の再活性化など、国際理解教育の原点を探る動きと連動している」潮流である。もう一つは、「帰国子女教育研究に典型的なものだが、1970年代から注目されるようになった日本社会の『国際化』（その後はグローバル化）の進展と、それが教育にどのような課題をもたらすのかを明らかにしようとする流れ」で、「時代の急激な変化とその影響をどう把握し、それに日本の教育がどう向き合うべきなのか、ということが課題」とされた潮流である。そして、「これら二つの潮流を含みこみながら、国際理解教育の学際的・組織的な研究が本格化するのは1991年からである」とし、日本国際理解教育学会の創設を位置づけた。その上で、渡部は、「この20年あまりの理論研究・実践研究の歩みを、学会が総力をあげて取り組んだ二つの研究プロジェクト『第１次科研』、『第２次科研』の成果と学会の研究紀要『国際理解教育』を軸に、研究史として概括」した（2015：77）。

　本章では、その研究史の詳細は渡部（2015：77-84）に譲るが、ここでは研究

委員会と実践研究委員会が統合された「研究・実践委員会」の取り組みと課題についてフォローしておきたい。

　「研究・実践委員会」は、3年間の特定課題研究（2013年〜2015年度）「国際理解教育における教育実践と実践研究」のもと、①「実践研究のスタンダードの確立」：実践者による当事者研究・臨床的研究のディシプリン（研究の作法）、②「研究モデルの探究と発信」：事例研究による研究的実践者・実践的研究者としての自立の道筋と研究コミュニティの形成過程をとおして、実践研究と理論研究の架橋をめざしてきた。

　課題としては、学会創設時の「研修対象としての教師」という位置づけを克服し、「自立した研究者」としての教師像をどう確立するのか、「授業実践の理論化」に関連して学会員による実践報告・実践研究の学術研究としての基準をどこに置くのか、「実践と理論との融合」として「国際理解教育の独自性に立脚した現場生成型の理論は形成されうるのか」（渡部 2015：84）という問いが示されている。（下線は筆者）

3.2.　新しい俯瞰方法の試み

①紀要『国際理解教育』研究論文の俯瞰と分析

　1995年から現在まで刊行され続けてきた紀要『国際理解教育』（Vol.1 〜 15：創友社、Vol.16 〜 25：明石書店）の研究論文および実践研究論文を俯瞰する新しい方法として、テキストマイニングの手法を援用する。

　テキストマイニングとは、「大量のテキスト、自然文や自然言語テキスト（言葉の表記体）、文書の集合体、文書（ドキュメント）情報のなかから、目的にあったテキストや文書を検索収集し、それらの間に潜在する関連性を分析、隠れた意味のある類似性を発見し類型化する。またそれらを要約、視覚化し、理解可能な情報に変換するなどを行う一連の操作をいう。さらにその内容や情報を計量化し、その探査の推移を把握することから、新たな知見・知識を得る一連の接近法」とされる（大隅・保田 2004：137）。文字情報という定性的データを定量的に扱うことによって文字情報の総体を俯瞰することが可能となる。

　本来ならば、『国際理解教育』Vol.0 〜 Vol.25までに掲載された研究論文・実践研究論文・特集論文の190本の全文データを対象にすべきだが、本章では具体的な試みとして190本の研究論文・実践研究論文・特集論文の表題（副題を含

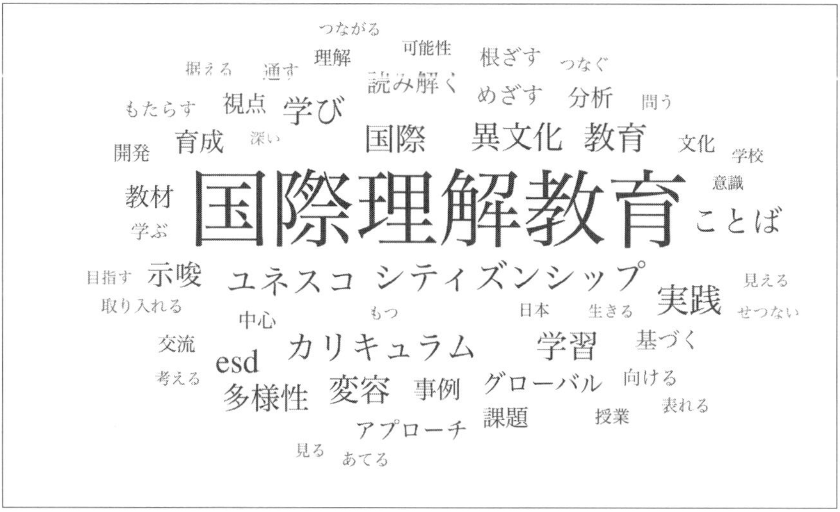

図3-1 国際理解教育研究論文（1995-2019）のワードクラウド分析（AIテキストマイニング by ユーザーローカル）

む）に限定してテキストマイニングにかけ、国際理解教育研究論文を俯瞰する。一切の主観を排し、AIによるテキストマイニングにかけたところ、**図3-1**のような「ワードクラウド分析」[注1]の結果が得られた。これは、入力されたテキスト（論文の表題）から出現頻度の高い特徴ある概念（名詞・動詞・形容詞）を文字の大きさで図示したものである。

　もっとも大きな概念は、当然のことながら「国際理解教育」であるが、次いで出現頻度が高い概念は「シティズンシップ」「ユネスコ」「国際」「異文化」「教育」「学び」「実践」「ことば」「示唆」「カリキュラム」「esd（ESD）」「学習」「多様性」「変容」などである。

　佐藤（1995：42-53）が、今後の検討課題として、（1）カリキュラムの再考、（2）教授・学習過程の検討、（3）評価のあり方の検討をあげているが、（1）および（2）の検討課題については、「異文化」「多様性」「ことば」「シティズンシップ」「esd（ESD）」などカリキュラム開発や実践研究に取り組んできたことが可視化されている。

　しかし、（3）の「評価のあり方の検討」という課題については行われてきたとは言い難い結果となっている。もちろん、AIは、頻度の高い概念ではない

と認識し拾い得ていないが、逆に唯一であるといっても過言ではない石森広美（2012）の形成的アセスメント研究、学習者の変容等をめぐる評価研究については今後追究を深めるべき課題であることもみえてくる。

　また、佐藤（1995：52-53）は、（3）の課題と関連して、一般に「教師は『こうあるべき』『こうあってほしい』という子どもに対する教育期待や目標に沿って実際の子どもを評価する」傾向にあったが、異質な文化や言語をもつ子どもの急増」により、教師は「帰国子女の多様さから、一人ひとりを見ること」の大切さや「子どもをみる見方」の変化などへの気づき、「子ども像や評価基準などを相対化できる可能性がある」と指摘していた。「知識の習得よりも実践的な態度・行動の育成を目標とする国際理解教育」では、こうした教師と子ども像との関係性など「見えないカリキュラムの組み替えが大きな課題となる」としていた。

　図3-1のように可視化されたワードクラウド分析では、「学び」「変容」「学ぶ」という概念が抽出されているが、今後、学習主体の当事者である「学習者」「学び手」の視点に立った実践研究、学習当事者の視点をふまえた現場生成型研究に踏み込む必要性が示唆されたといってもよい。

②「特定課題研究」および「特集」等 テーマの俯瞰と分析

　紀要『国際理解教育』には、個人の研究論文だけではなく、特定課題研究や特集テーマが設定されたり、プロジェクト研究が行われたりしてきた。

　その「特定課題研究」および「特集」などのテーマ（2003-2019）をテキスト・マイニングにかけ、ワードクラウド分析を行うと、図3-2のようになる。

　図3-1の国際理解教育研究論文（1995-2019）のワードクラウド分析とこの図3-2の「特定課題研究」「特集」等テーマのワードクラウド分析とを比較すると、以下のような違いがみられる。

　1）「特定課題研究」「特集」などには、主として「シティズンシップ」「ユネスコ」「esd（ESD）」「ことば」など（鎖線囲み）は共通するものの、新たに「sdgs（SDGs）」「気候変動」「難民」「世界遺産」「総合学習」「グローバル人材」「アクティブ・ラーニング」「海外／スタディ」など具体的な現代的課題への研究志向がみられる。

　2）そのアプローチについては、「民俗学」「博物館」「道徳教育」「教師／教育」などとの領域・分野や「役割」を超えて「協働」や「かかわり」「プロジェ

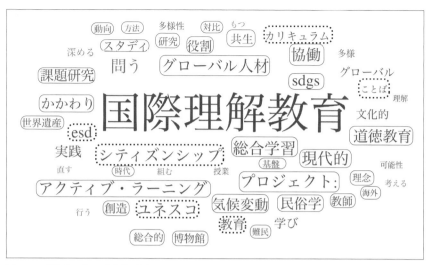

図3-2　「特定課題研究」「特集」等テーマのワードクラウド分析（AI テキストマイニング by ユーザーローカル）（枠付けは筆者）

　クト」の重要性が浮き彫りにされている。本学会では、A 多文化社会、B グローバル社会、C 地球的課題、D 未来への選択という「国際理解教育の学習領域」と「学習内容及びキーワード」（大津 2015：98-103）が示されてきたが、領域・分野を超えた「領野」[注2]を横断する ESD/SDGs の実践研究の拡張と深化と、2020 年に生起した地球・人類史から国家・地域・個人史に深く刻み込まれるだろう未曾有の課題「新型コロナウイルス感染症パンデミック」は、これまでの「学習領域」の枠組みを超え、「学際的研究実践」や「特定課題研究」のテーマとなりえるし、協働的アプローチは必至となる。

3）また、**図3-1**の国際理解教育研究論文（1995 ～ 2019年）の分析結果とこの **図3-2**の「特定課題研究」「特集」等テーマの分析結果とに共通する課題は、「学び」や「授業」「実践」という概念はあるが、今後、より学習当事者にフォーカスされた質的・量的研究が期待されよう。

　以上、紀要に掲載された個人の研究論文だけではなく、「特定課題研究」「特集」等研究についても俯瞰を試みてきたが、佐藤（1995）および渡部（2012）が示した実践上の課題については、次節でさらに具体的な論文に即して精緻な分析を行っていくことにする。

４．国際理解教育の実践研究の変遷
——実践記録・実践報告・実践研究を中心に

4.1　分析の枠組み

　本節では、これまで行われてきた国際理解教育の実践研究に焦点をあてて「児童生徒、学生、参加者の学びのプロセス分析—実践者によるコンテンツベースの教材・カリキュラム開発」（縦軸）と方法としての「研究の量的傾向性—研究の質的傾向性」（横軸）という軸で分類した。それが次の図である。

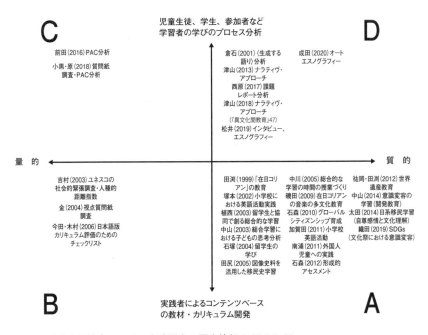

図3-3　国際理解教育における実践研究の研究枠組み（筆者作成）

　図3-3の**象限A**は実践者によるコンテンツベースの教材・カリキュラム開発における研究の質的傾向性、**象限B**は実践者によるコンテンツベースの教材・カリキュラム開発における研究の量的傾向性、**象限C**は児童生徒、学生、参加者の学びのプロセス分析における研究の量的傾向性、**象限D**は児童生徒、学生、参加者の学びのプロセス分析における研究の質的傾向性である。

　図3-3からわかるようにこれまでの国際理解教育における実践研究は、**象限A**に該当するものが多くを占めてきた。**象限A**に分類した主な実践研究は

　佐藤（2007）の基準によるものである。田渕（1999）、植西（2003）、石塚（2004）、磯田（2009）、南浦（2011）、太田（2014）のような「海外・帰国児童生徒、外国人児童生徒といった対象別の実践」、塚本（2002）、中山（2003）、田尻（2005）、中川（2005）、加賀田（2011）、祐岡・田渕（2012）、山中（2014）、織田（2019）のような「異文化理解・環境・平和といった領域別の実践」、石森（2010；2012）のような「コミュニケーション力、表現力といった資質に注目した実践」の三つにわけられる。これらの実践研究の特徴は、実践者主導でテーマ設定、教材・カリキュラム開発、子どもの思考分析がなされ、リニアに研究がなされていることである。このような実践研究のあり方は、「学習者―実践者」の非対称な関係性を固定化してしまう可能性があるため、その関係性を組み替える視点が求められるといえよう。

　象限 B に該当する実践研究は、これからの研究の進展が期待される。**象限B** の特徴は、国際理解教育のコンテンツやカリキュラムに対しての意識調査、あるいはコンテンツやカリキュラムの効果や評価について量的研究方法を使い分析している。吉村（2003）では、大学生を対象とし、社会心理学・文化人類学調査（ユネスコの社会的緊張調査・人種的距離指数）が援用されている。大学生の言語イメージを明らかにし、これからの国際理解教育において英語教育のコンテンツやカリキュラムをどのようにするべきかに示唆を与えている。また、金（2004）では、小学生から中学生までの追跡調査で、異文化間コミュニケーション能力を視点として小学校英会話の効用を分析している。今田・木村（2006）では、中学生を対象とし、博物館を利用した国際理解教育を自己評価チェック表の回答を分析して、カリキュラム評価をしている。このような実践研究のあり方も、「学習者―実践者」の非対称な関係性を固定化してしまう可能性があることも指摘しておきたい。

　象限 C に該当する実践研究はこれからの研究の進展が期待される。**象限C** の特徴は学習者の記述を PAC 分析により量的に研究するものである。量的研究方法を援用することで、学習者の関心・意欲・態度を明らかにしている。このような実践研究のあり方は、量的研究方法を使いこなすスキルをもった研究者または実践者が必要となるため、「学習者―研究者・実践者」という非対称な関係性を固定化してしまう可能性もあることを指摘しておきたい。

　象限 D に該当する実践研究は質的研究方法を援用して学習者の学びのプロ

セスを分析するものである。**象限D**の特徴は語りの分析（倉石 2001）やナラティヴ・アプローチ（津山 2013；2018）、記述分析（西原 2017）、エスノグラフィー（松井 2019）、オートエスノグラフィー（成田 2020）のように質的研究方法を明示していることにある。ただし、明示した質的研究方法にもとづいてデータ分析がなされている研究もあれば、不十分な研究もある。たとえば、倉石（2001）の研究ではデータの全体像を描きつつ、論証に必要な断片を示しながら分析がなされている。一方、松井（2019）の研究ではエスノグラフィーを「参与観察、インタビュー、文献調査等の様々な調査方法を組み合わせた多角的な研究手法」（松井 2019）としている。紙幅の関係もあろうが、論証過程ではフィールドノーツの一部分の分析となっており、本来あるべきエスノグラフィー[注3]の記述に課題を残している。国際理解教育の実践研究における質的研究については、学会としてもその研究方法論に関する組織的な検討が必要になろう。

4.2.　「学習者－実践者」の非対称な関係性を組み替えるための実践研究
──一方向的なアプローチから双方向的に上昇するアプローチへの転換

　前項の**図3-3**では、「学習者─実践者」あるいは「学習者─研究者・実践者」の非対称な関係性を明らかにした。このような非対称な関係性のなかで佐藤が指摘するような「実践をもとにした国際理解教育の理論的枠組みをつくりあげ、そこからさらにまた新たな実践の視点を提示すること」（佐藤 2007：223）が求められている。つまり、実践研究における非対称な関係性を組み替えて、実践の課題を発見し、そこから新たな実践の視点を提示することを繰り返すスパイラルな仮説生成型実践研究が重視されることになる。

　これからの国際理解教育における実践研究に示唆を与えられるスパイラルな仮説生成型実践研究としては、津山（2018）と成田（2020）をあげておきたい。

　前者は、ナラティヴ・アプローチを援用して学習者であるコリアン・ニューカマーの生徒と実践者である筆者（津山）とがそれぞれがもっていたドミナント・ストーリーを「オールドカマー」というテーマを扱ったことで、お互いにオルタナティヴ・ストーリーを語り直していくプロセスを分析している。この実践研究では、実践者の働きかけと学習者の応答をとおして相互に語り直すという点に注目したい。日本におけるマイノリティ理解を目標とした実践であったが、マイノリティの当事者にとってはアイデンティティを問い直す実践とな

り、国際理解教育における新たな実践の視点が提示されているといえる。

　後者は、かつて国際理解教育の潮流の一つであった「帰国子女教育」実践の
なかで「帰国子女」からの「問いかけ」への教師の応答経験のエピソードをベー
スにオートエスノグラフィーの手法を援用した実践研究論文である。教師の敷
いたレールの上を学習者が走らされたりするのではなく、幅の広いガードレー
ルのなかを学習者が歩んだりする学びでさえもガードレールの幅やガードレー
ルの是非を含め、学習者の「声」を聴く「対話」をとおして、あたりまえとされ
ていた「概念」を問い直す経験の有意味性を明らかにしている。

5．これからの国際理解教育の研究史生成の可能性

5.1.　研究デザイン（研究手続き）のあり方

　「学習者―実践者」という非対称な関係性を組み替え、双方向的に上昇する
アプローチをしていくためには、学習者と実践者の学びのプロセスを言語化・
可視化することが求められる。これからの国際理解教育の研究においては、そ
のデザイン（手続き）のあり方に自覚的になることが重要である。これまで実施
されてきた教材・カリキュラム開発を中心とした仮説検証型研究と、学習者と
実践者の「対話」を中心とした仮説生成型研究のそれぞれの特徴や課題を把握
して示すことが求められる。

5.2.　現場生成型研究の視点

　仮説検証型研究と仮説生成型研究に加えて、渡部（2015：84）が指摘していた
ように「現場生成型研究」に注目することも有効である。この研究のあり方に
ついて、佐藤が、①「実践の場のとらえ方」、②「研究や調査をする主体の位
置づけ」、③「4つのフェーズ」によって特徴を示している。①については「実
践に内在的に参画し、実践の場を自らつくりだすという視点を強調するもの」
（佐藤 2019：194）としている。②については「参加者がそれぞれ役割の枠をこわ
し、相互作用を繰り返すなかで、影響し合い、それまでと違う関係をつくりあ
げていく。実践の参加者が、共に実践をつくるという過程で、相互の学び合い
により、参加者の成長がみられるということを強調する」（佐藤 2019：194）とし
ている。③については「第一のフェーズでは、実践の場に身を置くことで、現

場の問題を感知できるようにする」「第二のフェーズでは実践の場の問題から
解決すべき課題を見いだし、共有化する」「第三のフェーズでは、解決に向け
たプランづくりと実際の行動である」「第四のフェーズは検証と変革である」
（佐藤 2019：195）としている。

　「現場生成型研究」は、学習者も実践者も研究者も実践に関わる存在とし、
同じ課題を共有しながら現場に即した理論を構築し、課題に対応しながら新た
な課題を見出すものである。この研究では「学習者―実践者」の非対称な関係
性だけではなく、「実践者―研究者」の非対称な関係性の組み替えの可能性も
示唆している。この「現場生成型研究」のために具体的な研究方法もいくつか
提案されている[注4]。

5.3.　研究デザインの明示方法

　研究デザイン（手続き）を示すためには、その言語化・可視化の方法を理解し
ておくことも必要となる。その有効な方法が、トライアンギュレーション（秋
田 2005：177）である。秋田は以下の4点を示している。

　　1）データのトライアンギュレーション：異なる時間や空間、人を含むデー
　　　タを収集する。
　　2）研究者のトライアンギュレーション：様々な研究者がクロスチェックを
　　　相互にできるよう研究を組む。
　　3）理論的トライアンギュレーション：観察を支える理論のために複数の理
　　　論をもちこみ解釈を考える。
　　4）方法論的トライアンギュレーション：探究に複数の方法論を用いる。

　これら四つの種類は、いずれも現場を重層的に描き出すためのデータの示し
方である。このことにより、主観的なデータを妥当で納得できるものに近づけ
ることを可能にし、現場のアクチュアリティを示すことができる。

5.4　質的研究の研究水準の担保

　これまでの実践研究、特に学習者の「学び」のプロセスと教師の関わりをリ
アルに描き出す「現場生成型研究」をよりアカデミックなものにしていくには、
研究方法論の選択肢を明確にすること、研究水準を担保するためのガイドライ
ンの研究が求められる。たとえば、多様な質的研究のガイドラインとして汎用

性のある SRQR（Standards for Reporting Qualitative Research）[注5]があるが、これを援用するか、国際理解教育における質的研究のガイドラインを策定していくことも必要かもしれない。

6．問いへの応答と残された課題

　1で示した三つの問いに対して、①については実践者主導の教材・カリキュラム開発研究が中心であることが特徴であり、多くの成果を残してきた。しかし、「学習者―実践者」の非対称な関係性が固定化してしまっていたという課題をあげた。

　②については「学習者―実践者」の非対称な関係性を組み替えるために、仮説検証型研究、仮説生成型研究、現場生成型研究の理解と使い分けの重要性を示した。

　③については実践者や研究者も「学習者」であることの認識＝メタ認知をベースとした研究が求められる。そのために「学習者」による「リフレクション」[注6]のあり方をさらに追究し、再帰的な研究が有効となるだろう。

　残された課題としては、次の2点である。

　①仮説検証型研究、仮説生成型研究、現場生成型研究における方法論への理解を深めるため、学会として研究方法論に関する組織的な検討を行うことである（特に質的研究のガイドラインなど）。

　②研究論文、実践研究論文、研究ノート、実践研究ノートの類型の定義を再考し、研究・実践の多様な表現方法を選択できるようにすることであろう。

　以上、本章の目的に掲げた三つの「問い」に対する「応答」としての成果と課題である。

　しかし、本章のなかで検討し得なかった課題もあることも記述しておかねばならない。国際理解教育の研究と実践の歴史は、今、まさにつくられつつあるということである。

　本書が刊行される1年以上も前になるが、地球における生物としての人類史的事象であり、国家・地域における社会的な存在としての個人史的事象でもあった「新型コロナウイルス感染症パンデミック」が生起した。

　緩やかにときに激しく「国際化」「グローバル化」が進むなかで、日本国際理

解教育学会は研究対象としての「国際理解教育」を学際的・組織的な研究を行ってきた。しかし、現下の「新型コロナウイルス感染症パンデミック」は、「試験管」の外から反応を分析する客観的な研究対象としてなどではなく、まさに実践者・研究者が一市民として「試験管」の真っ只中で自らその影響を激しく受け、生死にかかわる反応をしながら実践・研究を行わざるをえない、新しい実践と研究の時代を迎えているといっても過言ではない。

注

1）ワードクラウドとは、文章中で出現頻度が高い単語を複数選び出し、その頻度に応じた大きさなどで図示／可視化するテキストマイニングの方法である。今回分析に使ったのは、ユーザーローカルテキストマイニングツール（https://textmining.userlocal.jp/）である。テキストのなかにある特徴語を抽出する方法として、TF-IDF 法という統計処理がなされている。

2）「領野」という概念は、メルロ＝ポンティの現象学的知見をもとに、これまでの「領域」や「分野」を超えた概念を意味している。

3）志水宏吉によると「みたものを的確に、かつ印象的に読者に伝えるための文学的センスがやはり不可欠である」としつつ、「各種の科学的な基準や体裁と無縁ではありえない」（志水 2005：143）としている。

4）異文化間教育学では、研究方法として「エスノグラフィ」「インタビュー」「ライフヒストリー」「グラウンデッド・セオリー法」を提案している（異文化間教育学会 2016）。これらの研究方法は、実践を重視する学問分野においては示唆的である。

5）SRQSについては、以下の Web Site を参照されたい。https://journals.lww.com/academicmedicine/fulltext/2014/09000/Standards_for_Reporting_Qualitative_Research__A.21.aspx（2020.4.8取得）

6）リフレクション（reflection）は、しばしば「省察」と訳されたり、「振り返り」と置き換えられたりするが、原義には「反射」「反響」「反映」「熟考」などの意味があり、学びのプロセスを常に「問い直し」、未来に向かって「見通す」ことである。詳しくは、成田（2020）を参照されたい。

引用文献

秋田喜代美（2005）「学校でのアクション・リサーチ─学校との協働生成的研究─」秋田喜代美・恒吉僚子・佐藤学編『教育研究のメソドロジー─学校参加型マインドへのいざない─』東京大学出版会、163-189頁

石塚美枝（2004）「小中学校における交流活動参加を通した留学生の学び─留学生にとっての『異文化トレーニング』という視点から─」『国際理解教育』Vol.10、80-91頁

石森広美（2010）「グローバルシティズンシップの育成に向けて─高校生が考えるグローバルシティズン像から─」『国際理解教育』Vol.16、3-12頁

石森広美（2012）「国際理解教育における形成的アセスメントの可能性─アウトカムベースの授業設計と評価─」『国際理解教育』Vol.18、4-13頁

磯田三津子（2009）「京都・東九条マダンにみる多文化共生―在日コリアンの音楽による多文化教育の実践に向けて―」『国際理解教育』Vol.15、44-59頁

異文化間教育学会企画、佐藤郡衛・横田雅弘・坪井健編（2016）『異文化間教育学大系第4巻　異文化間教育のフロンティア』明石書店

今田晃一・木村慶太（2006）「博物館を利用した国際理解教育の実践と評価―国際理解教育の自己評価チェック表の提示―」『国際理解教育』Vol.12、26-45頁

植西浩一（2003）「モノローグ的国際理解教育の克服をめざして―留学生との協同で創る総合的な学習―」『国際理解教育』Vol.9、76-89頁

大隅昇・保田明夫（2004）「テキスト型データのマイニング：定性調査におけるテキスト・マイニングをどう考えるか」数理社会学会『理論と方法（Sociological Theory and Methods）』Vol.19、No.2、135-159頁

太田満（2014）「日系移民学習における自尊感情と文化理解の意義―小学校３年『多文化社会に生きるわたしたち』の開発単元を通して―」『国際理解教育』Vol.20、24-33頁

大津和子（2015）「国際理解教育の目標と内容構成」日本国際理解教育学会編『国際理解教育ハンドブック―グローバル・シティズンシップを育む―』明石書店、28-39頁

小黒淳一・原瑞穂（2018）「地域の未来を積極的に創造しようとする生徒の育成―国際理解教育の観点を取り入れた地域学習を通して―」『国際理解教育』Vol.24、13-22頁

織田雪江（2019）「SDGs をテーマに取り組んだ学園祭における生徒の意識変容―知る・伝える『アクション』を『エシカル消費』につなぐ―」『国際理解教育』Vol.25、24-33頁

加賀田哲也（2011）「小学校英語活動の『文化理解』に関する指導―『英語ノート』に見る問題点を克服するための提言―」『国際理解教育』Vol.17、4-12頁

金玥淑（2004）「卒業生調査をもとにした小学校英会話の効用と課題―異文化間コミュニケーション能力の視点から―」『国際理解教育』Vol.10、48-65頁

倉石一郎（2001）「教育実践記録における〈生成する語り〉の諸相―在日コリアン生徒に対する書き手の『呼称』の問題を手がかりに―」『国際理解教育』Vol.7、50-69頁

佐藤郡衛（1995）「国際理解教育の実践上の課題―学校・学級の構造との関わりから―」『国際理解教育』Vol.1、42-55頁

佐藤郡衛（2007）「国際理解教育の現状と課題―教育実践の新たな視点を求めて―」日本教育学会編『教育学研究』第74巻第２号、215-225頁

佐藤郡衛（2010）「書評　中牧弘允・森茂岳雄・多田孝志編『学校と博物館でつくる国際理解教育―新しい学びをデザインする―』明石書店」『国際理解教育』Vol.16、115-117頁

佐藤郡衛（2019）『多文化社会に生きる子どもの教育―外国人の子ども、海外で学ぶ子どもの現状と課題―』明石書店

志水宏吉（2005）「エスノグラフィー―私と世界との対話―」秋田喜代美・恒吉僚子・佐藤学編『教育研究のメソドロジー―学校参加型マインドへのいざない―』東京大学出版会、139-162頁

田尻信壹（2005）「図像史料を活用した移民史学習―『大陸横断鉄道と中国人移民』の教材化―」『国際理解教育』Vol.11、8-29頁

田渕五十生（1999）「『在日コリアン』の教育が国際理解教育に示唆するもの―『異文化理解』から多文化教育の発想へ―」『国際理解教育』Vol.5、6-23頁

塚本美恵子 (2002)「Language Awareness (言語意識教育) による国際理解の育成—小学校における英語活動実践の提言—」『国際理解教育』Vol.8、6-23頁

津山直樹 (2013)「相互理解におけるステレオタイプ変容プロセスの臨床的検討—日中大学院生の対話交流のナラティヴ・アプローチ分析を通して—」『国際理解教育』Vol.19、23-32頁

津山直樹 (2018)「教室型実践における異文化間能力育成—国際バカロレアに基づいた中学校社会科での育成プロセスを事例に—」異文化間教育学会編『異文化間教育』47、国際文献社、16-33頁

中川和代 (2005)「『総合的な学習の時間』における国際理解教育の授業づくり—直江津港におけるロシア船員との交流を通して—」『国際理解教育』Vol.11、102-117頁

中山京子 (2003)「総合学習『ワールドカルチャー』の実践における子どもの思考分析—多文化教育と国際理解教育のインターフェイスの視点から—」『国際理解教育』Vol.9、90-103頁

成田喜一郎 (2020)「『帰国子女』からの問いかけと教師の応答経験の有意味性—オートエスノグラフィー 1978-2006 を中心に—」『国際理解教育』Vol.26、13-22頁

西原明希 (2017)「海外研修中止が生んだ札幌でのプロジェクト型多文化教育プログラム—学生たちの 5 ヶ月間の試み—」『国際理解教育』Vol.23、23-32頁

前田ひとみ (2016)「国際理解教育における新たな参加型分析プロセスと成果検証方法の提案—個人別態度構造分析による異文化での学び—」『国際理解教育』Vol.22、3-12頁

松井理恵 (2019)「滞日ムスリム児童のエスノグラフィー—A 小学校における宗教的配慮への取り組みとムスリム児童の学校男生活—」『国際理解教育』Vol.25、13-23頁

南浦涼介 (2011)「『複文化の統合』を視点にした外国人児童への実践の試み—中国人児童に対する歴史学習の場合—」『国際理解教育』Vol.17、13-22頁

山中信幸 (2014)「意識変容の学習としての開発教育—ペダゴジーとアンドラゴジーの理論に基づく実践的検討—」『国際理解教育』Vol.20、13-23頁

祐岡武志・田渕五十生 (2012)「国際理解教育としての世界遺産教育—世界遺産を通した『多様性』の学びと学習者の『変化』—」『国際理解教育』Vol.18、14-23頁

吉村雅仁 (2003)「国際理解教育における英語教育の役割—言語イメージ調査からの示唆—」『国際理解教育』Vol.9、42-61頁

渡部淳 (2015)「国際理解教育における理論研究・実践研究のあゆみ」日本国際理解教育学会編『国際理解教育ハンドブック—グローバル・シティズンシップを育む—』明石書店、77-84頁

第4章

国際理解教育は理解ありきでよいか
―文化理解から問題解決へ―

大山正博

1. なぜこの課題を問い直すのか

　ユネスコ憲章の前文にある「相互の風習と生活を知らないことは、人類の歴史を通じて世界の諸人民の間に疑惑と不信を起こした共通の原因であり、この疑惑と不信の為に、諸人民の不一致があまりにもしばしば戦争となった」という文言は、文化理解の重要性を示す。それは、二度の世界大戦を経て人類が学びとった教訓であり警告である。戦後初期の国際理解教育を牽引した内海巖・永井滋郎（1962：5-8）は、日本人のもつ他国への偏見が戦争を引き起こした原因とし、偏見をなくすために文化理解が必須であると述べた。こうした文化理解は、現代の国際理解教育においても主要なテーマであり続けている[注1]。

　しかし、文化を理解するのみでは地球上の問題を解決できない。文化理解は問題解決の前提であり、その上で他者と共生する方法を考える必要がある。同様の主張は、理解の不可能性をもふまえた上での他者との共生について考察した論考（永田 2005；市川 2009；吉田 2012）にもみられる。また、ユネスコ憲章自体、戦争の回避という問題解決を志向するものであり、文化理解は問題解決につながってこそ意味をなす[注2]。

　問題解決とは、自己とは価値観や利害の異なる他者とコミュニケーションを図りながら、恒久的であれ暫定的であれ特定の合意をめざす過程である[注3]。そこにおいて、自他ともに己の価値観や利益に固執すれば、合意が形成される可能性は低い。たとえば、値下げを要求する他社に対して、「値下げしないことが我が社固有の文化だ」といえば、交渉はそこで決裂するのと同じである。

「○○文化はこういうもの」と決め、文化を特定の境界線をもつ固定的なものとして捉える見方を、ここでは「静的・固定的な文化理解」と呼ぶこととする。こうした理解では問題解決につながらない。

　一方、コミュニケーションの過程で文化は変容する可能性があると捉えるものを、「動的・変容的な文化理解」と呼ぶこととする。この文化理解こそ、本学会が議論を重ねてきたものであり、問題解決の前提である。しかし、この文化理解と問題解決（戦争の回避や地球的課題の解決など）との関連が体系的に論じられたことはない[注4]。

　本章では、まず動的・変容的な文化理解が前提にあってこそ、国際理解教育が対象とする問題解決が可能であることを示す。その上で、多田孝志の提唱する共創型対話[注5]を、動的・変容的な文化理解を前提とした問題解決として捉え直し、その具体的な展開の仕方について述べる。多田の対話論にいくつかの補強を加えることにより、本学会における蓄積を反映させた問題解決の理論となる。

　さらに、動的・変容的な文化理解を前提とした問題解決について考察することで、本学会が抱える課題に一つの答えを示す。その課題とは、「ナショナルアイデンティティ教育の相対化装置としての役割」（渡部 2010：18）を担う国際理解教育において、国家をいかに扱うかというものである（大山 2016：13-16）。現状として国家主権を明確に制約する権力は存在しないため（藤原 2010：8-10）、地球的課題の解決に向けて協調しない国がいようと原理上は否定できない。しかし、国際社会における問題解決の場面では国家主権は相対化しうる。なぜなら、地球的課題の解決をめざすコミュニケーションにおいて、国家主権を至高のものとする文化[注6]は他国との協調をめざすものへと変容するためである。このような問題解決を扱う教育として、国際理解教育はそのアイデンティティを確固なものにできよう。

　以上を論じた上で、本章の最後に問題解決型学習[注7]の一つの展望を示したい。学会20回大会記念出版物の副題が「実践と理論をつなぐ」であったように、理論が実践に具現されてこそ、多くの実践者を抱える本学会の意義がある。

2．静的・固定的な文化理解の弊害

　文化理解といえども、3F（Food、Fashion、Festival）のような表層的なものか

ら、宗教や国家体制による価値観の違いなどの深層的なものまで様々なレベル
がある。ただし、地球的課題について考えるとき、表層的な文化理解では不十
分である（新井 2001 : 42）。

　しかし、たとえ深層的なレベルでの文化理解が成立しても^{注8}、地球的課題の
解決には必ずしもつながらない。たとえば、温室効果ガス削減に対する国際的
取り決めにかかわろうとしない国があった場合、「それは〇〇国の文化だから仕
方がない」と認めると、議論はそこで終わる。そうすると、問題解決に向けた
各国の協調は不可能となり、問題の解決どころか悪化につながる可能性が高い。

　また永田佳之（2018 : 4）は、理解可能なものとして文化を捉える視点が「予定
調和的ともいえる」問題解決につながり、そのような理解ありきでは現実の諸
課題に対応できないと述べる。永田（2005 : 97-98）によれば、現実の問題解決
において「理解の不可能性」⇒「居心地の悪さ」⇒「価値観の相克」⇒「共存・
共生」というプロセスを考える必要がある。では、理解できないものとの共生
はいかにして可能なのか。

　この問題を解こうとするとき、静的・固定的な文化理解では埒が明かない。
その概念の範囲は、〇〇国の文化という個別的なものから地球市民としての文
化という普遍的なものにまで及ぶ。いずれにせよ、文化を所与の固定的なもの
として捉えるため、特定の文化に対して異論があっても、それを変えることは
できない。かつ、その文化に合わせて自文化を変えることもできない。そうす
ると、他文化を完全に受け入れることを我慢するか、我慢できず受け入れない
かの問題になってしまう。

　しかし、受け入れないという選択は他者への理解を放棄したとみなされるた
め、倫理的に敬遠される可能性がある。そのため、静的・固定的な文化理解を
前提としたコミュニケーションは、結果的に誰かに我慢を強いる（無理して承認
させる）ことで終わる危険性がある。このような文化理解では持続可能な世界
を構築できると思えない。

3. 問題解決の前提としての動的・変容的な文化理解

　動的・変容的な文化理解は、静的・固定的な文化理解に代わる概念として提
示される。この文化理解については、本学会の紀要において論じられている。

たとえば市川 (2009 : 13) は、文化理解を静的・固定的なものと捉えず、「不断に自己と社会を組み替え続ける」ことの必要性を指摘し、動的に文化を捉えることで理解不可能な文化と折り合いをつけることが可能と述べる。また、山西優二・近藤牧子 (2005 : 31-32) は「文化を固定的に扱い、その文化を知る・認識するレベル」にとどまるのではなく、「未来に向けてたえず伝承・選択・変容・創造され続けている」という動的・変容的な文化理解の必要性を論じている。

　以下では吉田直子 (2013) を参照し、動的・変容的な文化理解と問題解決との関連を述べる。吉田を参照する理由は、その関心が一貫して動的・変容的な文化理解を前提とした関係構築にあり、問題解決に大きな示唆をもつためである[注9]。

　吉田は、多文化主義の課題を指摘し、文化的多様性の概念自体を問い直すことを試みている。多文化主義の課題とは、①文化理解が具体的な文化内容に関する知識の有無を指すこと、②昨今の国際情勢においてマジョリティにとって管理可能な文化のみを文化として認める傾向があること、③文化は差別化される必要があるという前提のため、周縁文化はその希少性をアピールし、かつ承認してもらう必要があることである。これら課題の根底には「文化を実体的なものとして捉える認識」(吉田 2013 : 55)、すなわち本章の言葉でいえば、静的・固定的な文化理解があると吉田は指摘する。

　このような課題を解決するため、吉田は H・K・バーバ (Bhabha) の議論を手がかりに文化的多様性の概念を問い直す。「文化的多様性 (cultural diversity)」とは、あらかじめ与えられた文化的内容や習慣を承認するための概念であり (同上 : 55)、バーバは文化的多様性に代わる概念として「文化的差異 (cultural difference)」を提唱した。文化的差異とは「予め外部から与えられたカテゴリーではなく、意味づけのプロセスという運動」である (同上 : 55、引用部の傍点は原文ママ、以下同じ)。それは「複数の文化の関係が絶えず編み直され、読み替えられていく運動あるいははたらきを指す概念として文化的多様性を捉え直すこと」を意図している (同上 : 57)。つまりバーバは、文化的多様性を動的・変容的な文化理解を土台としたものに再構成しようとするのである。

　以上の論をふまえ、吉田は次のように述べる。「おそらく認識可能な『〇〇文化』の数を増やすことだけが文化的多様性の理解ではないのだ。(中略) 文化が異種混淆性をはらむ運動であるならば、重要なことは他なるものとの〈あい

だ〉に留まり、〈あいだ〉を味わい、〈あいだ〉を創造することであろう」（同上：57）。この「〈あいだ〉を創造すること」は、理解不可能な文化に触れながら、自他ともに変容しつつ、ともに受け入れることのできる共通の文化を創造していくことである[注10]。この「創造」へといたる営みこそ、永田の提示したプロセスを具体化したものである。

「創造」にいたるプロセスでは、たとえ異質な文化に納得できなくとも、自文化・他文化ともに変容する可能性があるため、絶えず他者に働きかけ、かつ他者も自分に働きかけることができる。特定の価値や文化を誰かに押し付けるのではなく、ともに新たな共生のための文化をつくっていく営みこそ、理解不可能な他者とともに問題解決を図る方法なのである。このような相互の可変性を前提としたコミュニケーションを通じてこそ、持続可能な世界が構築できる。

4．共創型対話と問題解決

ここでは、動的・変容的な文化理解と多田孝志の共創型対話との関連を述べた上で、共創型対話を地球的課題の問題解決として捉えることの妥当性を示す。

共創型対話とは、「多様性の容認と尊重」を基本理念とし、理解不可能性をふまえた上で、異質な他者と新たな世界をつくっていくものである（多田 2017：67-68）。市川（2013：14）は、「多様な考えを持つ人間同士が、それらを尊重しつつもお互いに意見をぶつけ合い、自己の考え方の修正をはかりながらよりよい考えをつくりあげていく行為」と解釈する。「自己の考え方の修正をはかりながら」ということからも、この対話論の前提に動的・変容的な文化理解があることがわかる。

しかし、地球的課題の解決は、はたして多田のいう共創型対話にあたるのか。多田は共創型対話の他に三つの対話の型をあげている。そのうちの「対応型の対話」は、「さまざまな軋轢や対立が起こってきたとき、それを解消するため交渉、契約、依頼、謝罪、要求、説得などを目的とした対話である」（多田 2017：67）。前述の温室効果ガス削減に対する国際的取り決めは、交渉や他国の説得といった要素が強いため対応型の対話として捉えた方が自然である。現に多田自身も交渉や合意形成といった問題解決を対応型の対話として位置づけている（同上：67）。

　とはいえ、多田の対話の分類について市川 (2013 : 20) は、「4つの対話の概念及び相互の関係には、明確ではない部分がある」と指摘し、多田 (2017) においても四つの対話の関係性を明確に記した箇所はない。そのことから、対応型の対話と共創型対話を完全に独立した概念として捉えられるのかは検討の余地がある。しかし、多田 (2017 : 73-75) において、四つの対話が記された後に「グローバル時代の対話」という包括的な概念が提示されており、その定義に「そこから新しい知を共創し」とあるように、多田の対話論の根底に共創型対話があることは間違いない[注11]。

　以上から、多田が対応型の対話と分類したものを展開していく上でも、共創型対話の概念は適用されうる。つまり、地球的課題を解決するための交渉 (合意形成) においても共創型対話は行われうる。

5．共創型対話による問題解決の展開
──「国家」が相対化されるコミュニケーション

　共創型対話の展開を考えるため、市川は「所与の関係性」という概念を取り入れている。所与の関係性とは、「経済やジェンダー役割、社会階層など」の「共創型対話が前提とする多様性の容認や尊重のルールを阻害」しうる要因である (市川 2013 : 16)。共創型対話を進めるには所与の関係性を組み替えることが必要であり、国際理解教育が対象とする対話とは「関係性の組み替えという行為である」(同上 : 15)。それは、「既に生きられている自分と世界や他者との関係をつくりかえること」をめざす (同上 : 15)。

　市川のあげる所与の関係性は教室内の対話を対象としたものである。例として、主要文化を担う日本人の子どもの発言が増し、ニューカマーの子どもが自分の思いを自由に発言できなくなるといった場面があがる (同上 : 16)。そのような事態への対処として、「参加者の発言機会の平等性の確保や意見の多様性の承認といった原則」などの適用が考えられうる (同上 : 16)。しかし逆に、対話の諸原則が所与の関係性を改善しなければ、理解不可能性は「対話の契機ではなく諦めへと導く」ものとなってしまう (同上 : 17)。

　このような事態は、国際会議においてもみられる。たとえば、大国と小国とでは、所持する軍事・経済などのハードパワーや国際的に承認される価値といったソフトパワーにおいて差があり[注12]、国際会議における発言に影響を与

えることがある。さらに、パワーの大小にかかわらず、国家主権を理由に対話自体から離脱する国もある。これら各国間におけるパワーの差異や国家主権の概念は、共創型対話を阻害する所与の関係性である。

　所与の関係性を組み替えるため市川が重視するのが、対話を管理する教育者の役割である。市川は次のように指摘する。「参加者が一体どのような属性・性格の人なのか、その人たちは互いにどのような関係を取り結んでいるのか、誰がどのような背景でどのような内容を話して／聴いているのか、誰が話していて誰が話して／話せていないのか、話されていない事柄は何か。所与の関係性にもとづく場の初期条件及びそれが共創型対話に与える影響を頭に入れた上で、教育者は上記の問いを常に自らに投げかけておかなければならない」（同上：19-20）。

　このような役割を国際社会に生きる市民に期待できる。では、その市民は具体的に何をするのか。このことを考える上で河野秀樹（2013）が参考になる。河野は、生命科学者である清水博の論を参照し、動的・変容的な文化理解を実践する「場」について考察する[注13]。「場」とは、「実体的な空間ではなく、むしろ集団全体の文脈の共創のために個人の振る舞いをまとめあげるはたらきそのものである」（河野2013：65）。「場」が機能するためには、「構成員に集団としての活動の方向性が共有されている必要がある」（同上：67）。

　国際社会に生きる市民の役割とは、地球的課題の解決に向けた対話がなされる「場」を機能させるために、各国が協調して問題解決を図っていくという「活動の方向性」を強化することである。現実として、このような活動の方向性はすでに共有されている。たとえば、SDGsについての各国の取り組みなどがあげられる。また、地球的課題の解決に協調の姿勢を取らないこと自体、国家のもつソフトパワーの減少につながりうる。

　こうした状況下において市民には、問題解決が方向通りに進んでいるかチェックすること、自身が問題解決にかかわることが期待される。たとえば、核禁止条約の採択（2017年7月7日）には、国際的なNGOであるICAN（核兵器廃絶国際キャンペーン）が大きな役割を果たした。この事例は、市民が活動の方向性をチェックしつつ、国際社会におけるルールや制度の構築にかかわることができることを示す。このような事実が、共創型対話を可能にする活動の方向性をさらに強化していく。これまでの内容を**図4-1**に整理した。

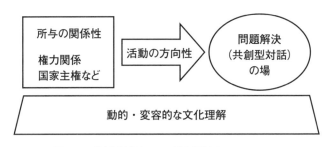

図4-1　共創型対話による問題解決（筆者作成）

　地球的課題の解決には、土台として「動的・変容的な文化理解」が必要不可欠である。しかし、いざ問題解決を図るにも、国際社会の権力関係や国家主権など、共創型対話の阻害要因となる「所与の関係性」が存在する。とはいえ現実として、問題に対して協調的に取り組む「活動の方向性」は共有されており、軍事などのハードパワーや国家主権を至高のものとする文化は相対化されている。結果として、地球的課題に対する「問題解決（共創型対話）の場」は十分とはいえなくとも機能している。さらに、共創型対話を可能にする活動の方向性は、市民の問題解決への間接的および直接的参加によっていっそう強化される。本章のはじめに、地球的課題に対する問題解決の場面において国家が相対化していると述べたことは、以上の事実から確認できる。

6．国際理解教育における問題解決型学習の展望

　国際社会に生きる市民には、問題解決が方向通りに進んでいるかチェックすること、自身が問題解決にかかわることが期待される。国際理解教育が育成をめざす市民とは、これらの役割を担うものである。また、共創型対話の進行を阻害する所与の関係性についても理解する必要がある。具体的な状況を理解していなければ、どのようにして異なる価値観や利害をもつ他者と協調していくかを考えることはできない。

　以上を考慮すると、国際理解教育における問題解決型学習では、A：問題状況（所与の関係性）の理解、B：活動の方向性（人権の尊重や協調の重要性など国際社会における理念）の理解、C：問題解決（共創型対話）の実践という3種類の学習カテゴリーが想定できる（**表4-1**）。なお、一つの学習のなかで複数のカテゴ

表4-1　国際理解教育における問題解決型学習のカテゴリー（筆者作成）

カテゴリー	内容
A	問題状況（所与の関係性）の理解。
B	活動の方向性（人権の尊重や協調の重要性など国際社会における理念）の理解。
C	問題解決（共創型対話）の実践。

リーを学べることが望ましい。

　たとえば、大津和子（1992）による「貿易ゲーム」を活用した学習では、A、Bの二つのカテゴリーを対象としている[注14]。「貿易ゲーム」では、学習者はある国のメンバーとなり、用意された道具（ハサミ、定規、コンパスなど）を使用し資源である紙を切って製品を作り、収入を得ることをめざす。しかし、国によって用意される道具や資源などが異なり、ゲーム終了時には国家間に収入の格差が生じてしまう。このような体験を経て、学習者はA：各国が自国の利益に固執すれば、経済格差が生じることを理解する。さらに、B：経済格差を是正するためのフェアトレードの理念について理解する。

　さらに藤原孝章（2008）の「ひょうたん島問題」では、三つのカテゴリーすべてを学習できる。「ひょうたん島問題」は、海を移動する架空の島「ひょうたん島」を舞台に、学習者それぞれが異なる民族を演じるゲームである。学習者は、異文化間において生じるジレンマを体験し、その原因となっている問題の解決方法について民族間で議論する。ゲーム体験をとおして、学習者はA：ジレンマの原因となる問題の構造を理解し、B：それぞれの民族が好き勝手すれば問題が解決しないことを学び、C：多様な問題解決策について考える。

　ここで紹介した二つの実践は、ゲームを活用している。最後に国際理解教育における問題解決型学習の展望として、ゲームを活用した学習の可能性を述べたい[注15]。その効果は、学習者が①社会問題などの複雑な構造を理解できること、②「複数の未来像」、つまり多様な問題解決策について考えることがあげられる（デューク，リチャード・D 2001：62）。①は問題の構造やそれを解決する上で必要な理念を理解できるという点でカテゴリーA、Bの学習に有効であり、②は多様な解決策を模索するという点でカテゴリーCの学習に有効である。さらに、ゲームにおいて学習者は自身の利益追求をめざすため、「ひょうたん島問題」でみられる、③異なる価値観や利害をもつ他者との間に生ずるジレンマを実感する。ジレンマの実感によって、カテゴリーA、Bにおける理解が知

識的のみならず感覚的なものにもなり、カテゴリーCで議論される問題解決策が各自の利益も考慮したリアルなものになる。以上の内容を**表4-2**に整理した。

表4-2 ゲームを活用した学習の効果（筆者作成）

効果	内容
① 社会構造の理解	社会問題などの複雑な構造を理解できる。
② 多様な可能性の模索	多様にありうる問題解決策について考える。
③ ジレンマの実感	異なる価値観や利害をもつ他者との間に生ずるジレンマを実感する。

　三つの効果のなかで、特に③ジレンマの実感は重要である（藤原 2008：94）。現実の問題解決では、活動の方向性が共有され共創型対話の「場」が成立しても、できる限り自分の属するコミュニティーの利益を守ろうとする感情が各自に生ずることは避けられない。そのため、全員が納得する一つの正解を導き出すことは困難である（大山 2016：18）。しかし、取り返しのつかない状況に陥る前に、暫定的なものであっても、何らかの解決策を実行する必要がある。

　国際理解教育の対象とする問題解決とは、他者との間にあるジレンマを解消するための多様な可能性について模索する行為であり、多様な可能性があるからこそ絶えず更新されていくものである。このような終わりの見えないゴールに向けて、文化の変容可能性を探りながら、他者と協調していくことのできる市民を育てることこそ、国際理解教育における問題解決型学習の目標といえよう。

7. 問いへの応答と残された課題

　本章では問題解決につながる文化理解のあり方について考察することを出発点とし、最終的に国際理解教育における問題解決型学習の展望を示した。本章で論じたことを以下に整理する。①問題解決を考える前提として、他者とのコミュニケーション過程において文化は変容しうるものと捉える動的・変容的な文化理解が必要である、②共創型対話は、所与の関係性を組み替えるという動的・変容的な文化理解を前提としたものであり、国際理解教育が対象とする問題解決である、③現実の国際社会において共創型対話が行われる場は存在し、他国への協調を拒む根拠となる国家主権を至高とする文化は相対化している、④国際理解教育が育成する市民とは、共創型対話に間接的および直接

的に参加し、協調的な問題解決の「場」を機能させるものである、⑤ゲームを活用した学習では、学習者は異なる価値観や利害をもつ他者との間に生ずるジレンマを実感し、現実的な問題解決（共創型対話）について考えることができる。

　本書の第1章では国家を前提とした「ナショナルな語り」と地球社会の成立を前提とした「グローバルな語り」という二つの概念を提示し、その二つの語りを包括するものとして国際理解教育を位置づけた。本章で示した問題解決は、その二つの語りの狭間に生ずるジレンマを対象としている。現実の問題解決において、主権国家は相対化し、地球社会という概念が普遍化してきていることは事実である。その一方で、国家主権を明確に制約する権力が依然として存在しないことも事実である。国際理解教育は、二つの語りのなかで揺らぎながらも、いかにして地球的課題を解決できるかを多様に模索できる市民の育成をめざす。

　これからの課題として、本章で示したような問題解決型学習の開発および実践を進めていくことがあげられる。学習者がジレンマを実感できるゲームは、上述の大津和子（1992）の「貿易ゲーム」、藤原孝章（2008）の「ひょうたん島問題」の他、藤原孝章（1994）の「外国人労働者問題」がある。今後は、あらゆる場面を想定したゲームを開発し、その教育効果を実証していくことが求められる。

　また、ゲームではなくとも、学習者にジレンマを実感させる学習は構想できる。たとえば地球温暖化問題を扱う学習として、学習者がシナリオの作成および修正を行うものである。まず、学習者は各国政府を担当しつつ、それぞれが自国の利益に固執した場合の最悪のシナリオを作成する。その後、作成したシナリオのどの部分が修正可能かについて議論する。修正可能な箇所を話し合う過程で、いくつかの問題解決策について考えることができる。

　さらに、ゲームを活用したものも含め、以上であげた学習は、自身の利益追求という意味において学習者の当事者性が高くなるため、熱中することができ、かつ楽しい。その点は、筆者が初めて「ひょうたん島問題」を体験したときの率直な感想であり、実際に筆者がかかわったゲームを活用した授業における学習者の感想でもある。地球的課題などシビアな事象について考える際に不謹慎かもしれないが、学習者の自由な発想が最大限発揮され、かつ楽しめるような学習を組織することもやはり大切であろう。たとえ困難な課題に直面したとしても、自他ともに変容することに苦しみよりは楽しみを覚えながら、その課題解決に自由な発想をもって取り組んでいけるような市民が育ってほしいと願う。

注

1) 石森広美 (2014) は、日本国際理解教育学会の研究紀要である『国際理解教育』の Vol.1 (1995) から Vol.20 (2014) の間に掲載された論考の主題を体系的に整理している。それによると、「異文化・文化理解」を主題とする論考は2年に1回の割合 ($\frac{10}{20}$) で掲載され、他の主題に比べて扱われることが多い (たとえば、「人権」を主題とするものは $\frac{3}{20}$、平和を主題とするものは $\frac{8}{20}$ である)。なお、本章で扱う文化は、森茂岳雄 (2012:28) を参照し、「知識、信仰、芸術、道徳、法律、慣行、その他、人が社会の成員として獲得した能力や習慣を含むところの複合された総体」という文化人類学者エドワード・B・タイラーの定義に従う。

2) 国際理解教育の目標は「地球的課題の解決に向けて様々なレベルで社会に参加し、他者と協力しようとする意思を有する人間」を育成することであり (大津和子2010:28)、問題解決の観点は国際理解教育にとって必要不可欠である。

3) 吉村功太郎 (2012a:166) は国際理解教育が扱う合意形成について、「合意の方法や結果よりも、その過程における人々の相互作用のあり方そのものに主な関心」をもつものと述べる。

4) 永田佳之の一連の研究を整理すれば、体系的に論じることが可能かもしれない。たとえば、永田 (2005) は国際理解教育における理解について考察し、永田 (2018) では「地球規模課題」の解決に向けた教育のあり方を論じる。本章では、永田の研究を参照しつつ、その他の研究成果もふまえ、現時点において本学会が提示できる見解を示す。

5) 多田の共創型対話については後述する。なお、主に多田孝志 (2017) を参照した。

6) 注1に載せた文化の定義に従えば、国家主権を至高のものとするという国際社会における法律あるいは慣行も文化と捉えることが可能である。

7) 問題解決型学習とした理由は、戦後初期の社会科を中心に導入された「問題解決学習」と区別するためである。吉村功太郎 (2012b:167) を参照。

8) 心理学者、精神分析学者である岸田秀は、宗教などの深層的なレベルにおける文化理解の不可能性を指摘する。たとえば、万人の万人に対する闘争というホッブズの提唱した自然状態は、唯一の神との関係を保ててこそ他者とポジティブな関係が結べる一神教の人々が、「神を失ったとしたら現出するであろう状態」(岸田2009:45) である。しかし、他者との関係のなかで自我を安定させる日本人にとって、そのような状態は想像もつかない。

9) 吉田 (2012) は、永田 (2005) が示した「理解の不可能性」をふまえた共生・共存へのプロセスの具体的なあり方について論じた。吉田 (2013) は、そのプロセスを理論的に補強するものとして捉えることができる。

10) さらに吉田はメルロ・ポンティの身体論をふまえ論を展開させるが、ここでは割愛する。

11) 多田自身、共創型対話を他の三つの対話の上に成立すると述べたこともある (多田孝志 2009:25)。

12) ハードパワー、ソフトパワーに関して、ナイ，ジョセフ・S・ジュニア、ウェルチ，デイヴィッド・A (2017) を参照。

13) 河野は「場」と認識や身体機能を成立させる身体のはたらきとの関係についても述べる。しかし、ここでは身体知にかかわる部分は割愛し、その概念自体を参照するにとどめる。

14) 実践を行ってはいないが、「より公平な貿易を行うためにはゲームのルールをどのように

すればいいか」について考えるという、カテゴリーC：問題解決（共創型対話）の実践の学
習構想についても述べられている（大津1992：67）。

15) ゲームは現実世界を抽象化したものであるが、ゲーム後の振り返り学習を充実させるこ
とで現実世界と結びつけることが可能である。大津（1992）や藤原（2008）の提示する学習も
そのような設計になっている。

引用文献

新井郁男(2001)「『国家』理解のための国際理解教育の課題」『国際理解教育』Vol.7、40-48頁

石森広美(2014)「日本国際理解教育学会紀要論文題目にみる国際理解教育の動向―第1号から
第20号の歩み―」『国際理解教育』Vol.20、107-113頁

市川秀之(2009)「国際理解教育における理解不可能性の位置づけ―教育行為と教育者の立場の
流動性の顕在化―」『国際理解教育』Vol.15、8-25頁

市川秀之(2013)「国際理解教育における対話の諸課題―所与の関係性の視点から―」『国際理
解教育』Vol.19、13-21頁

内海巖、永井滋郎(1962)『国際理解の教育』民主教育協会

大津和子(1992)『国際理解教育―地球市民を育てる授業と構想―』国土社

大津和子(2010)「国際理解教育の目標と内容構成」日本国際理解教育学会編『グローバル時代
の国際理解教育―実践と理論をつなぐ―』明石書店、28-39頁

大山正博(2016)「国際理解教育は『国家』をいかに扱うか―国家間における葛藤を経験させる
教育の展望―」『国際理解教育』Vol.22、13-22頁

岸田秀(2002)『幻想の未来―唯幻論序説―』講談社

河野秀樹(2013)「文化的多様性への関係論的アプローチ―『場』的視座からの考察―」『国際理
解教育』Vol.19、62-71頁

多田孝志(2009)『共に創る対話力―グローバル時代の対話指導の考え方と方法―』教育出版

多田孝志(2017)『グローバル時代の対話型授業の研究―実践のための12の要件―』東信堂

デューク，リチャード・D、中村美枝子・市川新訳(2001)『ゲーミングシミュレーション―未
来との対話―』ASCII

ナイ，ジョセフ・S・ジュニア、ウェルチ，デイヴィッド・A、田中明彦・村田晃嗣訳(2017)『国
際紛争―理論と歴史― 原書第10版』有斐閣

永田佳之(2005)「国際理解教育をとらえ直す―グローバリゼーション時代における国際理解教
育の再構築に向けて―」帝塚山学院大学国際理解研究所『国際理解』Vol.36、92-105頁

永田佳之(2018)「地球規模課題と国際理解教育―気候変動教育からの示唆―」『国際理解教育』
Vol.24、3-12頁

藤原帰一(2010)「主権」田中明彦、中西寛編『新・国際政治経済の基礎知識　新版』有斐閣、
8-10頁

藤原孝章(1994)『外国人労働者問題をどう教えるか―グローバル時代の国際理解教育―』明石
書店

藤原孝章(2008)『シミュレーション教材「ひょうたん島問題」―多文化共生社会ニッポンの学
習課題―』明石書店

森茂岳雄(2012)「文化／文化的多様性」日本国際理解教育学会編『現代国際理解教育事典』明石

　書店、28頁

山西優二・近藤牧子 (2005)「文化理解の再考―動的文化理解の概念とその実践に向けての教材検討―」『国際理解教育』Vol.11、30-47頁

吉田直子 (2012)「国際『理解』の陥穽を問う―『沖縄』という他者を手がかりに―」『国際理解教育』Vol.18、33-42頁

吉田直子 (2013)「国際理解教育における文化的多様性の課題―〈あいだ〉としての文化観へ―」『国際理解教育』Vol.19、51-61頁

吉村功太郎 (2012a)「合意形成」日本国際理解教育学会編『現代国際理解教育事典』明石書店、166頁

吉村功太郎 (2012b)「問題解決型学習」日本国際理解教育学会編『現代国際理解教育事典』明石書店、167頁

渡部淳 (2010)「国際理解教育の理論と概念」日本国際理解教育学会編『グローバル時代の国際理解教育―実践と理論をつなぐ―』明石書店、17-25頁

コラム1

民際交流をとおした相互理解の拡大
―韓国から見た日本国際理解教育学会の30年―

姜淳媛（カン・スンオン）・翻訳：金仙美（キム・ソンミ）

　日本国際理解教育学会は、2020年で学会創立30年を迎える。日本国際理解教育学会が30年として一時代の歴史をもつということは、これまでの路程に対する省察をとおして次世代の方向をとらなければならない時点に達したことを意味する。ありがたいことに、私たちはもっとも重要な隣国で一緒に国際理解教育を実践してきた友人として、外部の目線で、日本国際理解教育学会に対する所懐を述べられる栄光を得た。日本国際理解教育学会と共に過ごしてきた過去20年間の共有の経験がなかったら、韓国の国際理解教育は、今日のように類似した概念の混在のなかで独自の枠組みでのバランスをとるのは難しかったことを特に明らかにしたい。30年間たゆまずに国際理解教育を理論化し、実践的な地平を広げて、日本独自の国際理解教育に発展させ、今日まで至った日本国際理解教育学会の30周年を心よりお祝いする。

　韓国の国際理解教育は、ユネスコ韓国委員会の努力で行われた、多分に政府の政策が反映された国際理解教育の実践として集約できる。1990年代の対外政治的な努力の結果として、国内に国際理解教育地域センター（Regional center of education for international understanding）の設立が提案されて以来、国際理解教育はユネスコ韓国委員会（Korean National Commission for UNESCO、KNCU、以下‘韓委’と呼ぶ）の主導で議論を集めたが、このプロセスは教育者達の国際理解教育の実践と理論化のための自発的な結集というよりは、かなり韓委の主導により関連学者を集めて推進した性格だったと評価をせざるをえない。韓委はまた、1997年国際理解教育地域センターの妥当性研究（Feasibility Study on Regional Center of Education for International Understanding）を実行しながら、アジアの国家間の交流と協力を拡大した。この過程で韓国国際理解教育学会が設立され、学会レベルでの日韓の交流と協力が自然に行われた。この過程で、日本の国際理解教育の専門家であ

る千葉杲弘教授が先に日韓交流の手を差し出し、それから両国学会の公式的な交流につながった。

　韓国国際理解教育学会は、1999年に韓委内の小さな研究会であった韓国国際理解教育研究会を再構築して、韓委の講堂で創立総会を開催した。以後、学会の主な活動は、翌年2000年に設立されたアジア太平洋国際理解教育院 (Asia-Pacific Centre Of Education For International Understanding Under The Auspices Of UNESCO, 以下 'APCEIU' と呼ぶ) の活動と結合された。初期の学会の活動は、国際理解教育関連の学者達の招請講演を中心とした公開学術集会が主流であった。このような学術活動は、アジア太平洋地域学と平和、人権、多文化など国際理解教育関連のトピックを扱っている社会科学分野の学者達を中心とした、いわゆる汎学問的 (interdisciplinary) な性格の議論が主であった。そのため学会も教育と教育以外の関連学問で国際理解教育というテーマを中心に自由に議論する社会科学学会として性格を規定しながら、学会のメンバーも教授や教師だけでなく、一般の市民社会活動家たちも一緒に参加しようという主張にもとづいて、みんなに開放された。その結果、日本学会とは異なり、韓国国際理解教育学会は政治学、社会学、人類学、地域学など社会科学分野と教育学分野の教授達が一緒に参加し、独自の自律的な構造というより韓委と APCEIU の物的、人的なサポートのなかで初期の活動が行われた。

　このようななかで、韓国国際理解教育学会と、国際理解教育の実践的、理論的な基礎が相対的にしっかりとした日本国際理解教育学会との交流が始まった。ジョン・ドゥヨン前会長は「日本との交流がなかったら、韓国国際理解教育学会は、今のような面目を整えるのが難しかっただろう」と断言する。日韓交流のスタートとして、2001年8月22日・23日「日韓の教育および国際理解教育に関する相互理解と協力」というテーマの特別研究討論会が韓国の利川にあるユネスコ青年院で開かれた。千葉杲弘国際基督教大学教授の要請に応じて行われた研究討論会で当時韓国国際理解教育学会のジョン・ドゥヨン副会長が両学会の交流を提案し、その結実として、当時米田伸次日本国際理解教育会長の招待により、2002年6月に広島大学で開かれた第12回日本国際理解教育学会学術大会にジョン・ドゥヨン副会長と APCEIU のイ・サムョル院長などが初めて参加した。これに対する応答として、その年10月に開かれた韓国国際理解教育学会学術大会に米田伸次会長をはじめ、日本の学会員が参加して、発表を行った。それ

から毎年両学会はお互いの学術大会に、相互に参加するようになった。2003年第13回日本の桜美林大学学術大会のときにはキム・シニル会長とイ・サムヨルAPCEIU院長が、2004年の第14回京都ノートルダム大学学術大会にはガン・スンウォン副会長、イ・サムヨル院長、グォン・テジュンAPCEIU諮問委員長と3-4名の教師が参加した。以後、毎年6月に開催される日本の学術大会と韓国の秋季学術大会に両国でそれぞれ5-10名程度の学会員が継続的に参加している。これらの相互交流活動は、両学会の相互友好主義に立脚して登録費は免除し、各々の出張費は自費で充てることを決議した。このように米田伸次教授や千葉杲弘教授など日本国際理解教育の第一世代の学者達の提案が韓国国際理解教育学会の初期活動に非常に重要に作用した。

　APCEIUと協力して、日本との交流が始まったが、徐々に学会の独自レベルに発展して、今は日韓交流が両学会の主なイベントとなっている。何よりも参加した教師の数と発表の質が発展し、いくつかの学校の交流にも拡大され、毎年学術大会の事前イベントとして行われる地域の学校訪問イベントは、両国の教育者の相互理解教育の幅を広げている。 但し限られた予算で進行される過程で、同時通訳ができないために、参加者が全体の進行を理解するには限界があることを認めざるをえない。

　韓国から参加した教育者の見解によると、日本の学会が土曜日と日曜日、いわゆる休日に行われており、一年に一度集まる学術大会であるだけに、多くの教育者が一年の活動をまとめて発表するので、膨大な相互理解と学習が行われているという感じを受けるという。また、毎年学術大会の主題が日本の懸案の教育争点を中心に選定され、深層的に議論されているのを見て、間接に日本の学校教育の教育争点が理解できるという。日本学会の場合、韓国とは異なり、教師教育を担当している教育大学の教授と学校の教師が参加し、国際理解教育の指導案を発表したり、学校の現場性が強い実践の理論化を主導したりするため、現場性が弱い韓国の参加者は、その規模や質的な面において非常に遅れている感じを受けるという。特に、韓国の国際理解教育がAPCEIUを通じて政策的に支援を受けてきた過程で、国際理解教育の大部分がAPCEIUのプログラムであって、学校の自発的な国際理解教育の成果ではないということで、日本の学会からかなりの刺激を受けてくると吐露している。したがって、韓国国際理解教育関連の教授や現場の教師たちの自発的な参加をさらに促進し、日本学会があらかじ

め開発して、発展させたモデルを韓国の教育に適用と比較をしつつ、今後日本との共同の国際理解教育カリキュラムの開発と研究を進めなければならない。

　実際に両国交流の初期の過程から自然に共同研究が提案されたこともあった。米田伸次会長とジョン・ドゥヨン会長の間で日中韓共同研究をとおして本を出版しようという提案があって、これをAPCEIUが主導したらという期待をもったが、これは具体的な成果にはつながらなかった。米田伸次会長が定年退職し、多田孝志会長に続き、大津和子会長に至って、日本文部省の研究基金による共同研究が可視化された。その結果、日中韓の共同教育課程が研究されたが、今のところ、両国の学会レベルで共同に適用する段階ではないようだ。しかし、日本学会の国際委員会で推進している「多文化異己共生プロジェクト」は、日中韓の相互交流の幅を広げてくれることが期待できる。今後、個別レベルの共同研究を越え、学会レベルでより幅広い枠組みの多様な共同研究や比較研究が進めば、今後の国際理解教育の地平を広げる可能性はかなり大きいと思う。

　韓国国際理解教育学会の前会長として筆者は、2001年以来両国の学会が交流してきた相互学習の成果を次の三つに整理してみたい。

　まず何よりも自由発表に焦点が合わせられた日本国際理解教育学会の運営をとおして、国際理解教育の理論と教育現場が出会う実践的な国際理解教育の学術活動の豊かな成果をみることができた。おそらく韓国の参加者には休日の土曜日と日曜日に学術大会が開催されるという事実そのものが与えるさわやかな印象があったようだ。それまで韓国学会の活動はAPCEIUの公的な活動に参加したことだったので、学校に出張を出して参加している平日の公的行事であった。この点で自律的に自ら参加する週末の学会は韓国の会員にとって、自分の行動を反省的に考察するきっかけになったと思う。日本学会への参加をきっかけに、韓国学会も自発的な参加型の学術大会へと変えようとして、学術大会を休日の土曜日と日曜日に行うとともに、個人の自由発表に焦点が合わせられ、豊かな学術大会に発展した。日本に比べてまだ参加者も少なく、質的にも改善すべき余地が多い学術大会の運営であるが、日本学会との交流がなかったら韓国学会のこのような変化は不可能だっただろう。日本の国際理解教育は、世界的にも異例の国際理解教育の原型である。世界市民教育、平和教育、人権教育、多文化教育、持続可能な発展教育など関連用語との共通性と相違性の研究をとおして、

1974年の国際教育勧告以来、なぜ国際理解教育であるべきかに対する答えを一緒に模索する必要がある。

　第二に、日韓の国際理解教育学会の交流と相互理解は、両国の複雑な歴史を超えて、日韓の民際交流の発展として肯定的な成果を示している。国際理解教育は、国家間の友好主義にもとづいて、人権と平和を構築するための相互理解教育である。植民地主義と帝国主義を超え、世界の平和のために、国際理解教育の実践が両国の民際交流と相互理解をとおして、アジア的な連帯を発展させ、世界市民として成熟した進歩ができるように努力しなければならない。両国の学会の交流と協力をとおして、両国の不幸な過去を乗り越え、パートナーとして未来を一緒につくっていくことができる教育力量を育てなければならない。また、国際理解教育が国家主義にもとづいた狭義の市民教育を打破し、競争的な入試教育制度を改革して、未来の共生を推進していく教育の革新運動に寄与しなければならない。この点で、国際理解教育が自由主義的な観点にとどまらず、批判的で変革的な観点から、さらに進歩を成し遂げる理論的な根拠として定着できるように、両国の交流をとおした共同の課題として発展させていかなければならない。

　第三に、国際理解教育は、日本と韓国の国内レベルでの平和教育であり、アジア地域レベルでの平和教育であり、世界レベルでの平和を志向する教育である。和田春樹教授が提案した「東北アジアの共同の家」を両国の国際理解教育をとおして、我々は作ることができるだろう。戦争で汚れた近代アジアの暴力的な過激主義を超える国際理解教育の理想を我々が一緒に実践して、最終的に世界が約束したSDG4.7を実践する根拠を日韓の国際理解教育の交流と協力をとおして創り出すことができるだろう。すでに始まっている韓国と日本、日本と中国、中国と韓国等東北アジアの国家間の平和的な理解と共存のための教育的な土台は、日中韓の国際理解教育学会の交流をとおして構築することができる。これからの未来の世代のために、周辺諸国との善隣友好にもとづいた東北アジアの平和の持続可能性が国際理解教育の主要テーマであり、国際理解教育の歴史的な省察と将来の展望の共有が非常に重要である。そのため、共同研究や交流協力は継続的に強調されるべきであり、その可能性が、日本国際理解教育学会の絶え間ない研究成果をとおして表れていると確信する。

　改めて、日本国際理解教育学会の30周年を祝い、今後ますます進展した両国の学会の交流と協力を期待する。

第 **2** 部
──────────────
国際理解教育の
授業実践、学びを問い直す

第 5 章

国際理解教育は学習指導要領に
どう応答してきたのか

石森広美・松尾知明

1．なぜこの課題を問い直すのか

　「国際理解教育」は様々な社会的文脈のなかで様相を変えながら学習指導要領に登場し、教育現場の実践にインパクトを与えてきた。そこには、学習指導要領に左右されない希求すべき理想や理念といった固有性を保持する側面と、学習指導要領に応答すべく実践を創造し練り上げてきた側面の両面が共存しているといえる。

　これまで日本の国際理解教育の実践は、「もともと政策課題とのかかわりが主たる契機になってきた」（佐藤 2007：77）。1970 年代にユネスコ主導型、すなわち国際平和や人類共通の福祉といったユネスコの理念の実現を希求する国際理解教育から、国際化に対応するための教育、具体的には海外・帰国児童生徒教育、外国語教育や国際交流、日本人の「国際性」の育成へと傾斜していった。これに続き、「近年では『グローバル人材の育成』に焦点を当てた国際理解教育政策が優先されて」いるとともに、「ナショナルな傾向の強化と国際化・グローバル化対応施策が同時進行して」いる特徴がみられる（嶺井 2015：59）。

　関連して、学習指導要領の変遷と国際理解教育を論じた桐谷（2015：76）は、国際理解教育の実践が様々な点から学習指導要領に拘束される現実を指摘しつつ、学習指導要領における国際理解教育は「質的にはナショナリズムと連動したものになりつつある」とした上で、「偏狭なナショナリズムを克服するための国際理解教育の実践の更なる展開が必要であろう」と提言している。

　もちろん、教育関係者にとって国家政策の基軸は「学習指導要領」であり、

それに応答するようにその時代の実践の骨子が形作られてきた。しかし同時に、国際理解教育学会は国内外の研究成果を取り入れ、海外との学術交流も展開しつつ、「学習指導要領（ナショナル・スタンダード）への素朴な追随ではなく、学術団体としての自律性と固有性を有する」（藤原 2015: 10）側面もある。このことについて藤原（2015: 10）は、「国際理解教育の理念に忠実でありたいのであれば、ナショナルなカリキュラムと時に対峙し、それを包摂しうる市民像（人間像）、および知識、技能、態度・価値を含む目標を提示していかざるをえない」と述べている。

　これらの問題意識を鑑みれば、急速にグローバル化する時代において、学校における国際理解教育の実践は、学習指導要領に依拠しつつも、今後は「国際理解教育」の研究者・実践者たちが、これまでの蓄積を活かしながら、グローバル社会の内実を捉え、めざすべき持続可能な社会や多文化共生社会をふまえた研究や実践を創造し、ボトムアップ的に政策に働きかけていくことが必要となるのではないだろうか。

　以上をふまえ、本章では、近年の教育政策としての学習指導要領に国際理解教育がどう応答してきたのか振り返るとともに、これからの新たな国際理解教育がとるべき学習指導要領との関係性について考察したい。特に、グローバル化の急速な進展による教育の対応や変化が顕著になっていく1990年以降に焦点をあてて検討する。

2．学習指導要領の変遷と国際理解教育の位置づけ

2.1．生きる力の育成と国際理解教育の進展

　学習指導要領は、学校が編成する教育課程の大綱的な基準を示すもので、これまで概ね10年間に一度の割合で改訂されている。ここでは、国際理解教育学会が創設された1990年代以降における学習指導要領の展開と、国際理解教育の位置づけを主に概観したい。

　1989年学習指導要領改訂では、情報化や国際化が大きく進展するなかで、生涯学習の基盤を培うという観点から、21世紀をめざし社会の変化に自ら対応できる心豊かな人間の育成を図ることを基本理念に、個に応じた指導が重視された。「新しい学力観」が提唱され、知識や記憶力が強調されてきたそれま

での画一的なやり方から、変化の激しい社会に主体的に対応することのできる
資質能力を重視する教育への転換が図られることになった。

　学習指導要領における国際理解教育に関する記述は、1989 年改訂により大
きく変化した。1987 年の教育課程審議会答申において、改訂の 4 本柱の一つ
に「国際理解を深め、我が国の文化と伝統を尊重する態度の育成を重視するこ
と」が盛り込まれたが、桐谷 (2015) によれば、国際理解教育は、「国際協調」
「世界平和」を基調とするものから、「国際社会に生きる日本人」を育成するも
のへと移行していくことになった。1990 年代に国際化に対応する教育として、
学習指導要領において国際理解教育が注目されるようになるなかで、国際理解
教育学会は 1991 年に誕生する。

　1998・1999 年改訂では、完全学校週 5 日制のもとで、ゆとりある教育活動
を推進し、自ら学び自ら考える力などの「生きる力」を育むことが目標とされ
ており、「総合的な学習の時間」が導入された。育成がめざされる「生きる力」
という資質能力目標は、新しい学力観を継承したものであり、その後の学習指
導要領を支える基本的な理念となった。

　改訂に先立つ 1996 年の「21 世紀を展望した我が国の教育の在り方について
(答申)」では、①国際理解教育の充実、②外国語教育の改善、③海外子女・帰
国子女・外国人子女の教育の改善・充実について提言された。また、生きる力
を育むために創設された「総合的な学習の時間」では、国際理解が教育内容の
四つの例のなかの一つとして提示されることになり、国際理解教育への関心が
高まった。

　2008・2009 年改訂では、変化の激しい知識基盤社会のなかで求められる今
日的な学力として、自ら学び自ら考えるなどの「生きる力」の重要性が再確認
され、学校教育の目標として引き続き位置づけられた。そして、学力低下論を
背景に、基礎的・基本的な知識の習得と思考力・判断力・表現力の習得のバラ
ンスをとっていくことが重視された。

　また、国際理解教育をめぐっては、学力問題の影響で実践の停滞がみられた
一方、持続可能な開発のための教育 (ESD) の 10 年 (2005 〜 2014 年) が日本政府
の提案として始められ、学習指導要領に持続可能な社会の構築についての観点
が盛り込まれたことで、様々な実践が試みられていく。ESD の推進については、
そのための拠点としてユネスコスクールが指定され、その数は 1000 校を超え

るまで急増した。しかし、ユネスコの理念とした価値についての認識が希薄であったり、国際的なネットワークから孤立したりしているなどの問題が指摘されている（嶺井 2015）。

2.2.　新学習指導要領と国際理解教育の新たな段階

　2018・2019年改訂では、変化の激しい予測困難な社会において、よりよい未来の社会を築き自らの人生を切り拓いていくことのできる資質能力の育成が中心的な課題となり、「何を知っているか」から知識を活用して「何ができるか」への転換が図られた。

　資質能力の涵養は、たしかに、「新しい学力観」が打ち出された1989年の学習指導要領改訂以降、一貫して主要な課題であった。しかし、学習指導要領ではこれまで、「何を知っているか」の見地から各教科等の知識や技能が整理されてきた。また、「生きる力」といった資質能力目標はこれまでも掲げられていたものの、それを育むための具体的な手立てを欠いていたといえる。そのため、これまでは教科等のコンテンツをきちんと教え、知識を確実に定着させることに重点が置かれてきた。

　一方、新しい教育課程では、資質能力の涵養について、三つの柱である①生きて働く「知識・技能」、②未知の状況にも対応できる「思考力・判断力・表現力等」、③学びを人生にいかそうとする「学びに向かう力・人間性等」の観点から、教育内容の構造化が図られることになった。さらに、資質能力の育成に向けて、「主体的・対話的で深い学び」（アクティブ・ラーニング）の視点からの授業改善、および、カリキュラムマネジメントをとおした不断の見直し、といった具体的な方略が示されることになったのである。

　国際理解教育の実践にあたっては今後、たとえば、持続可能な社会の実現に向けて、学校と社会が共通の目標を掲げ、社会に開かれた教育課程の編成が求められる。学校種間の視点や教科横断的な視点をもち、学校内外の関係者の組織的な管理運営を進めながら、さらに本格的なカリキュラムをデザインし、マネジメントする時代になったといえる。

　以下では、国際理解教育の展開のなかで、学校での実践上の発展に影響を与え重要な節目となっている①「生きる力」の資質能力目標が導入された1998・1999年改訂、そして、②コンテンツからコンピテンシーへの転換が図られた

2018・2019年改訂、の二つを重点的に取り上げる。さらに、現在に至るその後の実践の動向についても概観し、国際理解教育の学習指導要領への応答と実践の変化、そして今後の課題について検討していきたい。

3. 学習指導要領（1998・1999年改訂）における「生きる力」と「総合的な学習の時間」の創設

3.1. 「生きる力」の出現

　国際理解教育が発展する大きな契機となったのは、1998・1999年の学習指導要領改訂における「生きる力」の提唱と「総合的な学習の時間」の創設であるといえる。

　「生きる力」の提唱以前は、「国際理解教育実践の取り組みは、強い関心をよせる教師による独自の取り組みが多かった」（中山 2015：129）状況であり、国際理解教育の意義を説く際、学習指導要領と関連づけた説明が曖昧で説得力に欠ける面があった。また、国際理解教育は児童生徒のいかなる力の伸長に資し、資質能力や学力の育成をめざしていかにして授業設計をすべきか等、目標や指導計画作成に関する問いに十分に答えられないという問題があった。そして、こうした問題に対する鍵、後に実践者にとって一つの指針となる重要概念が学習指導要領に登場することとなる。「生きる力」である。

　　　「我々はこれからの子供たちに必要となるのは、いかに社会が変化しようと、自分で課題を見つけ、自ら学び、自ら考え、主体的に判断し、行動し、よりよく問題を解決する資質や能力など自己教育力であり、また、自らを律しつつ、他人とともに協調し、他人を思いやる心や感動する心など、豊かな人間性であると考えた。たくましく生きるための健康や体力が不可欠であることは言うまでもない。我々は、こうした資質や能力を、変化の激しいこれからの社会を、［生きる力］と称することとし、知、徳、体、これらをバランスよくはぐくんでいくことが重要であると考えた。」（文部省 1996：22-23）

　一言で表せば、総合的な人間力のような性質をもつこの力の育成が、新たな基軸となって校種を問わずめざされるようになる。「総合的な学習の時間」は、

上記の理念を受けて新設された。

3.2.　「総合的な学習の時間」の創設

　1998年告示の学習指導要領において、「生きる力」と連動して「総合的な学習の時間」が設置され、2002年度から小・中学校に、翌2003年度からは高等学校に「総合的な学習の時間」が導入された。「情報」「環境」「福祉・健康」と並んで「国際理解」がその取り組みの四本柱の一つとして例示・推奨され、国際理解教育が学校現場に浸透し、定着する実質的な引き金となった。

　創設の意義は、前述した1996年答申において、「[生きる力]が全人的な力であることをふまえると、横断的・総合的な指導を一層推進しうるような新たな手だてを講じて、豊かに学習活動を展開していくことが極めて有効であると考えられる」「国際理解教育、情報教育、環境教育などを行う社会的要請が強まってきているが、これらはいずれの教科等にもかかわる内容をもった教育であり、そうした観点からも、横断的・総合的な指導を推進していく必要性は高まっていると言える」（文部省 1996：29）と明記されている。上記の理由から、一定のまとまった時間を設けて横断的・総合的な指導を行うことの必要性が示された。

　もともと国際理解教育が包括する領域は教科横断的かつ総合的なものであるため、各教科内での扱いでは限界があった。そのため、各教科等の学習を有機的に関連づけたり、探究的に学習を深めたりする時間の設置が望まれていた。よって、「総合的な学習の時間」の新設は国際理解教育の関係者に歓迎され、同教育の推進が期待された。このことについて米田（2012：23）は、「日本国際理解教育の歩み」のなかで、「2002年から『生きる力』の育成を目標に総合的な学習の時間が導入され、学習テーマの一つに『国際理解』が例示されたことは、国際理解教育の発展に大きな期待を抱かせ、国際理解教育の著しい実践の増加、発展をみることになった」と述べている。

　国際化、グローバル化の時代背景や世界の動向をふまえ、その必要性と重要性を認識していた国際理解教育の実践研究者たちは、工夫や試行錯誤を重ねながら教室での実践を積み重ね、平和や人権、環境、開発、異文化理解、共生などの国際理解の要素を包含する多様な授業を開発していた。そこに「総合的な学習の時間」や「生きる力」といった具体的な指針が提言されたことにより、

学習指導要領と国際理解教育実践の接合の方途を見出したのである。別言すれば、学習指導要領が国際理解教育を後押しする形となり、実践の場を模索しながら努力していた実践者たちに公的な環境を整備したといえよう。

4.　学習指導要領（1998・1999年改訂）後の国際理解教育の実践の変化

4.1.　実践の進展と新たな課題

　事実、「生きる力」の提唱と「総合的な学習の時間」の設置によって、国際理解に関する実践は活発化し多様化していった（石森 2014）。しかし同時に、新たな課題も浮上する。その課題は、「総合的な学習の時間」導入後の学会論文等を概観すると、①内容の深まり、②カリキュラム開発、③学力問題の3点に大別される。

　①に関しては、「総合的な学習の時間」により実践数は増加したものの断片的であり、内容の深まりに欠けるという点である。また、本来は教科横断的に学びが拡張したり統合したりすべきものが、限定的に特定の活動領域に落とし込まれ、学習が矮小化されている点である。たとえば、中川（2005：104）の次のような指摘に代表される。「総合的な学習の時間の導入が始まり、『国際理解』として実践を行っている学校が増えている。しかし多くの実践が、一方的に地域の外国人を学校に呼び出身国の紹介をお願いする、食べ物・ファッション・お祭りなどを体験していわゆる3Fと呼ばれる活動のみ行って満足してしまうという様子が多く見られる」。また、「2002年発表の『英語が使える日本人育成のための戦略構想』が『総合的な学習の時間』における『英会話活動』のあり方を打ち出したことによって、ますます『国際理解』と『英会話』が同一視される風潮が強まっているように思われる」（藤兼 2005：128）との指摘もある。

　次に、②カリキュラム開発と③学力問題であるが、これらは関連性が強く分かち難い。藤原（2006：106）は、「テーマやトピックを中心に総合的・横断的な課題をもうけて、子どもの学びや問題課題のプロセスに自覚的に取り組む『総合学習』は、学力論からみても意義ある時間である」とする一方、「『総合学習』で身に付く学力とは何なのか」「教科で育てる学力とどうかかわるのか」と学力についての課題意識を吐露する。

　こうして、「総合的な学習の時間」によって国際理解教育の実践の場がカリ

キュラムに配置されたことにより、実践の普及はみられたものの、育成すべき学力との関係やカリキュラム開発といった諸課題も浮上してきた。学会は次の段階のニーズ、すなわち学力とカリキュラム開発に関して整備する必要性が生じてきたのである。

4.2.　学力論とカリキュラムデザイン

　21世紀スキルやグローバル時代の学力論が活発化するなか、国際理解教育学会は、国際理解教育のモデル・カリキュラム開発に注力する。カリキュラム開発の基本枠組みとして「実践記録フォーマット」を作成し、そのフォーマットを利用した実践事例を紹介している。学会が出版した『グローバル時代の国際理解教育─実践と理論をつなぐ─』を概観しても、総合的な学習の時間における実践が数多く紹介されている。

　ここからも、「総合的な学習の時間」は制度的に保障された国際理解教育の実践の場として機能し、位置づいたことが読み取れる。こうして、学会は学習指導要領に応答した授業モデルを具体的に示しながら、教育現場や時代のニーズに対応し、国際理解教育の実践の普及に努めてきたといえよう。社会科や外国語科などを中心に教科の枠内で独自に展開されていた国際理解教育が、徐々に総合的な学習の時間での実践と相乗し、一定の方向性を得て学校教育のなかに定着していったのである。

　「生きる力」の理念と「総合的な学習の時間」は、その後も学習指導要領における重要性を保持しつつ継承されている。国際理解教育の多様な実践事例が蓄積され、共有されるようになった背景には、たしかに教育政策としての学習指導要領が原動力となった。一方、単に理念を掲げるだけでは学習の具体化や深まりに発展せず活動が断片的となり、一過性の学びや「楽しさ」に帰結する懸念があった。この意味で、学会がカリキュラム開発の理論的枠組みを整備し、モデル・カリキュラムを提示したことには意義が認められよう。

5．新学習指導要領（2018・2019年改訂）と資質能力の育成

5.1.　学びのイノベーションとアクティブ・ラーニング

　二つ目の重要な節目として、国際理解教育のさらなる発展の契機として期待

されるのが、2018・2019年の学習指導要領改訂である。これまでは、教科等の内容としてのコンテンツをきちんと教えること、すなわち教科書を中心に知識を確実に教えることが重視されてきた。それが、新しい教育課程では、資質能力の育成を進めていくことが明確に打ち出された。資質能力の三つの柱にもとづき教育課程の構造化が図られ、具体的な手立てとして、主体的・対話的で深い学び（アクティブ・ラーニング）やカリキュラムマネジメントが推進されることになったのである。学びのイノベーションが求められる時代を迎えた。

　「何を知っているか」だけではなく、知識を活用して「何ができるか」といった資質能力の育成が問われるなかで鍵となる手立ての一つが、主体的・対話的で深い学びとしてのアクティブ・ラーニングである。2017年の学会紀要でも特集が組まれているが、国際理解教育においては、これまでも学習方法としてアクティブ・ラーニングの手法がとられてきた。しかし問題にすべきは、学習活動が能動的かどうかではなく、そうした学習によって資質能力を育てられるかどうかにあるといえる。

　たとえば、松尾（2017）は、資質能力を育む学習活動を構想する際に、教科等の内容、学習活動、資質能力の三つの要素をつなげる重要性を指摘する。すなわち、第一に、教科等の内容のみを重視して、知識注入型の授業をいくら実施しても資質能力は育たないだろう。知識の量は増えたとしても、使える知識にはならない。第二に、学習活動だけを工夫しても、活動主義に陥ってしまう。子どもは意欲的に活動するかもしれないが、資質能力の育成にはつながらない。第三に、資質能力の育成をするのだからといって、たとえば問題解決の練習を

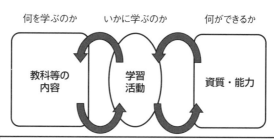

図5-1　内容と資質能力を学習活動でつなぐ（筆者作成）

いくら繰り返しても、意味のある問題解決の能力は育成されない。類似の課題は解けるようになるかもしれないが、社会で生きて働く問題解決の能力とはならない。

　したがって重要なのは、授業をデザインするにあたって、三つの要素をつなぎ、資質能力を育てるために、内容（大きな概念）を中心にしながら、学習活動を構想していくことである。国際理解教育の実践においては、単に手法として活動的な学習を取り入れるのではなく、資質能力を育成するという視点から、主体的・対話的で深い学びとしてのアクティブ・ラーニングを構想していくことが求められる。

5.2.　資質能力の育成とカリキュラムマネジメント

　資質能力の育成のために鍵となる手立ての二つ目がカリキュラムマネジメントである。すなわち、めざされる子ども像を実現するために、カリキュラムをいかにデザインしマネジメントをしていくかという課題である。カリキュラムマネジメントとは、各学校において、「学習指導要領等を受け止めつつ、子供たちの姿や地域の実情等を踏まえて、各学校が設定する学校教育目標を実現するために、学習指導要領等に基づき教育課程を編成し、それを実施・評価し改善していくこと」（文部科学省 2016：23-24）をいい、次の三つの側面がある。

　第一に、教科横断的な視点に立った教育課程を編成していく側面である。そのためには、教職員がカリキュラムマネジメントの重要性を共通理解した上で、各教科等の学習とともに、教科間のつながりや横断を日々の授業のなかで進めていくことが大切である。さらに、めざす子ども像の実現に向けて、各教科、特別活動や総合的な学習の時間などの内容と教育課程全体とを常に往還させながら、効果的なカリキュラムマネジメントを進めていくことが不可欠である。

　第二に、学びの効果をエビデンスにもとづいて評価し、学びを不断に改善していく側面である。資質能力が育成されたかどうかを知るには、子どもたちの姿や現状等を把握できる調査結果や各種データをもとに、教育課程の実施状況を定期的に把握することが必要である。また、資質能力目標を学校教育目標に具体化し、教育課程と学校経営を関連づけ、教育評価を実施することも大切であろう。

　第三に、管理職や教務主任のみならずすべての教職員が参画し、学校全体で

カリキュラムマネジメントを推進していく側面である。教育課程を軸に、チームとしての学校の視点から学校の組織や経営の見直しを図り、また校内研修等を通じて高い効果を創出する組織に育んでいくことも大切である。資質能力を効果的に育成するには、学びの経験を豊かにする条件整備と組織的な取り組みが欠かせない。

　国際理解教育においては、こうしたカリキュラムマネジメントに関する研究や実践はまだ十分に深められているとはいえないだろう。たとえば、森茂(2015) は、代表的な国際理解教育の研究者のカリキュラム開発論の比較研究を行っているが、これらのモデルにおいて、上に述べた三つの視点からの検討はあまりみられない。

　資質能力の育成にあたっては、育みたい人間像を具体化して、いかに子どもの学びの経験としてのカリキュラムをデザインし、その改善を図っていくのかが重要になる。国際理解教育においても、新学習指導要領で言及されているような、教科横断的な視点、PDCA といった不断の改善の視点、組織マネジメントや社会に開かれた教育課程の視点は重要である。今後は、本格的な国際理解教育のカリキュラムデザインとマネジメントの視点に立った研究や実践の進展が求められる。

5.3.　実践研究の新たな動向と広がり

　ここで、アクティブ・ラーニングとカリキュラムマネジメントの面から、これまでの国際理解教育の実践研究の新たな動向と課題について検討したい。

　学会紀要第 1 号から第20号までの論文題目から国際理解教育の動向を分析した石森 (2014 : 111) によれば、総合的な学習の時間の導入以降、関連する教育活動についての実践研究論文が多くみられるようになったり、学校以外の関係機関との連携による実践が活性化したり、また多文化やシティズンシップ、世界遺産、ESD 等、底流にある世界的潮流や国際的動向が研究や実践に投影されたりし、実践の多様化が加速したことを明らかにしている。

　また、研究対象の拡大や質的変化についても言及し、「最近では必ずしも研究や実践の対象として学習領域に係るコンテンツやイシューを扱わない新たな潮流も認められる。例えば、国際理解教育のあり様を吟味するような理論研究や、国際理解教育の方法論や検証アプローチを吟味するような研究が出現して

きていることは、注目しておきたい」（石森 2014：112）と、新傾向について分析している。そして2000年代以降、授業や実践のあり方を扱う論文が目立つようになるなど、国際理解教育の実践は、対象領域を広げ多様化しつつも、アクティブ・ラーニングを推進し、発展させてきたといえる。今後は、資質能力を育む学習活動を構想する際に、教科等の内容、学習活動、資質能力の三つの要素をつなげて、主体的・対話的で深い学びをつくっていくことが課題となるだろう。

カリキュラムマネジメントの視点については、近年、国際理解教育学会においても議論が進められてきた。実践がやりっぱなしで子どもたちの学びを検証していない点（カリキュラム設計と評価の問題）が指摘され、学力問題と絡めて検討課題として明確化されてきた。とりわけ、国際理解教育においては未開拓だった「評価」の重要性を提起した石森（2012a・2013）の研究は、「授業実践と評価研究を一歩進めた」（藤原 2015：13）ものとして、国際理解教育における「評価」への関心を喚起するものとなった。

石森（2012a）は、国際理解教育をカリキュラムに定位させるには、国際理解教育の目標および評価、その両者の関係性について詳細に検討することが不可欠であり、評価研究において近年注目される形成的アセスメントを評価アプローチとして導入することによる、国際理解の授業の質向上の可能性と、その方途を具体的に提案している。

その後、国際理解教育における評価の重要性への認識が高まり、森茂（2015：95）は「カリキュラム開発は、評価までを含んで構想される必要がある」と指摘。さらに、藤原（2015：13）も「内容と方法が統一された方略のもとでの評価が不可欠」「学習の成果として到達目標を示すことは、評価の規準や指標をしめすことであり、当該教育の客観性を担保し、説明責任を果たすことになる」と教育評価の重要性を記している。

「国際理解教育で育まれる力は、総合的で学習内容が広範囲にわたり、扱う問題が複雑に絡み合う性質上、評価についても多角的・多元的にならざるをえない。その意味で形成的評価（アセスメント）を含めた多様なアプローチを検討する必要がある」（石森 2012b：142）との視座に立った評価観は、2018・2019年の学習指導要領改訂で提言されているカリキュラムマネジメントの評価の基本的な考え方に通じるものである。今後は、教科横断的な視点、PDCAといっ

た不断の改善の視点、組織マネジメントや社会に開かれた教育課程の視点を含めた国際理解教育のカリキュラムのデザインとマネジメントに関する実践研究を進めていくことが課題であろう。

6．問いへの応答と残された課題

6.1．問いへの応答

　以上、1990年以降に焦点をあて、特に国際理解教育の展開において重要な基点となった1998・1999年改訂と2018・2019年改訂の二つに着目し、国際理解教育の学習指導要領への応答について、文献をレビューしつつ検討してきた。

　たとえば1990年代に顕著だったように、国際化・グローバル化に対応する教育、グローバル社会で活躍できる人材の育成等、国際理解教育の実践は政策課題との関わりや社会のニーズが主な契機となり、学習指導要領においてナショナリズムが強化されれば、それと連動するように実践にもそれが反映されてきた。これは、ごく自然な流れであるともいえる。

　一方、国際理解教育は独自の概念とアイデンティティを保有し続けて発展してきた。国の政策や国際機関の提言、あるいは世界の動向との距離感を調整しながら、人権や共生が尊重される世界の実現、平和で持続可能な社会の構築のために、何をどう学び、どんな資質・能力、価値観を身につけ、行動していくべきかという本質的な問いへの道筋を探求し続けてきた。

　上記でみてきたように、国が定めた「教育課程の基準」である学習指導要領は、たしかに拘束力を伴いながら、特定の教育を重点的に推進したり、教育全体を方向づけたりする影響力をもって教育現場に入り込んでくる。それは、時にナショナリズムやナショナルアイデンティティを強調し、世界のなかの日本人育成という戦略を具現化するものであり、その内情は必ずしも国際理解教育がめざす地球市民の育成の理念と合致するとは限らない。しかしながら、グローバル化が確実に加速していく状況において、「総合的な学習の時間」の導入やESDの推進、また近年のアクティブ・ラーニングなどに象徴されるように、学習指導要領に示される指針が国際理解教育拡大の一翼を担う面があるのも事実である。

　学会は平和や人権、多文化共生を希求し、グローバルイシューの解決に資す

る人材を育成するという目標を掲げてきた。その自律性や固有性を保持しながら国際理解教育実践の内実を注視し、多様な実践に寛容でありながらも偏狭なナショナリズムに陥ることのないよう警鐘を鳴らしたりめざすべき方向性を議論したりしながら、多方面から幅広く実践を検証し推奨してきたといえよう。

6.2.　残された課題と今後の展望

　国際理解教育において学習評価、カリキュラム開発やカリキュラムマネジメントが重要事項であるという最近の認識の高まりは、学習指導要領改訂の文脈のみに依拠するものではなく、同研究の深化・発展の過程において自然に生起してきたという一面も認められる。近年の学習指導要領の改訂のポイントと国際理解教育の変遷を概括すると、現時点での残された課題は、国際理解教育のカリキュラムデザインとマネジメントの視点に立った研究や実践が登場し、その成果や乗り越えるべき諸点が分析され発信されることであろう。今後は、この分野の実践的研究が発展することが待たれる。

　他方、現場の実践から新たな学習論が生成されたり、現場のリアルな状況やニーズから生起する新しい実践が創出されたりすることで、その集合体が政策に影響を与えうる力をもつ存在となる可能性がある。研究者と実践者が集い、時代や時勢を反映した様々な実践を生み出し、理論と実践が交差し融合し合う本学会が、実践の成果を検証し、振り返り、知見や実践知を発信し共有し合う大切な場として機能し、その営為のプロセスにおいて、これからの教育の新たなうねりを創製し、政策に働きかけていくことを期待したい。

引用文献

石森広美 (2012a)「国際理解教育における形成的アセスメントの可能性」『国際理解教育』Vol.18、4-13 頁

石森広美 (2012b)「国際理解教育の学力・評価」日本国際理解教育学会編著『現代国際理解教育事典』明石書店、142 頁

石森広美 (2013)『グローバル教育の授業設計とアセスメント』学事出版

石森広美 (2014)「日本国際理解教育学会紀要論文題目にみる国際理解教育の動向─第 1 号から第 20 号の歩み─」『国際理解教育』Vol.20、107-113 頁

桐谷正信 (2015)「学習指導要領の変遷と国際理解教育」日本国際理解教育学会編著『国際理解教育ハンドブック─グローバル・シティズンシップを育む─』明石書店、69-76 頁

佐藤郡衛 (2007)「国際理解教育の現状と課題─教育実践の新たな視点を求めて─」『教育学研

究』第74巻第2号、77-87頁

中川和代（2005）「「総合的な学習の時間」における国際理解教育の授業づくり」『国際理解教育』Vol.11、102-117頁

中山京子（2015）「国際理解教育実践の展望」日本国際理解教育学会編著『国際理解教育ハンドブック』明石書店、128-129頁

日本国際理解教育学会編著（2010）『グローバル時代の国際理解教育―実践と理論をつなぐ―』明石書店

藤兼裕子（2005）「小学校における外国語教育の国際比較」『国際理解教育』Vol.11、128-136頁

藤原孝章（2006）「国際理解教育と「総合学習」で育てたい学力」『国際理解教育』Vol.12、106-122頁

藤原孝章（2015）「国際理解教育の景観」日本国際理解教育学会編著『国際理解教育ハンドブック』明石書店、8-15頁

松尾知明（2017）「資質・能力の育成とアクティブ・ラーニング―国際理解教育の授業デザインへの示唆」『国際理解教育』Vol.23、34－43頁

嶺井明子（2015）「戦後日本の文教政策と国際理解教育」日本国際理解教育学会編著『国際理解教育ハンドブック』明石書店、52-59頁

森茂岳雄（2015）「カリキュラム開発の先駆」日本国際理解教育学会編著『国際理解教育ハンドブック』明石書店、88-95頁

文部科学省「幼稚園、小学校、中学校、高等学校及び特別支援学校の学習指導要領等の改善及び必要な方策等について（答申）」2016年12月21日

文部省「21世紀を展望した我が国の教育の在り方について（答申）」1996年7月19日

米田伸次（2012）「日本国際理解教育の歩み」日本国際理解教育学会編『現代日本国際理解教育事典』明石書店、22-23頁

第6章

国際理解教育のカリキュラムマネジメントは
どうあるべきか

吉村雅仁

1. なぜこの課題を問い直すのか

　小学校新学習指導要領が2020年度より全面実施となった。中学校、高等学校においてはそれぞれ1年、2年後の施行となるが、いずれにおいてもその方向性のなかで注目されるカタカナ用語が二つある。アクティブ・ラーニング（主体的・対話的で深い学び）とカリキュラムマネジメントである。

　学習方法としての前者については、日本国際理解教育学会（以下、学会）においても近年特集のテーマとして取り上げられ、国際理解教育におけるアクティブ・ラーニングの進め方やこれまでの国際理解教育実践のアクティブ・ラーニングの視点による分類と整理に関する議論に加え、様々な実践例も紹介された（日本国際理解教育学会編 2017）。

　一方、後者のカリキュラムマネジメントはどうか。もちろん、カリキュラムの開発は国際理解教育においても絶えず大きな課題であり、たとえば2003年～2006年にかけて多くの学会員が取り組んだ科学研究費研究プロジェクトもある[注1]。しかしながら、そのマネジメントについて直接言及されることはこれまでほとんどないように見受けられる。そこで本章では、カリキュラムマネジメントの定義や具体的な内容を確認し、国際理解教育との関係性およびそのあり方を考察する。

2．カリキュラムマネジメントとは

　学習指導要領解説（小学校）におけるカリキュラムマネジメントは、「学校教育に関わる様々な取り組みを、教育課程を中心に据えながら組織的かつ計画的に実施し、教育活動の質の向上につなげていくこと」と定義され、具体的には次の三側面が含まれる（文部科学省 2017）。

　　・児童や学校，地域の実態を適切に把握し、教育の目的や目標の実現に必要
　　　な教育の内容等を教科等横断的な視点で組み立てていくこと
　　・教育課程の実施状況を評価してその改善を図っていくこと
　　・教育課程の実施に必要な人的または物的な体制を確保するとともにその改
　　　善を図っていくこと

　解説には、これらの側面およびその手順についてさらに詳しい説明がなされている。たとえば、「何を学ぶか」「何ができるようになるか」という資質能力の育成という目標を明確に設定すること、学校評価を含め各種調査結果やデータ等を活用して定期的に実態把握しながら教育課程の計画、実施、評価そして改善を図ることなどがあげられる。また、人材や予算、時間、情報などの学校内外の人的・物的な資源にかかわって、学校運営協議会制度や地域学校共同活動などの推進による地域とともにある学校づくりにも言及されており、前文にある「社会に開かれた教育課程」とも連動している。

　次に、少し詳しくその全体像を見るために、田村（2011）のカリキュラムマネジメントの説明を取り上げる。彼女は、その定義を「各学校が、学校の教育目標をよりよく達成するために、組織としてカリキュラムを作り、動かし、代えていく、継続的かつ発展的な、課題解決の営み」（田村 2011：2）とし、近年学習指導要領改訂の度に教育課程の大綱化・弾力化が進められることで学校の裁量が拡大し、各学校の自主的・自律的な教育活動、経営活動と同時に保護者、地域住民への説明責任が求められていることから、カリキュラムマネジメントは、教育基本法、学校教育法等の規定をふまえ学習指導要領の趣旨を実現し、子どもたちの資質・能力を育成するために本質的に必要なものだと述べている。

　カリキュラムマネジメントの全体像については、学校の教育活動と経営活動

の両面にわたる要素を整理し、その全体像と相互関係を視覚的に表した**図6-1**のようなモデルが提案されている（田村ほか 2016）。

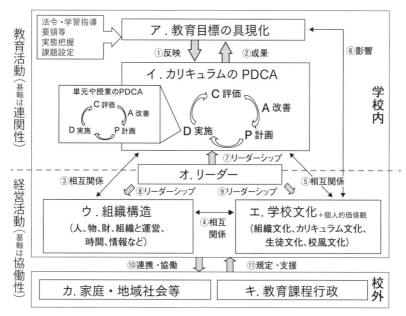

図6-1　田村ほか (2016) のカリキュラムマネジメント・モデル[注2]

　図中ア〜キについての田村の説明を簡単にまとめると次のようになる。

ア．教育目標の具現化

　子どもたちのどのような教育的成長をめざすのか、法令や学習指導要領、子どもや学校、地域の実態をふまえ、学校としての教育目標を設定する。

イ．カリキュラムのPDCA

　目標を具現化するための具体的な手段（教育の内容・方法）を、PDCA（計画-実施-評価-改善）のマネジメントサイクルにより見直し、よりよいものへと発展させていくプロセスを指す。そのサイクルは基本的には１年間を想定する。また、PDCAのD段階は単元や授業レベルであり、それぞれのレベルで短期スパンのPDCAサイクルを繰り返す。

ウ．組織構造

　カリキュラムをつくり動かしていくための、人（人材育成を含む）、物（時間や

情報を含む）、財、組織と運営などの条件整備を意味する。これは、組織マネジメントの領域ではあるが、管理職だけでなく、実際に授業に携わる教職員もこの要素について考える主体として想定する。

エ．学校文化

単位学校の教職員が共有している「組織文化」、児童生徒が共有している「生徒文化」、学校に定着した「校風文化」の集合を意味する。なお、「文化」は継続的に共有された考え方や行動様式を指すが、組織内には当然、共有化には至らないまでも、組織に影響を及ぼす個人的な価値観も存在することがある。

オ．リーダー

リーダーは基本的に、校長、副校長、教頭、教務主任、研究主任などを指し、リーダーシップのタイプとして教育的リーダーシップ（授業に関して指導・助言するなど、直接的に教育活動を支援する）、管理・技術的リーダーシップ（人的・物的環境を整備するなど間接的に教育活動を支援する）、文化的リーダーシップ（校内の人間関係や校風をポジティブなものに変え教育活動を活性化する）を想定している。

カ．家庭・地域社会等

保護者や地域社会、企業などの外部関係者の教育活動への協力・支援だけでなく、子どもが地域貢献する実践や学校が地域の社会教育の場を提供するなど、双方に利益のあるパートナーシップの構築が必要。

キ．教育課程行政

文部科学省や教育委員会の教育行政からの規制の側面だけでなく、予算措置や加配、指導主事の訪問などの支援の要求なども含まれる。

　以上はカリキュラムマネジメントを考える際に必要な要素であるが、それに加えてこのモデルでは、要素間の関係性が示されている点も特長だという。すなわち、教育活動においては、目標設定とカリキュラム全体の評価、改善、計画、実施が関係づけられ、実施のなかでは各学年や各教科領域などの実践がつながることを意味し、経営活動においては、リーダーをはじめとする学校教職員、家庭、地域、教育行政組織や外部団体が協働し影響し合う関係を構築することを示している。そして、校長、教頭、教務主任などのリーダーたちが、教育活動と経営活動とをつなぎ、カリキュラムのPDCA、組織構造、学校文化に対してリーダーシップを発揮するのである。

　田村によると、このカリキュラムマネジメント・モデルで教育実践を整理、分析することにより、各学校の取り組みを鳥瞰することや構造的に捉えること、PDCA サイクルへの注目を促すこと、実践の良さや問題点、今後の課題や取り組みの方向性を明らかにすることなどにおいて有効性が確認できるという。もちろん実際の分析はこのモデルの理解が前提となり、複雑な作業を伴うこともあるようだが、モデルの各要素に対応した評価項目のチェックリストが、学校代表者、個々の教員用に用意されており、それぞれの立場で分析を容易にする工夫もなされている。これはまた、必ずしも学校全体の活動だけでなく、各教員の教科領域等での取り組みの分析にも使えることを意味する。たとえば田村 (2011) では、様々な教科領域などにおいて、カリキュラムマネジメントから見た「好事例」が紹介されている。しかしながら、単にカリキュラムマネジメントの点で優れていることが、学会で共有される国際理解教育の目標およびカリキュラム開発の視点からも同様であるわけではない。以下、学会におけるカリキュラム開発の議論をふまえながら、国際理解教育の目標設定およびカリキュラムの捉え方をみていく。

3. 学校での国際理解教育におけるカリキュラムの捉え方

3.1.　国際理解教育実践の目標設定の視点

　1998 年改訂の学習指導要領において総合的な学習の時間が導入され、その学習内容に国際理解が例示されて以来、「国際理解教育」を冠した教科横断的な活動が多くみられるようになった。ただし、それらの大部分は、あくまでも「学習指導要領にみられる国際理解教育」の実践であり、その目標設定の考え方も学習指導要領に沿うものとなる。

　藤原 (2005) は、「日本の学習指導要領 (ナショナル・カリキュラム) にみられる国際理解教育」の特長として「①国民 (日本人) 形成というナショナリズム、②自国文化と異文化という二分法的対置を前提とした理解と交流、③国際社会のなかの日本を意識した国益中心の考え方、④英語コミュニケーションの重視に見られる実利主義」の 4 点をあげ、そのそれぞれに対して、「①形成するのは、国民 (日本人) でよいのか、②文化は国によって代表されるのか、③国益の他に、地球益や人類益、市民益は考えなくていいのか、④英語学習を無

批判に行っていいのか」という疑問を投げかけている。そして、「地球市民の育成、地球益、人類益の優位性」、「文化の非本質性（構築性・変容性）・多元性、文化や言語の支配性（中心と周辺化）への視点こそ重要であるという考え方」を示している。もちろん、学校教育においては「国民育成」に重きを置きつつ、地域、国家、地球・世界の様々なレベルにおける多次元的な市民的資質の育成が求められるのが現実ではあるが、本質的には、「国民育成型教育目標」に対して「市民育成型教育目標」を優位に置くべきだと藤原はいう。これは、少なくとも学会においては代表的な教育目標観だといえる。

3.2.　国際理解教育実践の具体的目標とカリキュラムの型

　上の目標観から生成される国際理解教育の具体的な目標は、次のような人間の育成をめざすこととなる（大津 2010）。

- ・人権の尊重を基盤として、現代世界の基本的な特質である文化的多様性および相互依存性への認識を深めるとともに、異なる文化に対する寛容な態度と、地域・国家・地球社会の一員としての自覚をもって、地球的課題の解決に向けてさまざまなレベルで社会に参加し、他者と協力しようとする意思を有する人間
- ・異なる文化をもつ他者ともコミュニケーションを行う技能を有する人間

　さらに、授業評価上の便宜を考慮して、体験目標、知識・理解目標、技能（思考・判断・表現）目標、態度（関心・意欲）目標の四つの機能的目標が設定される。これらの内、三つは「知識及び技能」「思考力、判断力、表現力等」「学びに向かう力、人間性等」という現在の学習指導要領の枠組みにもほぼ対応し、国際理解教育のための知識・理解目標として「文化的多様性」「相互依存」「安全・平和・共生」、技能（思考・判断・表現）目標として「コミュニケーション能力」「メディアリテラシー」「問題解決能力」、態度（関心・意欲）目標として「人間としての尊厳」「寛容・共感」「参加・協力」があげられる。学習指導要領にはみられない体験目標は、「体験すること自体の中に、学習者にとってのさまざまな気づきや発見、喜びや感動があり、それらの重要性を授業者がより意識的にカリキュラムに組み込むために、あえて」設定されたものである。

　国際理解教育のカリキュラム開発にとって、体験目標は重要な視点となる。藤原 (2005) によると、一般的にカリキュラムの考え方には、「教師の意図的な計画化とそれにもとづく目標分析と教材配列による授業の合理的な組織化」という「工学的アプローチ」と、「教師の意図からはみ出す部分に着目し、子どもたちの多面的な展開を活性化しようとする」「羅生門的アプローチ」とがあり、前者にもとづくカリキュラムが「系統型カリキュラム」、後者にもとづくものが「経験型カリキュラム」とされている。この「系統型カリキュラム」「経験型カリキュラム」は、それぞれ、先に述べた「国民育成型教育目標」「市民育成型教育目標」に対応しており、国際理解教育で本質的に重要なのは「経験型カリキュラム」ということになる。そして、体験目標は、「経験型カリキュラム」の主要な目標の一部と考えられるのである。

3.3.　国際理解教育におけるカリキュラム開発の枠組みとしての学習領域

　学会では、カリキュラムの目標設定の考え方や具体的目標だけでなく、学校種や学習者の発達段階に応じた学習内容の構成についても議論が重ねられてきた (たとえば、森茂 2004)。現在、学会で広く受け入れられているのは、大津 (2010) の国際理解教育の四つの学習領域と12の学習内容である。四つの学習領域とは、「A 多文化社会」「B グローバル社会」「C 地球的課題」「D 未来への選択」であり、12の学習内容として、Aの範疇に「1 文化理解、2 文化交流、3 多文化共生」、Bに「1 相互依存、2 情報化」、Cに「1 人権、2 環境、3 平和、4 開発」そしてDに「1 歴史認識、2 市民意識、3 参加・協力」がそれぞれ入る。この学習領域、内容の分類は、学会における実践事例データベースの参照枠として機能している。つまり、学会員が教育実践を行う際に、自分の取り組みが国際理解教育で扱う内容のどこに位置づいているかを確認できる仕組みである。

　さらに大津は、国際理解教育の基盤学問ともいえる文化人類学、異文化コミュニケーション学、国際経済学、国際政治学、国際社会学などから、各領域の学習内容に関するキーワードを選び、**表6-1**のような一覧を作成した。これにより、実践者はそれぞれの専門領域に応じてキーワードを探せば、自身の実践の位置づけがよりわかりやすくなっている。また、中山は、実践者たちがそれぞれの取り組みを相互参照しやすいように、大津の参照枠にもとづき、共通の実践事例記入フォーマットを作成している (中山 2010)。

表6-1　大津（2010：37）による国際理解教育の学習領域とキーワード

学習領域	主な内容	キーワード		
		小学校低学年以上	高学年・中学校以上	高校以上
A 多文化社会	1 文化理解	生活文化 多様性と共通性 文化の多様性と共通性	文化の尊重 文化的寛容	全体文化（上位文化）と部分文化（下位文化）、対抗文化、エスノセントリズム（自文化中心主義）
	2 文化交流	異文化体験（食文化など）	文化交流による文化の歴史的形成	文化摩擦、文化対立、文化変容、文化支配、文化創造
	3 多文化共生	地域の多様な人々との文化交流	マイノリティとマジョリティ	多文化共生とジレンマ
B グローバル社会	1 相互依存	モノ（食べ物など）、ヒトを通じたつながり	ヒト（移動・移住）、コト（音楽・スポーツなど）を通じたつながり	コト（テロ・戦争・新型インフルエンザ・地球温暖化など）の影響 グローバリゼーション
	2 情報化	身近な情報と情報源	マスメディア メディアリテラシー	情報操作 情報格差
C 地球的課題	1 人権	自尊心・自己主張 他者の考え 人権の尊重 先入観・偏見への気づき	世界の子どもたち 子どもの権利条約 地域や国内のマイノリティ	民族、ジェンダー、セクシュアリティなどにかかわる差別問題と当事者たちの闘い
	2 環境	地域の環境問題 生活の見直し	地球環境問題、生態系 環境の保全	資源をめぐる南北対立、世界環境会議、持続的開発
	3 平和	けんかや対立の原因と解決法	戦争と子ども 難民の子どもたち	積極的平和、構造的暴力 人間の安全保障
	4 開発	開発途上国の子どもたち	健康、教育、南北格差 ODA、NGO などの取り組み	人間開発 持続的開発
D 未来への選択	1 歴史認識	地域の歴史認識	地域の国際的歴史認識 アジアの歴史認識	自国中心史観・ヨーロッパ中心史観の克服、地域・世界史の統一的把握
	2 市民意識	地域の人々とのつながり	地域の一員意識 アジアの一員意識	民主主義社会の一員意識 社会的正義、当事者意識
	3 参加・協力	地域への発信 ユニセフへの協力	地域づくり ボランティア活動	さまざまな国際協力活動

4．国際理解教育におけるカリキュラムマネジメントのあり方

　これまで見てきた、カリキュラムマネジメントの定義・内容と国際理解教育におけるカリキュラムの捉え方をふまえ、ここでは国際理解教育におけるカリキュラムマネージメントのあり方を考えてみたい。

　カリキュラムマネジメントの進め方は、簡単には次の5つのプロセスとなる。すなわち、①学校単位で基本的に1年ごとに（もちろんその下位構造として各学年、各学期、各単元や授業レベルも含まれる）、②子ども、家庭、地域の実態や課題を把握した上で、③教育にかかわる法令や学習指導要領にもとづく明確で具体的な目標を設定し、④管理職などのリーダーを中心に教職員が組織構造・学校文化を構築すると同時に家庭・地域社会、教育行政などと連携をとり、⑤目標を反映した学校全体のカリキュラムのPDCAサイクルを回すことである。

　このプロセスには、国際理解教育のカリキュラムの捉え方にはなじまない点がある。まず、①③⑤からわかるとおり、カリキュラムマネジメントは「工学的アプローチ」によるカリキュラム設計が前提となっており、PDCAサイクルを回すためには、基本的に1年ごとに達成可能、評価可能かつ具体的な目標が設定されなければならない。その際、教育効果の評価指標としては、数値化されたもの、教員の観察によるもの、最近ではパフォーマンス評価によるものなどが考えられるが、たとえば子どもたちの、長期にわたる変容、教える側のねらいや期待とは異なる学び、数値化も言語化も難しい変化などは無視されてしまう可能性が高い。また、元々学習指導要領でカリキュラムマネジメントが求められていることを考えれば当然のことではあるが、想定される目標は基本的に「国民育成型教育目標」になる。

　では、国際理解教育の実践におけるカリキュラムマネジメントは、どうあるべきなのであろうか。まずカリキュラムの捉え方としては、「工学的アプローチ」にもとづく「系統的カリキュラム」と「羅生門的アプローチ」にもとづく「経験型カリキュラム」との統合カリキュラムを前提とすべきであろう。この二つのカリキュラムは原理的には並列はありえないが、両者を相補的なものと考えるのである（藤原 2005）。当然、その目標として「国民育成型目標」と「市民育成型目標」とが並び立つことになるわけだが、前者は達成目標、後者は主に方向目標としてよいかもしれない。もちろん実際にはこの二つに重なる汎用的資

質能力も多々あり、それらはすべて達成目標としてよいだろう。

　そして、実際にカリキュラムを作る際、教育目標の参照枠については、「国民育成型目標」が学習指導要領で示された資質能力となり、「市民育成型目標」が、先述の体験目標、知識・理解目標、技能（思考・判断・表現）目標、態度（関心・意欲）目標の四つの機能的目標となろう。実際これら四つの内、体験目標を除けば、学習指導要領で示される枠組みにもとづき、評価可能な能力として示されているといえる。

　以上の議論をふまえて、国際理解教育実践におけるカリキュラムマネジメントを確認および評価するための枠組みとして**表6-2**を作成した。この表により、経験型カリキュラムと系統的カリキュラムの統合が行われているかどうか（A）、国際理解教育と学習指導要領それぞれの目標やカリキュラムの型に合わせて具体的な目標項目が設定してあるかどうか（B、C、D）、カリキュラム開発およびそのPDCAが実施されているかどうか（E、F）という点で教育活動を省察できる。また、組織構造以下は共通で、経営活動ができているかどうか（G～K）を確認する。さらに、表右端の連携・協働欄は、目標とカリキュラムとの連携があるか（L）、学校内の組織の協働があるか（M）、リーダーと校外との連携（N）あるいは教職員全体と校外との連携（O）があるかどうかが確認・評価対象である。

表6-2　国際理解教育におけるカリキュラムマネジメント確認表（筆者作成）

統合			A		連携・協働
参照枠組み	国際理解教育		学習指導要領		
	市民育成型目標 経験型カリキュラム		国民育成型目標 系統的カリキュラム		
目標（の具現化）	体験目標	B	生きる力→各教科等目標 知識・技能 思考力・判断力・表現力 学びに向かう力・人間性等	D	L
	知識・理解目標 技能（思考・判断・表現）目標 態度（関心・意欲）目標	C			
カリキュラム（のPDCA）	E		F		
組織構造	G				M
学校文化	H				
リーダー	I				O
家庭・地域社会等	J				N
教育課程行政	K				

5. 国際理解教育実践におけるカリキュラムマネジメントの事例

　本章のはじめに、学会でこれまで報告・紹介された実践事例でカリキュラム
マネジメントに直接言及されたものはほぼないと述べたが、これは、今までの
教育実践が、カリキュラムマネジメントにかかわる要素をふまえていないこと
を意味しない。その多くの実践において、各教科領域の目標とは別に独自の国
際理解教育の目標設定がなされ、目標にあわせた実践計画、実施、評価、改善
の見通しが扱われている。また、学校内の組織構築、家庭・地域社会（大学や
博物館を含む）との連携を前提に行われる実践も多い。したがって、直接その用
語に言及はされないが、実質的にカリキュラムマネジメントが機能している事
例が存在する。以下、いくつか例をあげ、上の表でそのカリキュラムマネジメ
ントを確認してみよう。

5.1. 学校組織を主体とする実践事例

　国際理解教育の様々なテーマのなかでも ESD は、学習指導要領などにも取
り上げられ、いわば「お墨付き」を得た形で学校全体で取り組みやすいという
背景がある。本学会においても、ESD・SDGs に関して多くの実践報告があるが、
特に学校全体あるいはそれを基盤とする規模の取り組みだけでも、たとえば、
紀要 ESD 特集号（日本国際理解教育学会 2012）で紹介された①中学校でのイン
フュージョンアプローチ（カリキュラムレベル）、②ホールスクールアプローチ
（全校レベル）、③ユネスコスクール学校群による地域課題探究（地域レベル）の
実践、特集号以外にも、④学校長の立場からの ESD による学校経営と教育実
践例（中井 2015）がある。ここでは、学校経営に携わる立場からの事例④を取
り上げてみる。

　この事例では、公立学校校長である筆者が、ESD の考え方を、子ども、教員、
保護者、地域や関係機関に発信・共有し、学校経営、方針の柱として学校全体
で組織化を図りながら取り組んだ教育実践が報告されている。そこで行われた
ことは、まず ESD と学習指導要領での教育目標「生きる力」との関係性の概念
化（学校教育目標の検討）、次に ESD を柱とする教育活動を実施するための学校
経営方針の明確化（教員組織、家庭、企業・NPO・大学、行政との関係性構築の検討）
および保護者や地域への発信（家庭、地域との連携）、そして学校教育目標と連動

させたカリキュラムの構想と教職員との共有である。

　この実践を、上で作成した確認表で考えてみると**表6-3**のようになる。本来この表は、実践者が自身の取り組みの省察、評価に使用することを想定しているので第三者ではわからない部分が多いが、少なくとも報告の記述から読み取れるかどうかで判断した。当然ながら、これは評価というより当該国際理解教育実践のカリキュラムマネジメントの確認作業である。

表6-3　学校長による学校経営と教育実践事例のカリキュラムマネジメント (筆者作成)

統合	?			連携・協働
参照枠組み	国際理解教育		学習指導要領	
	市民育成型目標 経験型カリキュラム		国民育成型目標 系統的カリキュラム	
目標（の具現化）	体験目標	?	生きる力→各教科等目標	○
	知識・理解目標 技能（思考・判断・表現）目標 態度（関心・意欲）目標	○	知識・技能 思考力・判断力・表現力 学びに向かう力・人間性 等 ○	
カリキュラム（のPDCA）	○（PDCAは不明）		○（PDCAは不明）	
組織構造	○			
学校文化	○			○
リーダー	○			○
家庭・地域社会等	○			○
教育課程行政	○			

　管理職の立場での実践であるため、経営活動の点ではほぼすべての要素が満たされていることがわかる。一方教育活動に関しては、まずカリキュラムの詳細やその実施状況が説明されていないため、どこまで統合されたカリキュラムなのかは不明である。また、体験目標に関する言及はない。さらに、独自のカリキュラムが開発されたことはたしかだが、授業やカリキュラム全体の評価作業についての記述がないためPDCAが実施されたかどうかはわからない。

5.2.　教員個人を主体とする実践事例

　上で見た事例は、管理職という立場からの学校組織としての報告であるが、学会ではいわゆる卓越した一教員による各教科領域等における授業実践の報告が圧倒的に多い（たとえば、宇土1996、釜田2002、井ノ口2002、中川2005など多数）。

　それらのなかから、教員個人が主体となって取り組みながらも、カリキュラムマネジメントの要素が比較的多くみられる事例として、博物館を利用した国際理解教育の実践を取り上げる（今田 2006）。

　この実践は、当時の学習指導要領に「博物館等社会教育施設の活用」が示されたことを背景に、学会と国立民族学博物館との共同研究プロジェクト「国立民族学博物館を活用した異文化理解教育のプログラム開発（2003-2005）」（代表：森茂岳雄 2005）の一環として行われたものである。実践の目的は、「国際理解教育、特に博物館を利用した実践において教科、学校目標などを含めた評価の在り方を具体的なチェック表を通して検討すること」であり、内容としては、技術・家庭科（技術分野）と美術科の合科授業（全35時間）を設定、次に目標に関して、博物館独自の学びスタイルである「感じる力」の育成、国際理解教育の学習領域から「文化理解」の態度目標、教科の視点から「ものづくり」と「マルチメディアの活用」、さらに学校目標から「自己教育力」を抽出、そしてすべてのすりあわせを行っている。注目すべきは、目標の検討の際にそれぞれの評価を同時に想定している点である。

　活動の流れとしては、博物館でまずはモノに向き合い、できるだけモノから何かを感じ取る。その上で文化理解に向けて調べ学習を行い、その結果をマルチメディア解説でまとめ、文化理解につなぐというものである。

　評価については、学習者の評価として「国際理解教育の自己評価チェック表」を作成、使用し、そのなかでは国際理解教育の目標だけでなく、博物館独自の学びおよび学校教育目標についても自己評価させている。さらにカリキュラム評価も CCEJ（Checklist for Curriculum Evaluation in Japan）（根津 2003）を想定していたが、この実践では民博の教職員、プロジェクトメンバーの小・中・高の教員、大学の研究者による外部評価を実施している。

　以上からこの取り組みのカリキュラムマネジメントの分析は**表6-4**にまとめられる。この実践のカリキュラムは、国際理解教育と学習指導要領双方の目標だけでなく地域社会としての博物館の目標にも連動させた開発およびその評価が行われている。評価については、生徒の学習効果に加え、カリキュラム自体の評価もなされ、先への展望もうかがわれる。学校組織全体との関係や教育課程行政との連携については実践の報告からはわからないが、一教員が取り組む国際理解教育実践のカリキュラムマネジメントとしては一つのモデルともなりうる。

表6-4　教員主体の教育実践事例のカリキュラムマネジメント（筆者作成）

統合		○			連携・協働
参照枠組み	国際理解教育		学習指導要領		
	市民育成型目標 経験型カリキュラム		国民育成型目標 系統的カリキュラム		
目標（の具現化）	体験目標	○	生きる力→各教科等目標 知識・技能 思考力・判断力・表現力 学びに向かう力・人間性 等	○	○
	知識・理解目標 技能（思考・判断・表現）目標 態度（関心・意欲）目標	○			
カリキュラム（の PDCA）	○（PDCA は不明）		○（PDCA は不明）		
組織構造	○				
学校文化	?			○	
リーダー	○				?
家庭・地域社会等	○			?	
教育課程行政	?				

6．問いへの応答と残された課題

　カリキュラムマネジメントは、本来学習指導要領で定められた教育目標が効率的に達成できるよう、学校教育活動および経営活動の組織化、システム化を進めるために出された考え方であり、国際理解教育の目標設定やカリキュラムの捉え方がそのまま当てはめられるわけではない。しかしながら、学校教育における実践の場合、目標やカリキュラムの立て方を工夫すれば、学習指導要領でめざすことと国際理解教育でめざすことを並立させたカリキュラムマネジメントが可能であることをみてきた。

　学会には、総合的な学習の時間をはじめ各教科、スタディーツアーを含めた特別活動など多岐に亘り、その新規性、革新性、独自性において極めて優れた多くの取り組みの蓄積がある。しかしながら、特に学校における国際理解教育の営みに重要なこととして、再現可能性と持続可能性を考える必要もあろう。すなわち、それぞれの取り組みが、卓越した教員でなくとも同様の教育効果が再現できるのかどうか、その教員が異動等でいなくなったとしても継続されるのかどうかである。

　この意味で、カリキュラムマネジメントは、教育効果の再現や継続を、一人

の教員ではなくシステムで可能にする仕組みと捉えられよう。今後も、学会を中心に、学校教育における国際理解教育の優れた取り組みの蓄積、共有を継続するとともに、実践者がカリキュラムマネジメントの視点から自分の取り組みを振り返ったり、カリキュラムマネジメントを意識しながら新たな実践を構想していくことが、国際理解教育の実践をさらに継続、拡大、深化させることにつながるのではないだろうか。

注

1）日本学術振興会、基盤研究(B)(2003-2005)『グローバル時代に対応した国際理解教育のカリキュラム開発に関する理論的・実践的研究』(研究代表　多田孝志、課題番号15330195)
2）次のサイトの内容欄から「カリキュラムマネジメントモデルのワークシート」としてダウンロードできる https://shop.gyosei.jp/products/detail/9096 (2020/4/29閲覧)

引用文献

井ノ口貴史(2002)「『ケータイ』から世界が見える」『国際理解教育』Vol.3、50-63頁
今田晃一・木村慶太(2006)「博物館を利用した国際理解教育の実践と評価—国際理解教育の自己評価チェック表の提示—」『国際理解教育』Vol.12、26-45頁
宇土泰寛(1996)「教室の周縁から始める国際理解教育—学校改革へ向けた国際理解教育の新たな実践的展開—」『国際理解教育』Vol.2、44-61頁
大津和子(2010)「国際理解教育の目標と内容構成」日本国際理解教育学会『グローバル時代の国際理解教育—実践と理論をつなぐ—』明石書店、28-39頁
釜田聡(2002)「日韓歴史認識の共有化をめざした『韓国併合』の授業実践」『国際理解教育』Vol.8、36-49頁
田村知子編(2011)『実践・カリキュラムマネジメント』ぎょうせい
田村知子・村川雅弘・吉冨芳正・西岡加名恵編(2016)『カリキュラムマネジメント・ハンドブック』ぎょうせい
中井精一(2015)「ESDによる学校経営と教育実践の変革—ESDを学校の授業で活かすための教育システムの構築—」『国際理解教育』Vol.21、77-82頁
中川和代(2005)「『総合的な学習の時間』における国際理解教育の授業づくり」『国際理解教育』Vol.11、102-117頁
中山京子(2010)「実践のためのフォーマット開発」日本国際理解教育学会編『グローバル時代の国際理解教育—実践と理論をつなぐ—』明石書店、58-61頁
日本国際理解教育学会(2017)「特集　アクティブ・ラーニングと国際理解教育」『国際理解教育』Vol.23、34-79頁
日本国際理解教育学会(2012)「特集 ESDと国際理解教育」『国際理解教育』Vol.18、44-89頁
根津朋実(2003)「カリキュラム評価用チェックリストの提案」埼玉大学『紀要教育学部教育科学』52(2)、167-180頁
藤原孝章(2005)「国際理解教育のカリキュラム開発—教師のカリキュラム・デザイン力と関連

　して—」『国際理解教育』Vol.11, 172-189頁

森茂岳雄 (2004)「グローバル時代の国際理解教育カリキュラム開発の視点と課題—会員のカリ
　キュラム開発研究に学ぶ—」『国際理解教育』Vol.10, 164-183頁

森茂岳雄編 (2005)『国立民族学博物館を活用した異文化理解教育のプログラム開発』(国立民族
　学博物館調査報告 56)

文部科学省 (2017)『小学校学習指導要領解説』

第7章

教師の経験、問題意識、子どもの状況から
国際理解教育の授業をどうデザインするか

中山京子

1. なぜこの課題を問い直すのか

　戦後、日本の国際理解教育実践は、ユネスコ協同学校において主に外国理解や国連研究を中心として展開した。そして、日本の高度経済成長とともに、社会のあり方が変わり、国際化が進展した。国際化とともに、国内外での異文化接触や外国とのかかわりが増え、「国際社会に生きる日本人として」といった表現が学習指導要領にもみられるようになった。さらに「国際化」を超えて、ヒト・モノ・カネ・コトの「グローバル化」の進展によって、地球規模で問題解決に向かわなければならない課題が生じ、持続可能なあり方やそれを実現するための考え方が世界規模で求められるようになってきた。

　こうした背景のもとで、日本の国際理解教育実践はこの40年で大きな深まりと変容をみせた。外国とのかかわりに強い興味関心をもつ教師らによって1990年前後から国際理解教育に関する書籍が刊行され始め、日本国際理解教育学会が1991年に組織され、帝塚山学院大学国際理解研究所からは1976年から2005年まで『国際理解』（全36号）が刊行された。1987年には大津和子による『一本のバナナ』が示され、モノに着目した授業の作り方が注目されるようになり、多様な教材が開発された。グローバル化が地域社会にも影響を与えるようになると「人の移動」「移民」「外国人労働者」に関連する授業づくりが示された。ICT技術の進歩によって、メール、インターネット、テレビ会議システムなどを駆使した外国とつながる新しい形の実践が示され、「総合的な学習の時間」の内容として「国際理解」が例示されたことによって多様な取り組みが

広がりをみせた。多様な取り組みの一つとして国際理解にかかわる展示をもつ博物館との連携研究も行われるようになった^{注1}。そして世界規模で「持続可能な社会」「持続可能な開発」という用語・理念が広がり、「持続可能な開発のための教育」(Education for Sustainable Development, 以下 ESD) にかかわる実践が報告されるようになった。さらに、2015年9月に国連で開かれたサミットで採択された「持続可能な開発のための2030アジェンダ」の中核をなす「持続可能な開発目標」(Sustainable Development Goals, 以下 SDGs) が示され、SDGs に関連した実践が提案され始めた。こうした時代の流れのなかで国際理解教育実践も変化する一方で、目の前の子どもの素朴な願いや興味関心、教師一個人の興味関心や経験に応じた授業づくりも継続して報告されてきた。

　このように国際理解教育の実践が数多く報告されるなかで、多様な表記スタイルで報告された実践を理解しやすく表現するために、学会を中心として共通のフォーマット（実践枠組み）の開発（中山 2015：58-61）を行い、紀要にも実践報告が掲載されるなど国際理解教育実践を蓄積してきた。また、JICA や研究団体の実践報告にそのフォーマットが活用されることも増えてきた。さらに、どのような実践の傾向があるのか、また小中高でどのような代表的な実践があるのかを整理したり（中山 2017a：128-129）、「アクティブ・ラーニング」という用語が学習指導要領改訂とともに話題になった際には国際理解教育ではどのような手法が用いられることが多いのかを整理したり（中山 2017b：44-52）してきた。

　こうした国際理解教育実践について学校種別の考察、学習者の変容に関する報告、実践蓄積への努力、手法の整理などは行われてきたが、「国際理解教育の授業をどうつくるか」「国際理解教育の授業をどうデザインするか」という授業づくりそのものに関する論考は十分にされてこなかった。教師のカリユラムデザイン力と関連した藤原（2015）の論考では、国際理解教育のカリキュラム・デザインとして、教科融合型国際理解教育、単独教科型（教科統合型）国際理解教育、学校全体型（教科超越型）国際理解教育の三つの類型が示された。

　近年、カリキュラムマネジメントの力が求められるようになったが、科目でもなく教科書もない国際理解教育では、すでに教師がカリキュラムだけではなく授業をマネジメントして授業づくりに取り組んできた。そこで本章では、国際理解教育の授業をどうデザインするかについて、教師の経験、問題意識、児童生徒をめぐる状況の視点から論じる。

２．授業デザインのあり方

　国際理解教育の授業デザインを論じるために、蓄積された実践のあり方を、背景・出発点、位置づけ、連携の視点から検討すると、以下のように整理することができる。

【背景・出発点】

① 教師個人の社会事象への興味関心に児童生徒を巻き込みながら授業をデザインする。

② ワークショップ参加による教師の学びの経験やネットワークをいかして、授業をデザインする。

③ スタディツアー参加や海外滞在経験による教師の学びの経験やネットワークをいかして、授業をデザインする。

④ 「内なる国際化」といわれるような地域や学校の多文化状況が進み、子どもを取り巻く状況に対応して授業をデザインする。

⑤ 外国語学習の教材文や内容に国際理解教育を重ねて授業をデザインする[注2]。

⑥ 総合的な学習の時間の内容として学校（学年）カリキュラムに設定されてあり、前年度を踏襲する形で授業をデザインする。

⑦ 「特別の教科　道徳」学習の内容項目「国際理解」を中心にして授業をデザインする。

⑧ 海外研修や海外修学旅行のために、事前事後学習として設定して、授業をデザインする。

⑨ 学習発表会や文化祭などの学校行事、スピーチコンテストなどのプレゼンテーションの場がゴールにあり、目標達成をめざして授業をデザインする。

⑩ 学校が国際理解教育／多文化共生などの研究指定を受ける、ユネスコスクールである、など学校経営と連動して授業をデザインする。

⑪ 姉妹都市交流、オリンピック関連行事など、行政と関連して授業をデザインする。

⑫ 博物館・資料館などの展示、実物を活用して授業をデザインする。

⑬ 「はじめに子どもありき」で始まり、最後まで児童生徒主体で授業をデザインする。

【位置づけ】

a. 　１単位時間の設定でトピック学習的にデザインする。

b. 　既存の教科学習・学習領域の１単元を国際理解教育実践と位置づけてデザ
　　インし直す。

c. 　複数の教科からクロスカリキュラムとして関連づけて単元をデザインする。

d. 　単元を作らずに、「探究」「グローバルスタディーズ」「国際理解」など特設
　　科目を設けるなど、年間をとおして断続的に継続し、系統的な積み重ねを

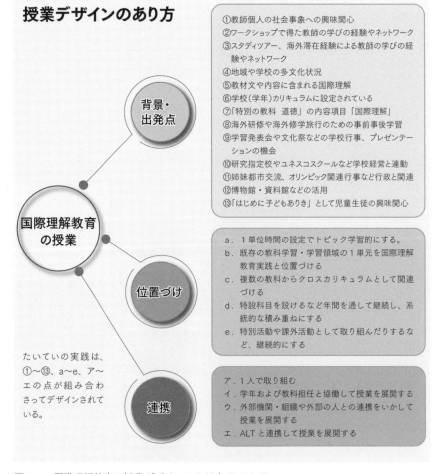

授業デザインのあり方

①教師個人の社会事象への興味関心
②ワークショップで得た教師の学びの経験やネットワーク
③スタディツアー、海外滞在経験による教師の学びの経験やネットワーク
④地域や学校の多文化状況
⑤教材文や内容に含まれる国際理解
⑥学校(学年)カリキュラムに設定されている
⑦「特別の教科　道徳」の内容項目「国際理解」
⑧海外研修や海外修学旅行のための事前事後学習
⑨学習発表会や文化祭などの学校行事、プレゼンテーションの機会
⑩研究指定校やユネスコスクールなど学校経営と連動
⑪姉妹都市交流、オリンピック関連行事など行政と関連
⑫博物館・資料館などの活用
⑬「はじめに子どもありき」として児童生徒の興味関心

背景・出発点

国際理解教育の授業

位置づけ

a．１単位時間の設定でトピック学習的にする。
b．既存の教科学習・学習領域の１単元を国際理解教育実践と位置づける
c．複数の教科からクロスカリキュラムとして関連づける
d．特設科目を設けるなど年間を通して継続し、系統的な積み重ねにする
e．特別活動や課外活動として取り組んだりするなど、継続的にする

たいていの実践は、①〜⑬、a〜e、ア〜エの点が組み合わさってデザインされている。

連携

ア．１人で取り組む
イ．学年および教科担任と協働して授業を展開する
ウ．外部機関・組織や外部の人との連携をいかして授業を展開する
エ．ALTと連携して授業を展開する

図7-1　国際理解教育の授業デザインのあり方 (筆者作成)

デザインする。

e.　修学旅行や学習発表会など特別活動として学校全体で取り組んだり、課外
　　活動として取り組んだりするなど、国際理解教育を継続的にデザインする。

【連携】

ア．1 人で取り組む。

イ．学年および教科担任と協働して授業を展開する。

ウ．国際交流協会、NGO、JICA、博物館などの外部機関・組織や外部の人と
　　の連携をいかして授業を展開する。

エ．ALT と連携して授業を展開する。

　たいていの実践は、①〜⑫、a 〜 e、ア〜エの点が組み合わさってデザイン
されている。以下に、教師の経験や問題意識をもとにデザインする授業、子ど
もを取り巻く状況や地域の状況をもとにデザインする授業、子どもの興味関心、
願いや求めからデザインする授業について、いくつかの実践を取り上げて論じ
たい。

3．教師／指導者の経験や問題意識からデザインする授業

　教師や指導者の経験からデザインされた授業として、横田和子 (2006)「音の
力と国際理解教育—モンゴルの音楽をモチーフとした出前授業の実践から—」
を紹介する。横田は以下のように「音」に着目した理由を述べる。

　　音のもつ意味を明示する機能を用いた教育は、従来の学校教育における
　国際理解教育でも多く試みられてきている。調べてまとめる等の学習によ
　る、分析的・理論的・部分的な理解、知識としての国際理解教育は学校教
　育が得意とするところであるといえよう。しかし、音のもつ力はそれだけ
　ではない。筆者は、意味を離れた、触覚的な存在としての音そのものがも
　つ機能に焦点を当て、総合的・直感的に感じたり表現したりする国際理解
　教育の試みを模索している。その際、モンゴルの音楽をモチーフとした出
　前授業の実践を行ってきた。ここでいう部分的な理解とは、例えば「モン
　ゴル音楽の理解」というように、特定の地域の特定の音楽を取り出してこ

とばを媒介させ説明的に国際理解教育の実践とするものであり、こうした
タイプの実践は少なくない。だが、音の力そのものに焦点をあてた国際理
解教育の研究は十分にされているとは言い難い。そこで本稿では筆者の実
践にもとづきながら、国際理解教育で音の力を扱う意義について考察し、
「音」をテーマに、音への関心をも高めることにつながるような、国際理
解教育における学びのあり方を提示してみたい (p.8)。

　本研究の出発点となった出前授業の実践について簡単に説明する。小学
校二年生の国語科教材、民話『スーホの白い馬』の関係から、筆者は毎年
三学期にモンゴルの音楽を用いた出前授業を、いわばゲストティーチャー
という立場で行なっている。2004年度は筆者による馬頭琴の演奏の他、
ホーミー及びボイスパフォーマーのゲストを招き「なんちゃってホー
ミー」の指導などを行なった。時間的制約などの与えられた条件と、事前
の小学校側との相談の上、基本的にモンゴルの音楽をモチーフとしながら
大まかな流れを設定し、授業を実施する上では単なる「モンゴル音楽の理
解」に止まらぬよう、実際に子ども達に声を出してもらったり、一つの音
色に耳を澄ませてもらったりすることで、音そのものへの関心を高めるこ
とを目指している (p.10)。

　横田和子はモンゴル国立大学に2年間留学した経験があり、モンゴルの馬頭
琴奏者としての顔をもつ。学校教育が得意としてきた横田の言う「部分的理
解」を補い包括的な理解のあり方を探るというスタンスをもち、授業づくりに
かかわっている。ここには横田のモンゴルへの興味関心、留学経験、そして従
来の国際理解教育への問題提起と「音」への興味関心がある。長い間国語科教
育のなかで親しまれてきた「スーホの白い馬」の学習と重ね合わせることによ
り、子どもたちの学びは合科的な学習になっている。そして、外部講師として
の立ち位置から、「ことばの持つ意味を前提としないコミュニケーション能力
を育む可能性」「音とのつきあい方を通して自己の内なる世界や外の世界の多
様性を学ぶ可能性」(p.18)を授業づくりに持ち込むことに成功している。
　次に、教師の経験や問題意識から授業がつくられた織田雪江 (2019) による
「SDGsをテーマに取り組んだ学園祭における生徒の意識変容」の実践研究につ

いて述べる。織田は早い時期から開発教育を中心に中学校における教材開発に取り組んできた。チョコレートやコーヒーなどのモノを中心とする教材開発に取り組みながら、人権問題にも関心を寄せ、生徒に教材をとおして諸問題の解決への学びを促し、国際理解教育としての授業を展開してきた。織田は、中学校1年生8クラスそれぞれのSDGsゴールに向けて取り組んだ学園祭を紹介し、一連の知る・伝える「アクションプラン」をまとめ、考察を加えた。

　　　学園祭のテーマの大枠を提案したのは教員であったが、クラスごとに進
　　行する際は、何に関心があるか、何を調べたいか、生徒たちの身近なとこ
　　ろから学びたいことを出し合った。調査が座学だけでなく、社会に開かれ
　　ていた体験が、SDGsを理解すること（知識目標）や、学んだことを伝える
　　こと（技能目標）や、「エシカル消費」からつながる持続可能な社会へ向け
　　ての社会参画（態度目標）へ向けての一歩になった（p.32）。

　教師から生徒に学びのきっかけやテーマを提供し、生徒の関心を引き出し、興味に沿って学びを深めていく授業のデザインの例といえよう。こうした授業デザインのあり方は、近年増えてきたスタディツアーでの教師の経験と学びをもとに教材開発をして実践するという事例報告に見ることができる。国内外のNPO団体やJICAなどが主催するスタディツアーや教師研修では、教材化や実践化までが参加者に求められ、教育現場に還元することが目標となっている事例も少なくない。教師の経験とは別に、教師の問題意識を出発点に子どもの実態に合わせてデザインされる授業もある。東優也（2020）は、近年加速する教室の多文化化と世の中の「人種」差別問題に着目し、「人種」をテーマにした小学校における実践を示した。

　教師／指導者の経験や問題意識からデザインされる授業は、個性的であり挑戦的である一方、汎用性は高くない。こうした実践研究から思考の枠組みや自分の実践に転化できる要素を読者が共有して活かすことが求められる。

4．児童生徒を取り巻く状況からデザインする授業

　子どもを取り巻く状況は、時代や地域によって差異がある。児童生徒が生活

する地域に外国人労働者の姿があることは珍しいことではなくなった。こうした背景から、藤原孝章 (1994) は外国人労働者問題をどう教えるかについて示し、森茂岳雄・中山京子 (2008) は日系移民学習の理論と実践について示した。

　ここでは、まず地域の状況からデザインした実践として、中川和代 (2005)による「総合的な学習の時間」における小学校の6年生の国際理解教育の授業づくり―直江津港におけるロシア船員との交流を通して―」を紹介する。

　　本実践は、日本海側の地方の港に立ち寄るロシア船員と地域住民との問題を子供達なりに考え、関係改善のためにできることに取り組んでいったものである。地域との問題を抱える外国人船員との交流を経て、外国人船員にもわかりやすい街づくりを目指す。モノではなくヒトを通して世界とのつながりに気づいていくのである。ここでのロシア人船員は、この地域においては地域住民に対してマイノリティといえる。一方に偏見をもたれ、友好な関係があるとはいえない。このような一時的に立ち寄る外国人が多くの地元住民との共生に課題を抱える地域は少なくない。しかし国際理解教育の実践の多くが、在日の問題、一方うわべだけのお祭り交流的な活動で終わるものが多く、実践が十分になされているとは言い難い。(中略)
　　日本海側の都市にはロシアと貿易をしていることころが多く、船員も頻繁に見かけるにもかかわらず、教育実践としてあまり例がない。このような地域の特色を踏まえ、問題解決を迫る実践こそ、子供たちが自分の足もとから自分自身や地域を振り返ることができ、今まさに求められている課題ではないかと考える (pp.104-105)。

　授業のねらいとして、①自分たちの住む町を見直し、ロシア人船員と地域の人が仲良くなるためにどうしたらよいか主体的に考え、進んで実行することができる、②ロシア人船員や地域の人など様々な立場の人と交流を楽しみ、違いや良さを認め、共生していくことの大切さに気づく、の二つが設定された。そして授業において、ロシア船を訪問し乗船して交流をしたり、学校にロシア船のコックを招いてボルシチを作ったり、最後には港にロシア語での案内看板を設置する活動に展開している。

　授業づくりに関して、「やってみようと努力した結果が次への扉を開いた場

面が何度もあったのである。これらのことから授業者と学習者の学びは一体であり、授業者の活動に対する姿勢は知らず知らずのうちに学習者に伝わっているといえるのではないだろうか。だからこそ、学習コーディネーターである授業者自身の問題解決力を高めていく努力が必要なのであろう」と授業者は述べる。地域の社会事象、子どもの実態、子どもと教師の熱意が実を結んだ実践である。あらかじめ地区町村の年間指導計画に示されたものではなく、子どもを取り巻く状況から、子どもの意識とロシア船員の意識をすり合わせつつ、何ができるのかを教師が考えながら学びをコーディネートしている様子がみえる。こうした実践から、国際理解教育には弾力性や即時性が求めれていることがわかる。

　次に、子どもの状況を取り巻くモノに着目した授業づくりを考えたい。国際理解教育の授業づくりに大きな影響をもたらしたものとして、大津和子による「一本のバナナ」の実践がある。その後、モノに着目した教材開発が行われるようになった。学会創設以来30年、私たちの日常生活のあり方や情報社会を変えたものとして、携帯電話やインターネットの普及がある。井ノ口貴史（2002）は、高校「現代社会」の教材として「ケータイ」を取り上げて実践を行い、身近なモノから世界を見るスタイルの授業づくりを広めた。

　　高校生にとってきわめて身近な携帯電話を教材に、そこから見えてくるグローバル化の本質をとらえさせることに意義があると考えた。本稿では、高校の「外題社会」で、自主教材「ケータイからグローバル化を考える」（以下、教材「ケータイ」と略記）を開発し、生徒が行う世界の携帯電話事情調査や通信方式の「世界標準」をねらう NTT ドコモの戦略を新聞記事から読み取る学習を通して、多国籍企業が市場支配を強める一方で途上国が貧困化する経済のグローバリゼーションの本質にせまる学習の可能性に言及する（p.51）。

　ケータイの端末に使用される希少金属をめぐる現地での紛争・対立や輸出入の問題、リサイクルの問題、通信システムの変容は現在でも続いている。日常生活の便利さを消費者が求める一方で発生するグローバルな諸問題を考える授業づくりは、国際理解教育において一つのスタイルとして確立されている。

5．児童生徒の認識、願いや求めからデザインする授業

　授業のデザインを、児童生徒の認識や思考分析をもとにする手法を用いた二つの実践について紹介する。中山京子（2003）による「総合学習『ワールドカルチャー』の実践における子どもの思考分析—多文化教育と国際理解教育のインターフェイスの視点から—」と、石森広美（2010）による「グローバルシティズンの育成に向けて—高校生が考えるグルーバルシティズンシップ像から—」を取り上げる。

　中山（2003）は、「総合的な学習の時間」の新設によって国際理解をテーマにした実践の報告が増え、それらの内容が多岐にわたっていること、主に他国理解や他国と交流を図る実践、さらにグローバルな視野に立った実践、それとは逆に内なる国際理解をめざした多文化教育の実践という二つの方向に整理できる、と述べている（中山 2003：91）。「国際理解教育は主としてその視点は大国に向けられ、それに対して多文化教育では、その視点は国内の多文化に向けられる。しかし、多文化化が進展する社会に生きる子どもの思考は、異文化に興味を持って主体的に追求するとき、このような学問の境界の枠組みを超えて自由に行き来する」（p.91）とし、多文化教育と国際理解教育のインターフェイスの意義と可能性を、子どもの主体的な追究が学問的な枠組みを超えて展開した小学校第4学年における総合学習の実践を事例に検討した。

　　　総合学習の実践として「ワールドカルチャー：劇と展示をつくろう（小学校4年生）を行なった。この活動は、学級でどんなことに取り組みたいか話し合う中で、ダンス、楽器演奏、民族衣装のファッションショー、劇、サンバといった意見が出て、それらを実現させるための話し合いから始まった。その結果、仲間が願う活動を重ねて、日本人の主人公が世界を旅するという設定の劇と、その劇を補足する展示をすることになった。この実践は、初めに国際理解教育や多文化教育をねらって教師が意図的に仕組んだ活動ではない。子どもたちの願いを重ねて活動を作る中で、活動がそれらの領域に位置づいてきた（p.92）。

　外国文化のことを調べるために、地域に居住する当該国出身の人が経営する

レストランや大使館、国際交流協会、国際理解のための展示施設がある神奈川県立地球市民かながわあーすプラザを訪ねて、子どもたちは「地域の多文化」と出会う。子どもの興味関心、願いや求めに沿って活動が展開する間、子どもの感想文や活動記録を蓄積し分析をしている。中山は、「子どもの思考を国際理解教育と多文化教育のインターフェイスの視点から分析することは、二つの意味があった。一つは、子どもの願いや求めに応える中で活動の価値が見えなくなることを防ぎ、子どもの思考や活動を整理し、評価や支援をする新たな手立てが明確になるという指導者としての実践の取り組みへの可能性である」(p.101) と述べる。

　石森広美 (2010) は、グローバル・シティズンシップの育成に関し、「そもそも高校生はいかなる地球市民像を抱いているのだろうか。その全体像や特徴をグローバルシティズンの目標像に照らして検討することは、グローバルシティズンシップ育成を目標に据えた授業計画の際の有効な基礎材料となる」(pp.6-7) と述べ、生徒の認識を探り、授業をデザインしている。授業づくりについて、石森は「グローバルシティズンについて、生徒の認識や思考様式を把握することは、教師が国際理解に関する授業を計画する際の基礎資料として参考になる。普段生徒は『地球市民』ということばを耳にしたことがあっても、その概念や内容について正面から議論する機会はほとんどない。したがって、そのような場を生徒に提供し、グローバルシティズンについて理解を深め合うため」(p.6) とし、1単位時間の授業を普通科と英語科のクラスで行っている。授業のテーマを、「地球市民」とはどのような人か？とし、グローバルシティズンについて考え、自らの認識を振り返り、学んだことを今後の生き方に活かすことをねらいとしている。

　　高校生が一般的にイメージする地球市民の姿は、次のように想像される。それは、「外国語を使って外国人と異文化交流をして、国際機関などで国際的な活動をする」人の姿である。しかし、グローバルシティズンとは、実際は日常においてより主体的・能動的であり、自らの意思やアイディア、心の様相、思考態度や生き方までも含有する概念なのである。そしてグローバルシティズンとして普段の生活の中で地道に実行できる要素が多分に存在しているのである。生徒たちには、こうした視点に気づかせること

が重要である（pp.7-8）。

　そこで、授業でグローバルシティズンについて書かれた Oxfam の英文資料を訳したり、その他の条件・定義を読ませたりし、自分たちで考えた地球市民像と比較させ、グループで考察を深めさせている。そして授業の感想を分析し、「この授業を通して、もっと身近なところ、つまり自分たちのコミュニティや日常生活の中の『ローカル』なレベルの中にも行動できることがある、という視点に気づき、そうした小さな行動の重要性も認識できた」(p.6) と、生徒の変容があったことを述べている。この授業では、資料の解読やグループ活動をとおして生徒が探究することをとおして、生徒の認識の変容があった。石森は以下のように述べる。

　　教育現場では国際理解教育の多様な理論が断片的に入り込み、その整理がないままそれぞれの教員が各々の持ち場で実践する傾向がある。その先にある人間像（市民像）が曖昧な状態にあることは、実践が体系化されず、その効果も拡散する危険性を孕む。したがって、「どのような人間を育てないのか」「目指すべきグローバルシティズンとは何か」という国際理解教育の原点について教員間で議論することも肝要である (p.10)。

　中山と石森の実践から、児童生徒の認識を考察しながら授業をデザインする方法がすでに学校教育現場で行われてきたことがわかる。学校の教員は教えたがり、知識獲得を重視する傾向が強いといわれることが多いが、国際理解教育の実践においては探究型の学びのデザインも定着していることをここで強調しておきたい。

6. 問いへの応答と残された課題

　本章で取り上げた実践については、いずれも 2. で示した授業デザインのあり方に類型することができる。たとえば、中川 (2005) の実践は〈④-d- ウ〉に、織田 (2019) の実践は〈①・⑨-b- イ〉に、中山 (2003) の実践は〈⑫⑬ -c- イウ〉というように整理することができる。おそらく国際理解教育の実践として報告

されたものを分析すれば、ほぼすべての実践について2.で示したものによっ
て整理することができるだろう。国際理解教育に関連する学習領域として、グ
ローバル教育、多文化教育、平和教育、人権教育、持続可能な開発のための教
育、異文化間教育などがある。もちろんこれらは関連性・親和性が高いため、
国際理解教育の実践といえども複合的な部分が存在する。「どうデザインする
か」という部分に関しても他の教育領域と共有できる観点が多い。

　国際理解教育を掲げるすべての論考に関して、2.で示した点で分析すること
で、1990年代、1900年代、1910年代における授業づくりの特徴や、学校種別
の特徴を見ることができると予想する。同時に、国際理解教育に興味があるも
のの、どのように授業づくりを進めたらよいか戸惑っている経験の浅い教師へ
のガイドとなるだろう。

　紀要や日本国際理解教育学会が刊行した書籍には優れた実践報告が多数ある。
日本の教師の授業力、授業デザイン力は世界のなかでも優れているといわれる。
実際、筆者が外国で授業を観察する機会を得たとき、そのように感じることが
多い。特に授業づくり、授業デザインの部分に関する緻密さと独創性は高い水
準にあり、国際理解教育においても世界の動向を素早く吸収し授業づくりに反
映させている。私たちの優れた国際理解教育実践を発信し、多様な理論と実践
が融合した深い授業づくりや、先駆的な授業づくりを広く海外に紹介できたら、
と願う。

　しかし残念ながら、日本語で発信することによって読者を制限してしまって
いる現実がある。外国語で発信する力がある論文が学会紀要に投稿されてもそ
れを査読できる余力がないこと、広く会員に研究成果を普及するためには日本
語がベースとなっていることが課題としてあげられる。多言語多文化共生、多
様性の尊重を国際理解教育において願いながら、発信に関しては実現できてい
ないことが口惜しいところであり、今後の課題としたい。

注
1）日本国際理解教育学会は国立民族学博物館と連携して、教員研修や教材開発の共同研究
　を行った。中牧弘允・森茂岳雄・多田孝志（2009）に詳しい。
2）近年では、Content and Language Integrated Learning（CLIL）として、教科科目やテー
　マの内容の学習と外国語の学習を組み合わせた学習が広がり、日本では、「クリル」ある
　いは「内容言語統合型学習」として定着しつつある。

引用文献

東優也 (2020)「『人種』をテーマにした小学校における実践―『人種』概念の捉え直しを試みる―」『国際理解教育』Vol.26、3-12頁

石森広美 (2010)「グローバルシティズンシップの育成に向けて―高校生が考えるグローバルシティズンシップ像から―」『国際理解教育』Vol.16、3-12頁

井ノ口貴史 (2002)「『ケータイ』から世界が見える」『国際理解教育』Vol.8、50-63頁

大津和子 (1987)『社会科＝一本のバナナから』国土社

織田雪江 (2019)「SDGsをテーマに取り組んだ学園祭における生徒の意識変容」『国際理解教育』Vol.25、24-33頁

中川和代 (2005)「『総合的な学習の時間』における国際理解教育の授業づくり―直江津港におけるロシア船員との交流を通して―」『国際理解教育』Vol.11、102-117頁

中牧弘允・森茂岳雄・多田孝志 (2009)『学校と博物館でつくる国際理解教育―新しい学びをデザインする―』明石書店

中山京子 (2003)「総合学習『ワールドカルチャー』の実践における子どもの思考分析―多文化教育と国際理解教育のインターフェイスの視点から―」『国際理解教育』Vol.9、90-103頁

中山京子 (2015)「実践のためのフォーマット開発」日本国際理解教育学会『グローバル時代の国際理解教育―実践と理論をつなぐ―』明石書店、58-61頁

中山京子 (2017a)「国際理解教育の展望」日本国際理解教育学会『国際理解教育ハンドブック―グローバル・シティズンシップを育む―』明石書店、128-29頁

中山京子 (2017b)「国際理解教育実践におけるアクティブ・ラーニング」『国際理解教育』Vol.23、44-52頁

福山文子 (2003)「教室内の多文化化を活用した国際理解教育―第二言語話者と第一言語話者、その双方の育ちを目指して―」『国際理解教育』Vol.9、24-41頁

藤原孝章 (1994)『外国人労働者問題をどう教えるか―グローバル時代の国際理解教育―』明石書店

藤原孝章 (2015)「国際理解教育の景観―実践と理論をつなぐ―」日本国際理解教育学会『国際理解教育ハンドブック―グローバル・シティズンシップを育む―』明石書店、8-15頁

森茂岳雄、中山京子編著 (2008)『日系移民学習の理論と実践―グローバル教育と多文化教育をつなぐ―』明石書店

横田和子 (2006)「音の力と国際理解教育―モンゴルの音楽をモチーフとした出前授業の実践から―」『国際理解教育』Vol.12、8-25頁

第8章

地域、博物館、NPOなどと連携した
国際理解教育の授業をどうデザインするか

原　瑞穂

1．なぜこの課題を問い直すのか

　国際理解教育の目的は、「人権の尊重を基盤として、現代世界の基本的な特質である文化的多様性および相互依存性への認識を深めるとともに、異なる文化に対する寛容な態度と、地域・国家・地球社会の一員としての自覚をもって、地球的課題の解決に向けて様々なレベルで社会的に参加し、他者と協力しようとする意志を有する人間」および「情報化社会の中で的確な判断をし、異なる文化をもつ他者ともコミュニケーションを行う技能を有する人間」の育成である（大津 2015：96）。このような人間を育成するために教育目標の4側面として、体験目標、知識・理解目標、技能（思考・判断・表現）目標、態度（関心・意欲）目標、そして目標達成のための学習領域の4領域として、「A 多文化社会」「B グローバル社会」「C 地球的課題」「D 未来への選択」が設定されている。

　「D 未来への選択」については、他の3領域の学習にもとづき、あるいはその学習過程で、「アジアや世界の歩んできた歴史を踏まえて、自らが地域や社会の一員であるという意識を育み、様々な人々や諸問題が他人事ではなく自らの生活や存在とのかかわりを見出し、自己の生き方につなげていこうとする学習領域」（p.101）であり、「どの学習領域を学習しても知識・理解のみに終わるのではなく、『未来への選択』にどういう形でかつながっていくことが望ましい」（p.103）とされる。しかしながら、「物理的には社会の一員であっても、種々の問題に関心をもったり関わったりしようとする当事者意識をもつことは、現代の日本社会においては容易ではない」（p.101）とも指摘する。つまり、授業をとおして児童生徒が

129

様々な人々や諸問題に対する当事者意識をもてるかどうかが一つの鍵となる。

　では、「当事者」とはどのような人を指すのだろうか。中西・上野 (2003 : 2-3) は、「当事者とは、『問題をかかえた人々』と同義ではない」とし、「私の現在の状態を、こうあってほしい状態に対する不足ととらえて、そうではない新しい現実をつくりだそうとする構想力を持ったときに、はじめて自分のニーズとは何かがわかり、人は当事者になる」と述べる。そして、ニーズとは「もうひとつの社会を構想すること」であるという。

　他方、松岡 (2006 : 18) は、福祉教育の立場から「『非当事者』として弁別化されている人間たちが、社会福祉問題や社会的に抑圧されている現実の中で、『当事者』をめぐる問題を自らの問題として意識し、その解決の動きの中に参加・同伴することによって新たな『当事者』となる」と述べる。つまり、当事者とは自らのニーズを意識化している人だけでなく、「非当事者」と弁別される人も「潜在的な当事者」であるとする。さらに、福祉教育・ボランティア学習では、「当事者」か「非当事者」かという観点ではなく、「当事者性」という概念を視軸に置くことを提唱する (p.18)。「当事者性」とは、個人や集団の当事者としての実体概念ではなく、「『当事者』またはその問題的事象と学習者との距離感を示す相対的な尺度」であり、「心理的・物理的な関係の深まりを示す度合い」である (p.18)。また、「当事者性が高め深められる」ことの一例として、「社会的に恵まれない、かわいそうな人」という発想をもっていた人がその発想から抜け出て、対象者の抱える問題を自分にとっての問題と捉えるようになり、対象者がともに解決のための行動を起こす仲間になることをあげる (p.19)。

　この例は、国際理解教育の「D 未来への選択」でめざされる児童生徒が様々な人々や諸問題を自らの生活や存在とのかかわりで捉え、自らの生き方につなげていこうとする姿とも重なる。「潜在的な当事者」である児童生徒が種々の問題との心理的・物理的な関係を深め「当事者性」を高めること、つまり「当事者性」の涵養が鍵となると考える。また、これまでに多くの教育主体による他の機関や人と連携による授業デザインが行われてきた。森茂 (2010 : 160) は連携の意義として学校外のリソースを活用することによって授業の質と効果が高められ、五感を使った豊かな体験的な学習が可能となることをあげている。そこで本章では、「当事者性」の涵養の観点から、どのような連携および授業デザインによって「D 未来への選択」にアプローチできるかを明らかにする。

2．家庭との連携による授業

　学校や教員にとってもっとも身近な連携者は、文化的言語的に多様な外国に
つながる児童生徒の保護者であろう。保護者を学校や学級に招いて、出身の国
や地域の行事や習慣の紹介、民族衣装の着用体験、料理体験などが行われてい
る。山田（2019）では、公立小学校の1学年次において外国につながる児童に
寄り添った多文化共生教育として、単元名「ともだちのくにってどんなく
に？」を実施した。目標は「自分とは異なる友だちの様々な文化的背景を学習
する活動をとおして、違いを認めよさとして受け入れる態度を養うとともに、
一人ひとりが自分に自信をもち、思いや考えを表現する力を高める」である。
対象学年には7ヵ国の外国につながる児童が26％（27名中11名）在籍する。授
業は、「異己」（釜田・姜 2014）の考え方にもとづき、「親しく接するからこそ対
立が発生する教育の現場において、対症療法ではなく『異己』と共生する資質・
能力の向上を目ざし」（p.95）、「外国にルーツを持つ児童の自文化を共有する
『異己』理解学習」（p.96）となるようデザインされた。学習領域は「A 多文化社
会」に該当するといえる。**表8-1**に全8時間の指導計画を示す。

表8-1　指導計画（山田 2019：12，表2をもとに筆者作成）

第1次	インドネシアってどんなくに？ （食べ物、トイレの使い方、イスラム教、イスラム教徒の服装に挑戦）
第2次	カナダってどんなくに？ （硬貨の図柄、メイプルシロップができるまで、小学校生活）
第3次	フィリピンってどんなくに？ （島の数、レチョン・ハロハロの味、バナナやココナッツの多用途な使用法）
第4次	ちゅうごくってどんなくに？ （パンダ・キンシコウ、チャイナドレス・漢服・イ族の民族衣装、餃子・小龍包・肉饅・月餅の意味、看板からお店を推測する、何でも漢字で書けることに気づく）
第5次	かんこくってどんなくに？ （焼肉とパンチャン・チヂミ・ビビンバ・冷麺、日本と似ているところ（食べ物・生活様式）、日本と違うところ（作法）、ハングルで自分の名前を書く）
第6次	タイってどんなくに？ （仏教・お寺・出家、シャム文字・街並み、小学校生活と制服）
第7次	1組：ベトナムってどんなくに？ （A児のお店でベトナムを見つける、フォー・ベトナム帽・アオザイ・缶詰） 2組：オーストラリアってどんなくに？ （逆さまの世界地図、コアラ・カンガルー、バーベキュー、幼稚園の生活、小学校の日本語教育）
第8次	学習をふりかえって：自分の成長をふりかえる

　保護者との連携は、授業内容を決め学習材を得るために行われた。内容は、「国の文化という大きな枠組みではなく、地域性や個別性を含む友だちの文化に着目」し、児童や保護者から収集した情報をふまえ、「子どもの興味・関心が高い食べ物・動物・通貨・服装・学校生活の中でも、特徴を肯定的に捉えられるもの」を選定したという（p.91）。授業では、保護者から服や日用品を借りて児童が実物を手に取って身体感覚を使った学習を進め、外国につながる児童が「ミニ先生」となり、言葉の発音や食べ物の味、生活の違いなどを自分の言葉で語る場面を設定したという。また、授業で児童がルーツを表現できるよう授業外での他の児童との関係づくり、授業中に生じた課題に対応できるよう担任との連携を図るという丁寧な関係性を築きながら展開している。

　山田は児童の学習の振り返りや授業中の発言などを分析し、成果として1）友だちの文化を身近に感じたことにより多様な文化への興味関心が高まり、違いを肯定的に捉えるようになった、2）クラスの多様性に気づき、それを誇りに思う気持ちが育った、3）外国につながる児童のなかには友人関係の改善や行動の変容があった、4）クラスの多様性を認める雰囲気が醸成され、自己表現を可能にする環境へと変化したことをあげている（pp.95-96）。多くの児童にとって、外国にもつながる友人の文化は自分が形成してきた文化とは異質なものであり、心理的にも距離があったものが、「異己」理解学習によって自分の生活世界にも存在するようになり心理的な距離が縮まってきており、「当事者性」の萌芽がうかがえる。また、外国につながる児童が家庭の文化を表現しながら学級に居場所を得ている。学級内の調和を保つために、個々の違いを表面化することよりも、共通点を探して「私たちは同じである」ことに注目させることがあるなかで、山田は「違い」を積極的に捉えて授業をデザインし、1学年次児童に共生に向けた変容がみられたことは注目に値する。

3．大学との連携による授業

　学校教育の授業や研修などにおいて、近郊の大学の留学生等をゲストとして迎えた実践が数多くあるが、植西（2003：76）が指摘するように、実践が学校側の一方的な考えにもとづくモノローグ的なもので、ゲストは主催者側との簡単な打合せのみで子どもの前に立ち、短時間の一過性の実践になっていないだろ

うか。植西はこのようなあり方を「モノローグ的国際理解育」と称す。そして、中学校の「総合的な学習の時間」において、教師や留学生、学習者代表の中学生、大学教員が、企画・立案段階から協議し協同で進めるという「ポリフォニックな学び」をめざした交流学習を試みている。協議では一過性のイベント的な交流ではなく、継続的に相互理解を深めていく学習にすることを確認しながら進め、留学生（4 名）は「ゲスト」ではなく「ホスト」としての協同実践者として位置づける。**表8-2**に単元名「あたりまえだと思っていたことが」の学習計画（全12時間）と授業の様子を記す。

表8-2　学習計画と授業の様子(植西 2003：80「学習計画」および81-88「学習の実際」をもとに筆者作成)

学習計画（時間）		授業の様子
オリエンテーション コミュニケーションを開く（1）		
第 1 次	<u>外国の方々と出会い、交流を深める段階</u> 第 1 回交流会（2） 　自己紹介とチャイを楽しむ会 第 2 回交流会（2） 　各国の文化と生活について聴く会	生徒の自文化の見直しと、自分のあたりまえが他者にとってはあたりまえではないという気づきの始まり
第 2 次	<u>「文化」について意識し、文化の違いに気づく段階</u> 第 3 回交流会（1） 　日本での異文化体験や中学時代のことを聴く会	外国人協同実践者が「外国人の目から見た日本」「来日後の変化」「わたしの中学時代」について語る
第 3 次	<u>問題意識をもち、考えを整理する段階</u>（2）	「意見の出ない中学校の教室、意見をはっきり言わない日本人、日本人のコミュニケーション」、「学習者や進路に関わる問題」「社会生活に関する問題」について意見交換を行う
第 4 次	<u>自分たちの生活や考え方、文化を見直す段階</u> 第 4 回交流会（1） 　ディスカッション	生徒の意見に対して外国人協同実践者が様々な角度からコメント。特に「現代の日本社会で『以心伝心』は機能しているのか」という問いかけが多くの生徒の心を揺さぶる
第 5 次	<u>学習したことを整理し、評価する段階</u>（2）	生徒は文化の違いを越えた普遍性を発見、人間関係の悩みは「あたりまえ」ではなく改善し克服すべきことを自覚、「異なることの大切さ」を自覚

　植西の実践の学習領域は「A 多文化社会」に該当する。記述からは、「D 未来への選択」にかかわる学習の様子を判断することはできなかったが、「授業の様子」の欄に示したように、生徒は第 1 回交流会での自文化の見直し、自分のあたりまえが他者にはあたりまえではないことの気づきから始まり、最終回では文化の違いを越えた普遍性の発見、人間関係の悩みが「あたりまえ」ではなく改善・克服すべきことであるという自覚、「異なることの大切さ」の自覚に至っている。生徒は協議を重ねる過程で外国人協同実践者の視点に触れて自己の問題状況に気づき行動することを意識していることから、「当事者性」の萌芽がうかがえる。

　また、植西の実践では、「当事者性」の涵養において授業デザインにおける重要な示唆を含んでいる。それは授業デザインの主体が担当教員、大学教員、生徒（学習者代表）、留学生（外国人協同実践者）という全構成員であったことである。一定期間をかけて企画・立案段階から協議を重ね、授業を複数回行うことによって、主体者（ホスト）と招待者（ゲスト）という二項対立的な関係性から脱却可能なことを示している。さらに、第 4 回交流会後に外国人協同実践者から「国際理解教育の多くの実践に参加したが、今回、初めて教材としてではなく、名前のある個性のある一人の人間として接触してもらえた。日本人は内の人、外国人は外の人という線を越えた通じ合いができた」という発言があった。教員は無意識であっても、協力者は相手が自分を「教材」つまり「モノ」として扱っており、「名前のある個性のある一人の人間」として接していないと受け取るような授業をデザインしているのかもしれない。誰よりも教員自身が「当事者性」をもち、協力者も社会の構成員であり社会の形成者であるという認識をもつことが肝要であることを突きつける重いことばである。

　学校や教員が海外機関や留学生とつながりがなくとも、近隣の大学との連携によって交流授業が可能である。植西の事例では、大学教員も留学生も共に授業づくりに携わることによって、双方に有意義な機会となること、そして徐々に学校教員や児童生徒が主導して自分たちにとって意味のある学びの場を創り、自分たちの活動へと発展させていくことが示されている。

4. 非営利機関および海外教育機関との連携による授業

　海外の教育機関等と日本の学校が連携し交流を取り入れた授業の報告もみられる。しかし、海外の教育機関等との交流の多くは通信環境や授業期間の違いや時差、担当者間の連絡調整などの様々な条件をクリアしなければならず、継続的な交流は容易ではない。そのようななかで、中山 (2007) は、海外の非営利機関のプロジェクトに参加した日米の教師が共同で単元開発を行っている。実施機関は、非営利機関のホノルルの東西センターおよびアリゾナ記念館協会、国立公園局である。2005年に東西センターにおいて、日米の社会科系教師を対象にワークショップ「歴史と記憶：真珠湾を巡る多様な物語 (History and memory：Multiple Stories of Pearl Harbor)」が開催され、日米の教師が1週間共に講義を受け、フィールドワークを行い、ディスカッションを経て「真珠湾の記憶」にかかわる単元開発を共同で行なった。

　中山らは、単元名「A Closer Examination of the Multiple Perspective of WWⅡ」(**表8-3**) を開発した。学習領域は、「C地球的課題」と「D未来への選択」である (p.23)。中山は、帰国後2ヶ月間にわたり、ロサンゼルス・オマハ・京都の日米3校で「真珠湾」と「広島」の記憶を巡る単元を同時に実践し、生徒同士がメールで意見交換をしながら学んだ。3校の生徒3名で1グループを構成し、生徒1名が2校の生徒2名に同時にメールを送り、学級全体でも共有することによって、多様な視点が交わることが意図された。生徒の学びの深まりの段階について、生徒のコミュニケーションの進展と意識のもち方の様子の観察から、四つのレベルに整理している (**表8-4**)。多様な見方ができるようになるのはレベル3からであり、日本側の生徒のほとんどが進むことができたという。レベル4に進むためには、相手とのコミュニケーションが十分にできなければならず、言葉の問題とメールの送受信の成立の他に、生徒自身の根気や真摯な態度、教員の支援のあり方が影響したという。

　単元開発では、「真珠湾」と「広島」という教材そのものが多様な解釈の有り様をみせるものであることはもとより、日米の教員と生徒がそれぞれにもつ多様な視点を有していることに価値を置き、異なる経験や物事の見方があることが前提にされている。中山 (前掲:10) は従来も日米の「相互理解教育」のための教材開発が行われてきたが、実際にはどちらかの国の教員の手にゆだねられて

135

表8-3　プロジェクトの概要（中山 2007：18をもとに筆者作成）

単元名：A Closer Examination of the Multiple Perspective of WW Ⅱ
　　　　日米中高生が一緒に戦争と平和を考えるプロジェクト：第二次世界大
　　　　戦について多様な見方から考えよう！
目　標：第二次世界大戦に関して多様な見方から考えることができる。
概　要：真珠湾で起こったこと、日系人強制収容、広島についてアメリカと日本の
　　　　視点から追究する。読書、ドキュメンタリー、アクティビティを活用する。
問　い：・どのような出来事が真珠湾攻撃につながったのか。
　　　　・日本人とアメリカ人はどのように第二次世界大戦を見ているのか。
　　　　・第二次世界大戦に関連した出来事がどのように異なってみえるか。
対　象：13 歳〜 15 歳
　　　　（京都：中学生 21 名、ロサンゼルス：中学生 20 名、オマハ：高校生 20 名）
教　科：社会科、歴史、アメリカ研究、Language Arts
評　価：事前事後のアンケートにより活動について評価
展　開：活動1一緒に学習する相手を確認しよう。自己紹介のメールを送ろう。
　　　　　　興味のあるテーマを選択して調べ、自分の意見を書いてメール
　　　　　　伝えよう。
　　　　活動2アリゾナ記念館編集ビデオを見て、メールを交換する。
　　　　活動3日系人強制収容準備を疑似体験してみよう。
　　　　活動4二つの記念館（アリゾナ記念館と広島平和記念館）について調べよう。
　　　　活動5選んだ本について感想文を書いてメールで交換しよう。その本に
　　　　　　ふさわしいと思うブックカバーを描き、相手にその絵の画像を送
　　　　　　ろう。

表8-4　コミュニケーションレベルと学びの深まり（中山 2007：18をもとに筆者作成）

レベル	コミュニケーションの状況と内容
1	日米の生徒で同じ学習活動をすること、メールで受信することを喜ぶ。
2	真珠湾での出来事やそれに関連して起こった出来事について様々な立場があったことを理解し、自分の意見をメールで送る。
3	真珠湾や広島についての自分の意見を発信し、また相手からメール内容から相手の意見を理解している。
4	相手のエスニシティや真珠湾や広島、戦争に関する立場や考えをふまえ、さらに自分の考えを返すことができる。また交流をとおして自己の変容に気づいている。

おり、一方的な理解に終わるものであったと指摘する。しかし、ここでは、「日米の教員が共にフィールド調査を行い、ゼロから協議し、その場で単元開発を行うことにより、単元そのものに多様な視点が反映され、持ち帰った単元案を日米双方で実践することが可能となり、まさに相互理解が実現する」という。実際に、日米の教員も生徒も他者の視点を互いに取り込みながら歴史認識の学習および相互理解の学習が進んでいく様子が記されている。

　特定の歴史的事象を巡る相互理解への歩みには困難が予想されるが、当該プロジェクトはまずは教員同士がワークショップをとおして相互のギャップに正面から向き合うことから始まり、生徒を組み込んだ授業および交流学習を実現している。教員も生徒も共に「当事者性」を高め深めていくプロジェクトであり、国家間の利害から距離を置くことが可能な非営利機関の活動が基盤であるが故の特徴であるとも考えられる。

5．博物館と学校と学会との連携による授業

　学校教育に留まらない多様な機関や専門家などの連携の事例として、国立民族学博物館と本学会を軸として展開された博物館員、学校教員、学会員による連携がある。12年間に渡る連携の全容は『国立民族学博物館を活用した異文化理解教育のプログラム開発』（森茂編 2005）、『学校と博物館でつくる国際理解教育—新しい学びをデザインする—』（中牧・森茂・多田編 2009）、『学校と博物館でつくる国理解教育のワークショップ』（上羽他 2016）に収められている。開発された授業や研修は目次を確認するだけでも約40件に上る。一人の教員が数年かけて取り組んでいる事例もある。たとえば、織田（2009, 2010, 2016）は、「ひとかけらのチョコレートから」の中学校での単元開発に始まり、国立民族学博物館での教員研修や本学会の研究大会等でも実施と検討を重ね、様々な人がかかわりながら練り上げられていく過程を追うことができる。

　一連の取り組みは、「ひとかけらのチョコレートから」（織田 2009）、「コーヒーとフェアトレードをめぐる教材開発」（織田 2010）、「一粒のカカオから」（織田 2016）に集約されている。織田（2009）によると、きっかけは2007年度の勤務校の学園祭での展示準備の際に「チョコレートを素材に、世界と自分のつながりに気づき、持続可能な新しいつながり方を提案できるような教材をつく

りたい」と考えたことであった。「博学連携みんぱく教員研修ワークショップ」
では本学会の会員らが実施するワークショップに博物館の研究者が専門性をい
かしてかかわることから、連携協力を提案し、実現したという。

　「ひとかけらのチョコレートから」は、2008年に中学1年生の社会科の授業、
2008年と2009年に博学連携みんぱく教員研修ワークショップ、2009年に国際
理解教育学会第19回研究大会シンポジウムで実施された。単元のねらいは、
① 身近にあるチョコレートが商品化されるまでの征服と発明の歴史、植民地
化との関連について知る、② カカオの生産国の子どもたちのくらしを知り、
不公正な社会が生まれる要因と自分たちとのつながりについて考える、③ 2
種類のチョコレートの生産者から消費者に届くまでの過程の違いを知り、不公
正な社会のしくみを変えるための行動につなぐという3点である。教員研修
ワークショップには、博物館の研究者も参加し、2008年はチョコレートの歴
史や文化に関する解説、本物のチョコレートドリンクの試飲やカカオ豆の提供、
2009年はフェアトレードに関する解説があった。

　実施と検討を経て、ねらいと内容構成も変容した。初期は、最後の学習活動
はフェアトレードチョコレートのポスター作成であった。織田 (2009：211-212)
は、どのポスターもチョコレートをめぐる不公正な現状とこの現状に変化をも
たらす方法の一つとしてフェアトレードを理解し、発信できていることから、
本教材のねらいが達成されたと評価している。しかし、織田 (2010：94) では生
産者の顔がみえることやフェアトレードを批判的にもみられるようになるため
のしかけの必要性等を課題にあげ、後継の「コーヒーモノガタリ」で改善を
図っている。この課題への気づきと内容の再編成の契機は、第19回研究大会
の公開シンポジウムでの指摘にあるようである。その報告 (石川 2010) に掲載
された織田の振り返りには、指摘への見解と改善案を示すとともに、「このシ
ンポジウムを終えて、今後の教材開発のなかで最終的に何をめざすのか、そこ
に批判的な思考を育てることや、社会のしくみに変化をもたらすために行動を
起こす人を育てるということを改めて心に刻んでおきたい」(p.108) と記してい
る。

　また、織田 (2010：99) は学習領域「B グローバル社会」「C 地球的課題」につ
いて学び、「D 未来への選択」へとつなげることを意識している。初期の「ひと
かけらチョコレートから」では、「善としてのフェアトレード」を理解し作品に

表現することを学習活動のゴールに置く構成になっていたが、「コーヒーモノガタリ」では、フェアトレードと他の解決方法も示した上で生徒らがどのような解決方法を取るかを考える（織田2010）、フェアトレードのチョコレートのパッケージから読み取れることや疑問を参加者同士で意見交換するという活動へと変わった（織田2016）。つまり、授業者が想定する正解を参加者が表現する形態から、授業者は参加者が考えるための素材を提供し、参加者にはその素材をもとに問題の本質と捉えたり、解決のための方策を考えたりする形態へと変化した。生徒からは生産者の生活を知り自分たちが動くことで現状を変えられるかもしれない、消費者に現地の事を伝えることは十分実現できるという問題解決の方法の提案もみられている（織田2010：99）。このように、織田は単元開発と授業およびワークショップをとおして地球的課題を生徒や教員が自分とのつながりで捉え、行動の変革へと働きかけるものへと練り上げている。織田自身の「当事者性」の高さはさることながら、このような授業やワークショップをきっかけに参加者のなかにも「当事者性」が芽生えることが期待できよう。

　また、織田の単元構想の変化の転機となった研究大会では、同じ場所で同時にメタレベルのワークショップをもう一つ行い、ワークショップを多層化するという「ワークショップ・オン・ワークショップ」という方法が採られた。これは2008年12月末の次年度の教員研修ワークショップに向けた討論で議論されていた（中牧他2009：232-234）。大会では、ファシリテーター、体験者、観察者、コメンテーター（メタ的観察者）という意図的に多層的な参加者が設定され、博物館関係者、大会企画関係者、ワークショップ関係者、学会員、非学会員のすべての参与者が互いに影響を与えざるをえない関係性のなかに身を置くことになっていたといえる。このように博物館・学校・学会による連携では、様々な専門家が集まるが故にそこに集う人々をダイナミックな連携に巻き込む構造を作り出し、授業や研修の質が高められていったのではないだろうか。

6．問いへの応答と残された課題

　本章では、「当事者性」の涵養の観点から、どのような連携および授業デザインによって「D 未来への選択」にアプローチできるかを明らかにすることを試みた。家庭との連携による授業では山田（2019）を、大学との連携による授

業では植西（2003）を、非営利機関および海外教育機関との連携による授業では中山（2007）を、博物館と学校と学会の連携による授業では織田（2009, 2010, 2016）を例にあげて検討した。連携によって考案された授業をとおして、児童生徒はこれまでに自分の生活世界には存在しなかった他者や文化に出会い、様々な人や諸問題を他人事ではなく自分の問題として捉える姿あるいは自らの生活や存在とのかかわりを見出す姿があり、「当事者性」の萌芽がみられた。他方、自己の生き方につなげていこうという姿勢や解決の動きのための行動を起こす仲間になるといった姿は、文献からは確認できなかった。これらはゆっくりと時間をかけて醸成されていくことも考えられるため、授業後の長期的な観察が必要であろう。この点は、残された課題である。また、いずれも連携の基盤には中心となる教員の現状に対する高い問題意識と「当事者性」が原動力となり、実践へと動き、人や機関を動かしていた。さらに植西、中山、織田の事例からは互いの知の交流と探究によって授業や研修が練り上げられていく過程がみられた。授業デザインにおける外部の機関や人との連携の利点は自分の授業の構想段階に他者の視点が入り込むことにもあると考える。児童生徒の「当事者性」の萌芽においても授業の質の高まりにおいても、異なる経験や視点を有する他者の存在が要となるといえよう。

引用文献

石川一喜（2010）「第19回研究大会・公開シンポジウム国際理解教育と『習得・活用・探究・参画』に結びつく力―ワークショップや社会参加型学習がめざすもの―」『国際理解教育』Vol.16、106-110頁

植西浩一（2003）「モノローグ的国際理解教育の克服をめざして―留学生と協同で創る総合的な学習―」『国際理解教育』Vol.9、76-89頁

上羽陽子・中牧弘允・中山京子・藤原孝章・森茂岳雄編（2016）『学校と博物館でつくる国理解教育のワークショップ』（国立民族学博物館調査報告138）、https://www.minpaku.ac.jp/research/activity/publication/other/ser/138（2020年8月10日閲覧）

大津和子（2015）「国際理解教育の目標と内容構成」日本国際理解教育学会編著『国際理解教育ハンドブック―グローバルシティズンシップを育む―』明石書店、96-103頁

織田雪江（2009）「ひとかけらのチョコレートから」中牧弘允・森茂岳雄・多田孝志編著『学校と博物館でつくる国際理解教育』明石書店、207-213頁

織田雪江（2010）「コーヒーとフェアトレードをめぐる教材開発」『国際理解教育』Vol.16、94-100頁

織田雪江（2016）「2.1 一粒のカカオから」上羽陽子・中牧弘允・中山京子・藤原孝章・森茂岳雄編（2016）所収、59-66頁、http://doi.org/10.15021/00008307（2020年4月22日閲覧）

釜田聡・姜英敏（2014）「日本・中国『異己』共同授業プロジェクトの概要」『国際理解教育』Vol.20、96-100頁

釜田聡・姜英敏・金仙美・堀之内優樹（2019）「国際委員会活動報告」『国際理解教育』Vol.25、103-107頁

中西正司・上野千鶴子（2004）『当事者主権』岩波書店

中牧弘允・森茂岳雄・多田孝志編著（2009）『学校と博物館でつくる国際理解教育』明石書店

中山京子（2007）「真珠湾と広島の記憶をめぐる日米共同単元開発─ロサンゼルス・オマハ・京都の生徒が共に学ぶプロジェクト─」『国際理解教育』Vol.13、8-25頁

松岡廣路（2006）「福祉教育・ボランティア学習の新機軸─当事者性・エンパワメント─」『日本福祉教育・ボランティア学習学会年報』Vol.11、12-32頁、https://www.jstage.jst.go.jp/article/jaassj/11/0/11_KJ00005291124/_pdf/-char/ja（2020年7月24日閲覧）

森茂岳雄編（2005）『国立民族学博物館を活用した異文化理解教育のプログラム開発』（国立民族学博物館調査報告56）、https://www.minpaku.ac.jp/research/activity/publication/other/ser/056（2020年8月10日閲覧）

森茂岳雄（2010）「国際理解教育における社会連携」日本国際理解教育学会編著『グローバル時代の国際理解教育─実践と理論をつなぐ─』明石書店、160-163頁

山田文乃（2019）「外国にルーツを持つ児童に寄り添った多文化共生教育実践」『国際理解教育』Vol.25、87-97頁

第 9 章

スタディツアー・フィールドワークから国際理解教育の授業をどうデザインするか

風巻　浩

1. なぜこの課題を問い直すのか

　スタディツアーやフィールドワークとはどのような活動なのか。学会紀要『国際理解教育』は2014年にスタディツアーを特集した。ここで藤原孝章は研究の課題として① どのようなプログラムによって成果があがり、深い学びになるのか。② 学びが獲得される契機はどのようなものなのか。③ 旅の経験を記述する行為とは、いかなるものなのか、という疑問を呈している（藤原2014：37）。授業のデザインを目的とする本章の課題としては、①②を中心にして検討を行う。藤原はスタディツアーを以下のように定義する。

　　スタディツアーとは、NGO（国際交流・協力の市民団体）、大学・学校、自治体、宗教団体などが、組織的かつ継続的に、相互理解や体験学習を目的として行うツアーであり、内容的には、観光のみならず、現地事情やNGOによる活動などの学習、現地の団体や人々との双方向的な交流、参加者自らの参加、体験、協力などが可能なプログラムを持ったツアーである。また、事前事後の学習やふりかえり、現地で見聞し、交流し、体験するなかで得る学びの共有やふりかえりがなされることによって、自己の実存的な変容とそのプロセスを伴うツアーであり、それによって、他者および自他の地域への貢献・還元が生じ、グローバル社会の課題と展望、支え合いを生み出していく教育活動である。（藤原 2014：36）

　それではフィールドワークの定義はどうか。佐藤郁哉はフィールドワークを
「参与観察と呼ばれる手法を使った調査を代表とするような、調べようとする
出来事が起きているその「現場」（＝フィールド）に身をおいて調査を行う時の作
業（＝ワーク）一般を指す」とする（佐藤 2006：38-39）。佐藤はフィールドワーク
のモデルとして、映画「ダンス・ウィズ・ウルブズ」の主人公である騎兵隊員
の経験をあげる。彼は、ネイティブ・アメリカンの土地で暮らし、彼らとのコ
ミュニケーションのなかで自己変容をとげていく。まさにそれがフィールド
ワークの経験であると述べる（佐藤 2006：36）。

　以上の先行研究から、本章で扱うスタディツアー、フィールドワーク（この
他にもワークキャンプ、エクスポージャーツアーなどの用語もあるが、以下、スタディ
ツアーの名称に統一する）による学びとは、「単なる観光での体験ではない、「学
校」という既存の学びの枠組みから離れ、地域の「現場」（＝フィールド）におい
て、現場の人々（＝当事者）とのコミュニケーションをつくるプログラムにお
いて学ぶ教育活動であり、しばしば深い学びのなかで自己変容が生じ、変容に
伴うアウトプットを促す学び」と定義する。

　このようなスタディツアーによる学びは、『国際理解教育』誌で特集が１回
あったものの実践報告や研究が多いとはいえない。この学びは国際理解教育の
メインストリームではないのだろうか。そうではない。逆に、この学びは学習
者の人生を決定づけ、自己変容を促す、もっとも効果的で理想的な国際理解教
育の授業デザインだという仮説を提示する。たとえば、開発教育協会（DEAR）
の代表理事を務めた田中治彦は、1975年の東南アジア青年の船で ASEAN の
若者たちと交流したことが開発教育を始めるきっかけとなったと記している
（田中 2001：22）。このようにスタディツアーが人生を変える経験は、後述する
ように田中だけではない。

　スタディツアーには自己変容をうみだすほどの教育力が潜んでいる。これを
モデルとして国際理解教育一般の授業デザインをすることが考えられる。風巻
浩は自らのスタディツアーの経験から抽出し、（Ⅰ）「コンフリクト」のなかで[注1]
出会い、現場体験し、（Ⅱ）「思いを寄せ合い」、（Ⅲ）何らかの「アウトプット」
を行うという３つのフェイズで構成される国際理解教育一般の授業を提案し実
践を報告している（風巻 2005：20）。以下、ここで示されたⅠ～Ⅲのフェイズを
もつ国際理解教育のデザインを「スタディツアーモデル」とし、以下における

分析のツールとする。

2.　スタディツアー史①：黎明期（1950～60年代）のエキュメニカル・ワークキャンプ

　スタディツアーの歴史を三期に分け概観する。藤原と栗山丈弘は、日本の海外旅行の変遷史を1960年代から書き記す（藤原・栗山 2014：43）。しかし、それ以前にもスタディツアーの原点といえる旅が存在していた。

　第 2 次世界大戦直後の1948年に成立した世界教会協議会（WCC）は、エキュメニカル・ワークキャンプを全世界で開催していく（Ecumenical Work Camps Youth Department World Council of Churches：1960）。ここに日本基督教協議会（NCC）が代表を毎年送っていた。たとえば1959年の参加者の 1 人は、当時早稲田大学の大学院生で後に日本のバイオエシックスのパイオニアとなる木村利人（「幸せなら手をたたこう」の作詞者）だった。

　木村は WCC の活動の後、引き続き現地に残り、フィリピン YMCA が主催したワークキャンプで、現地 NGO であるフィリピン農村復興運動（PRRM）が行う簡易トイレづくりなどに協力した。木村は経験を振り返る。「改めて悟らされたのは「日本の罪」のおそろしさでした。（中略）見せしめの首斬りをし、信徒を教会と共に焼き、全村を皆殺しにし虐殺、虐殺」（木村 1959）。直接出会った者だからこそできる発言である。この時代、国内・海外を問わず、キリスト者が主催するスタディツアーには、アジア・太平洋戦争の被害者・被害地への贖罪の意識が背景にあった[注2]。国際理解教育の原点であるユネスコの理想、「戦争は人の心のなかでうまれるものであるから、人の心のなかに平和のとりでを築く」を実現する実践の種火がここに存在していた。

　木村の学びをスタディツアーモデルで分析する。（Ⅰ）の「コンフリクト」としては、日本の侵略地フィリピンで人々と出会い、共にトイレづくりなどのワークを行う。（Ⅱ）の「思いを寄せ合う」としては、キャンプで朝夕の聖書を読む時間に、フィリピンの若者から「日本から誰かが来たら殺そうと思っていた」と言われ、しかしまた、「若い世代の僕たちは、愛しあい、赦しあって生きよう。再び武器を持って戦うことはやめよう」とも語りかけられる。これに「平和のうちに生きる権利を日本国憲法で宣言した日本は再び戦わない」と木村は応じる。（Ⅲ）の「アウトプット」としては、帰国の船中で体験を振り返る

なかで、フィリピン人の友人との不戦と平和の幸せの誓いと、聖書詩編 47 編の「Clap your hands for joy, all peoples!」の言葉と、子どもたちが歌っていた歌とがあわさった。こうしてできた歌、「幸せなら手をたたこう」が後世に残るアウトプットとなった[注3]。木村のキャリアの原点にこのワークキャンプでの自己変容があることはいうまでもない。

3．スタディツアー史②：高校生も参加する一般化の時代 (1970 ～ 1990 年代)

1970 年代になると日本の海外旅行者は増大していく。同時に、独立まもないアジア、特に東南アジアの国々は、戦後、米国の反共政策により日本の高度経済成長のための市場とされ[注4]、買春観光などの社会問題も発生し、日本企業による公害問題も発生していた（藤原・栗山 2014：45）。このような社会問題に一部加担もするマスツーリズムへの批判から、1980 年代頃から、この頃誕生した国内 NGO がスタディツアーを企画するようになった。NGO の協力を得て、マレーシア、サラワク州の村を訪れるスタディツアーも高校の研修旅行として始まった（野中 2004、2010）。この時期のスタディツアーがどのような教育的効果を秘めていたのかを、以下、「開発教育としての日本語ボランティアサークル」（風巻 1995b：392-412）と「「戦争を知らない高校生たち」の戦争との出会い」（永田・リーフ 1997：228-259）という高校生のスタディツアーを対象にした二つの論文で探る。

3.1.　バングラデシュ識字ワークキャンプと日本語ボランティア活動

一つめの論文は「開発教育としての日本語ボランティアサークル」である。この論文において、いち早く高校でのスタディツアーの教育的意義について発信したのは風巻だった。ここで風巻は、まず、自身が参加した日本ユネスコ協会連盟が主催したバングラデシュ識字ワークキャンプ（1991 年 12 月実施）の意義について論じた。そして、このワークキャンプに参加した教え子の高校生が部活動として参加していた日本語ボランティア活動（顧問は風巻）に関しても開発教育としての論議を深めた。

まず前者、バングラデシュ識字ワークキャンプを分析する。（I）の「コンフリクト」として、誇りをもち活動している現地 NGO の姿を高校生たちは現場

で体験し、援助や最貧国といった知識や建前としてもっていた自分の思いが崩れていく。（Ⅱ）の「思いを寄せ合う」としては、毎日、振り返りが行われた。参加者の一人は「私は、福祉や海外協力について考えることを、英語を話せるようにするとかと同じように、何か教養の一部と感じていたのだと思った。（中略）でも、本当の意味で何にも学んでいなかったんだ、ということがわかった」と、最後の夜に涙ながらに訴えた（風巻 1995b：397）。（Ⅲ）の「アウトプット」としては、参加者は各地で活動を報告した。さらに参加者の一人のワークキャンプの報告の文章が一般書店から出版された（多摩高校日本語ボランティアサークル編 1992：15-20）。また、参加者のなかから後年、大学でスタディツアーをマネジメントする研究者やラオスをフィールドとする研究者がうまれた。風巻の国際理解教育をめざそうとする自己変容の原点も、この時の体験にある。

　次に後者、日本語ボランティア活動について分析する。上記ワークキャンプに参加した高校生が所属していた多摩高校日本語ボランティアサークルは、神奈川県綾瀬市の団地でインドシナ難民や日系ブラジル人の小学生や中学生に勉強を教えるという活動を行った。この活動は、国内フィールドワークとして状況にかかわることによる学びであった（風巻 1995b：398-399）。活動では、知識や情報がその人の心を素通りしてしまうのではなく、その心にザラザラとしたものを残していった。風巻は、それを「せつなさ」と表現した[注5]。それは、高校生の「なぜ、子どもたちの未来が奪われてしまうのか」といった自問につながり、社会の仕組みにせまる気づきとアウトプットをうんだ。

　活動を分析する。（Ⅰ）の「コンフリクト」として、高校生たちは難民や日系ブラジル人の子どもたちに対する政府や自治体の対応のなさを実感する。当時、日本語がおぼつかない子どもたちへの公的な対応は殆ど存在せず、学校では「勉強ができない、普通の子」として扱われてしまっていた。「宇宙のこととか、恐竜のこととかに関心のある子どもがいる。でも学校の勉強は得意ではないようで、結局、普通の子どもになってしまうのは残念」と高校生たちは述べた。「母親が東南アジアの人々を差別していて、この活動に反対される」といったコンフリクトのなかで活動を継続する生徒も存在した。

　（Ⅱ）の「思いを寄せ合う」は、子どもたちとの雑談的な対話の関係が深い学びとなった。たとえば「僕のおじいちゃんは戦争で死んだんだ」「僕は大きくなったらアメリカに行く。だってアメリカは強くてお金もあるから、そのうち

に日本にアメリカがせめてくるよ」などの子どもたちの発言は高校生を驚かせた（風巻 1995b : 402）。また、「学習室に通ううちに、子どもたちが抱えている多くの問題が見えてきました。それは、自国の文化や自国を軽蔑する傾向があることです」、「子どもたちが日本語に習熟していくことが、逆に母国語を忘れていく過程でもあることに気づき、こうした問題にどのようにかかわっていけばよいのか分かりませんでした」などの感想にみられるように、すぐには解決できないような問題を肌で感じることになった（竹内・佐久間 1996 : 93）。

　（Ⅲ）の「アウトプット」であるが、文化祭は良質な学びの場であった。ラオスの踊りをラオス人女性に教えていただいて発表したり、ベトナムのお母さん方に学んでベトナムのお菓子の模擬店を行ったりもした。高校生たちは二冊の本を一般書店から出版した。一冊目の出版のきっかけは、これもアウトプットの例であるが、当時、定訳がなかった国連の「移住労働者とその家族の権利条約」を翻訳し文化祭で展示したことであった。この条約の文章と、普段の日本語ボランティア活動、そして、バングラデシュでの識字ワークキャンプの報告を内容とした本が一般書店から出版された（多摩高校日本語ボランティアサークル編 1992）。

　もう一冊は、ベトナム語と日本語のバイリンガルで読めるベトナム民話の絵本の出版だった（風巻 1995a）。上記のように、母文化が子どもたちに伝わっていないことや、アジア文化へ関心を持たない日本社会といったコンフリクトから「せつなさ」を感じた高校生たちは、このような実態に対応する行動としてサークルとして二冊目の出版を思いたった（風巻 2012 : 192）。

3.2.　タイでの国際ワークキャンプと戦争博物館翻訳事業

　次に、二つめの論文「「戦争を知らない高校生たち」の戦争との出会い―タイ国カンチャナブリ「戦争博物館」展示物解説文の翻訳・製本作業を通した国際理解教育の一実践―」を取り上げる。永田佳之とエリッサ・リーフは日本ユネスコ協会連盟主催のタイでの国際ワークキャンプ（1993年12月～94年1月）のコーディネーターとなった（永田・リーフ 1997 : 228-259）。カンチャナブリ市にある子ども村学園に訪問し子どもたちと交流することがワークキャンプの主目的であったが、訪問前に同市にある戦争博物館を訪れた。この博物館は日本軍によるアジア人強制労働者や連合軍捕虜に対する非人道的な行為を伝えるもの

だった。タイ語と英語しかない展示の解説を翻訳する機運が参加者たちに生じ、帰国後、解説は日本語で冊子化され戦争博物館に置かれることになった。

　この活動を分析する。まず、（Ⅰ）の「コンフリクト」であるが、このワークキャンプの主目的は子どもたちとの交流であったため、戦争博物館来館以前はアジア・太平洋戦争時期のタイについての関心はあまりなかったと思われる。高校生たちは「クワイ河を初めて知りました」という状態だった（永田・リーフ1997：224）。現地に行ってはじめて知った日本兵像は、高校生たちの意識に大きなコンフリクトを与えた。（Ⅱ）の「思いを寄せ合う」としては、現地の人々との直接的対話ではないが、戦争博物館の展示の解説文という形でタイの人々の思いに出会った。（Ⅲ）の「アウトプット」として、高校生たちの活動により解説文の翻訳が冊子化され、同博物館に寄贈された。また、冊子を使って高校生たちは様々な機会に報告を行った。報告もアウトプットである。さらに泰緬鉄道にかかわっていた地元の老人のことを新聞で知り、元日本兵と実際に会うという行動としてのアウトプットも出てきた。また、1年後、カンチャナブリ市での平和祈念式典に自発的に参加するというアウトプットもあった。高校生たちの意識の変容がうかがわれる。

4．スタディツアー史③：プログラム開発、相互性、変容への関心（2000 年代〜）

　2000年代に入ると、スタディツアーは大学での単位化もされ、一般によく知られる活動になってきた。また逆に、スタディツアーといえない、事前事後学習もない気楽な「海外ボランティア」ツアーも旅行会社の商品となった（藤原・栗山 2014：44）。このような変化に対応し、新たな研究の動向が生じた。まず前述のように、この学びを国際理解教育の学びのモデルにするべきとの主張が出たことに加え（風巻 2005：20）、スタディツアーによる学びを偶発的なものではなく、きちんとプログラムしたものとして創り上げるべきという主張が出た。また同時に、訪問地の人々にとっての学びでもあるような相互的な学びであるべきだとも主張されていく。さらに、その学びがもつ変容に関する論考が出現する。以下、代表的な論文を取り上げる。

　まず、林加奈子の「開発教育としてのスタディツアー再考」を分析する。林は「現状のスタディツアーの学びの多くは偶発的なものが多」く「学びの創出

を目指してきたのかについては疑問が残る」と批判し、「「知る」「考える」「行動する」ことが相互に関連するようなプログラムを全体として創りあげていく必要がある」とした。また、「訪問先である南の国の人々にとっての学びと質についても問い直しが求められる」とも言及し、学びの双方向性を主張した（林 2010：183）。そして、パウロ・フレイレ（P.Freire）、ジャック・メジロー（J.Mezirow）などの省察論を引きながら、スタディツアーを省察と行動の視点から再考した。

　林は、まずフレイレの「意識化」conscientização（フレイレ 1979：1）をとりあげ、こう説明する。フレイレは、「自分を取り巻く世界と自分自身とを同時に省察しながら、自分たちの置かれている状況と原因とを分析し、自らがその世界のなかにおいて世界と共にある存在であることを認め、その現実に働きかけ、世界と自らとの関係性を変革（行動）していくことを意識化と呼んだ」。自分自身を取り巻く世界の問題点を批判的に認識することが省察である。そして、フレイレに学び、「真の省察は、行動へと人を導く」と論じる（林 2010：184-185）。

　林は次にフレイレにも学んだメジローの「意味パースペクティブ」概念を取り上げる。メジローによれば、「意識変容の学習とは、批判的な省察を通して、自分の解釈の枠組みである意味パースペクティブ（前提）を、より包括的で、識別力のあるものに再構築していく過程であ」り、「この過程では、自らが当たり前と考えていたことを他者との対話を通して批判的に認識し、妥当性を持ったものにしていくことが重要である」とする。メジローは、なぜそのような考えや行動をとったのかを問う意味パースペクティブへの省察を「批判的な省察」と呼ぶ。「自分がなぜそのような意味パースペクティブを有しているのかを浮き上がらせ、それを問うことから、自分を取り巻く世界の現状と原因を批判的に認識することが可能となる」とする。これらの考察をふまえ、林は、スタディツアーのプログラムづくりとして、「「知る」「考える」ことを省察を通して深め、それと「行動する」ことを相互に関連させていくプログラム」が必要であるとする（林 2010：185-187）。

　あるべきスタディツアーの姿として、林は以下の提案を行う。多岐にわたるが、特徴的なものだけをあげる。①現地のプログラムでは、同年代の日本人学生と現地の学生が共通のテーマで話しあうなど、現地の人々と対話し交流するプログラムを行い、協働で省察を行う。②省察が行動につながるように、

実施直後だけではなく、2ヶ月以上経った後でも事後学習を継続して行い、参加者が行動できるような選択肢を用意しておく。その際に、日本の地域にも目を向ける（林 2010: 191-195）。林がスタディツアーの議論に省察と行動の視点を取り入れ、現地の当事者との相互的対話の重要性を指摘した意義は大きい。

　林の提案を受ける形でスタディツアーの分析をさらに深めたのが居城勝彦、中山京子、織田雪江による「スタディツアーにおける学びと変容」である。居城、中山、織田は、大学生のグアムでのスタディツアーを事例として分析を深めた。その特徴は、①カリキュラムを明確化し、そこにホスト側からのものも含めた評価の視点を示したこと、そして、②メジローが示した変容プロセスを援用し、参加者の学びの変容を分析したことである（居城・中山・織田 2014: 51）。

　評価については、たとえば、「戦跡やメモリアルサイト、博物館などを見学し、当時の様子を見る」という活動に関して、「多様な立場から戦争を実感し、考えを表現する」という評価の観点が提案される。ホスト側の視点は、上記の例であれば「グアムや米国の視点から戦争を理解する機会とする」というものが太平洋歴史公園協会の視点としてあげられる（居城・中山・織田 2014: 54）。

　変容の分析に関して、以下のメジローの「パースペクティブ変容プロセス」（1）〜（10）を援用する。

　　（1）混乱するジレンマ、（2）罪悪感や恥からの自己検討、（3）認識的前提、社会文化的前提、あるいは精神的な前提についての批判的アセスメント、（4）自分の不満と変容プロセスが共有できるものであり、その人たちも同様の変化を乗り越えたことに気づく、（5）新しい役割、関係、行為の選択を探る、（6）行動の策を練る、（7）自分の計画を実行に移すための知識と技術を習得する、（8）新しい役割を暫定的に試行する、（9）新しい役割のなかで能力と自信を身につける、（10）自己の新しいパースペクティブに基づいた条件を土台にして自分の生活を再統合する（メジロー 2012: 235-236）。

　たとえば、集団強制死[注6]の場所を訪れた参加者は、死を選ばざるをえなかった人々たちに関して、「死をもってではなく、生きることで何かを残したいと思いました。でも死があるから生きることに価値がある（見いだせるわけで……）難しいです」という逡巡を表明する。ここに居城らは、（3）批判的なア

セスメントが読み取れると論ずる（居城・中山・織田 2014：56）。

　居城らは、メジローの上記（1）〜（10）に「異文化や他集団社会への接触をしたときに」と付け加えたものを、一般的な集団間の関係性の変容などと区別した、国際理解教育の視点にたった分析の指標にすることを提案する（居城・中山・織田 2014：59）。ただ、スタディツアーにおける国際理解教育の視点は、必ずしも上記のものだけではなく、たとえば歴史、平和、環境、南北問題など多岐にわたる。メジローを援用する場合は、スタディツアーのそれぞれのテーマを考慮することが必要である[注7]。

5．問いへの応答と残された課題

　どのようにスタディツアーのプログラムをデザインすれば、自己変容を促す学びとなりえるのか。林はフィールドにおいて現地の人々（当事者）との①『相互的対話のなかで学ぶ』ことをあげる。そして林が強調するように、②『省察と行動（アウトプット）を結びつける』ことが重要である。さらに、林も居城らも援用するメジローのパースペクティブ変容プロセスで示される、ジレンマ、罪悪感、恥、批判的アセスメントのような、何らかの③『コンフリクトを内包させたデザイン』ができるかどうかが自己変容に大きく影響する。

　この三点に注目し、風巻が20年以上継続している、韓国と在日コリアン（主として朝鮮高級学校生）そして日本の高校生の三者交流である川崎・富川高校生フォーラム「ハナ」（以下ハナと略す）のスタディツアーのデザインを分析する。

　まず、①『相互的対話のなかで学ぶ』③『コンフリクトを内包させたデザイン』について考えたい。スタディツアーのフィールドワーク先としてコンフリクト多き場が選択される。たとえば、日本軍慰安婦とされた女性たちが暮らすナヌムの家を訪問して証言を聞いたり、臨津江（イムジンガン）を臨む軍事境界線地帯を韓国側から訪れたり、靖国神社を訪れ宮司の説明を受けたりといったことが行われる。

　そして、ホストとゲストという関係ではなく、日・在・韓という三つ巴の学びが担保される。そこには多様なコンフリクトが内在する。在日コリアンの存在に無頓着な韓国高校生と、臨時パスポートが出なければ家族の出身地に入国することができない朝鮮籍の在日コリアン高校生、マスコミの大韓民国・朝鮮民主主義人民共和国報道に引きずられてしまいがちな日本の高校生と、三者に

内在するコンフリクトが活動のなかで顕在化することもある。しかし高校生たちは、それをフォーラムなどの双方向的な対話によって乗り越えようとしていく。「せつなさ」が醸成される対話的関係のなかで、知識を「自分ごと」として引きうけていくことが気づきをうむ。

　②『省察と行動（アウトプット）を結びつける』としては、まず、半年毎の活動後の省察は、高校生が主体となって次回のプログラムを企画し実践する行動につながる。韓国側では、東日本大震災への募金活動が行われ、また日本側ではセウォル号犠牲者への募金活動をするなどの行動がうまれた。靖国神社の遊就館では、朝鮮出身の特攻隊員・卓庚鉉（タクキョンヒョン）の名前が日本名・光山文博とされていたことをフィールドワークのときに抗議し、これを本名のハングル併記に変えさせた。

　自己変容としては、たとえば韓国側では、ハナの活動により社会の弱者への関心がうまれ、社会福祉を専攻しハナのスタディツアーのサポートも行う現在の青少年活動の仕事を得るOGが出てきた。日本側でも、川崎市の職員となりハナの活動をサポートするOBが出てきた。何よりも、日本人、在日コリアン、韓国人といった既存の枠組みを超え、「アジア市民」意識をもったチング（友人）同士へと、高校生たちは自己変容を遂げていく（山西 2007：109-110, 風巻 2016：181-206, 李 2016：136-153, 小田切 2019：23-45）。

　残された課題を考察する。スタディツアー・フィールドワーク「から」国際理解教育の授業をどうデザインするか、が本章のタイトルであった。①相互的対話のなかで学び、②省察と行動（アウトプット）を結びつけ、③コンフリクトを内在化させる、この3点を基軸とする、スタディツアーをモデルとした国際理解教育一般の授業デザインの創造が求められている。現実の社会には、コンフリクトが多岐にわたり内在している。それを対話的学びの場の省察のなかで顕在化させ、学習者もまた当事者となることで社会参画を促すデザイン、つまり「意識化」のプロセスが鍵となる。高校現場では総合的な探究の時間の活用が望まれる。

　変容に関して曽我幸代は、「国連ESDの10年」の後半期にユネスコが「学習の4本柱」に加えての5本目の柱として、「自分自身と社会を変容させる学び」を提案したことに注目する（曽我 2015：17）。変容を視野に入れたスタディツアーのデザインを考察することは、ESDやSDGsの変容の論議ともつながる。

　コンフリクトは対立であるとともに、対立的状況のもと、時として当事者が涙を流すほどの「せつなさ」を身体感覚としながら逡巡する葛藤でもある。この点で横田和子の葛藤論は興味深い。横田は葛藤のもつ身体感覚と当事者性に着目する。学習内容として葛藤を扱うとき、それは「引き延ばされた葛藤のなかに学習者を佇ませ、とまどわせるものとなる」のだと述べる。そして、「多様で複雑な葛藤を抱えるさまざまな弱き存在が、当事者として生きることを引きうけ、その上でなされる共同作業としての国際理解教育」の創造の可能性に言及する（横田 2011 : 30-31）。

　知の現場性・身体性とフレイレの「意識化」、コンフリクト（対立・葛藤）のもつ学習論的意味[注8]、自己変容と社会変容の関係、学習者の当事者性、そのようなキーワードが織り成していく知の創造を、スタディツアー・フィールドワークから考える国際理解教育一般の授業デザインにおける課題として提案したい。

注

1）「コンフリクトのなかで」の部分は今回加筆した。
2）キリスト者である青山学院大学名誉教授の雨宮剛は、学生を対象としてフィリピンやタイで「体験学習」（内実を伴わないスタディツアーと区別して、雨宮はこのように名づける）を行ってきた。彼がこれを続けてきた理由となる原体験は、高校在学中の1951年に地元愛知県で行われた、幼稚園の運動場作りの国際ワークキャンプであった。父親を日本軍に惨殺されたフィリピンからの参加者の赦しと和解のメッセージを涙ながらに聞いたことが、自己変容をうみ出した（雨宮 2003 : ii-iii）。また1960年には、アジア・太平洋戦争において日本の諸教会が戦争協力に加担したことに対する贖罪を意義として、アジア学院の前身である東南アジア農村指導者養成所が設立された。「草の根の指導者と共に―40年の歩み―」アジア学院ウェブサイトから（2020/2/16確認）。
3）木村（2015 : 28-32）および木村へのインタビューによる。木村は1972～75年にスイスのWCCエキュメニカル研究所副所長であり、パウロ・フレイレの同僚だった。
4）アメリカが反共政策として日本の高度経済成長を演出したという視点は、佐々木（1988 : 148-149）に詳しい。
5）スタディツアーのような現場で顕著に起こる「せつなさ」とは、ホリスティックな存在として思考／心／身体に生じるザラザラしたざわめきである。わからなくなること、無力感であるが、「自分ごと」として世界や他者を引きうけ（アンガジェ）、未来を志向し、人を参画・行動にいざなう身体感覚である（風巻 2017 : 63-69）。
6）原文では「集団自決」と記述されているが、軍人などの自決とは違い社会的な圧力の元での死であるので「集団強制死」とした。
7）なお、藤原と栗山もメジローの変容論をヒントにし、以下の３つのプロセスをスタディ

ツアーの評価基準（到達目標）とする。（1）脱文脈化された知識や考え方（自己の今までの経験とその認識）への気づき、疑問、吟味、批判などの振り返りができているか。（2）他の参加者や現地の人々、コーディネーターとともに、ジレンマや困惑を乗り越え、状況とのなかで知識を文脈化し、新たな自己への確立や行動を模索しようとしているのか。（3）文脈化された知識や新たな自己を学びの成果として自覚し、それをもとに社会に投企し、試みようとしているか（藤原・栗山 2014：49）。

8）松下佳代はエンゲストロームの学習サイクル論に学び（松下 2015：8）、主体的・対話的で深い学び、特に「深い学び」に誘う学習サイクルとして、以下の「CIER モデル」を提唱する（松下2019：17-19）。CIER モデルの学習とは、①ズレ、葛藤、対立という「コンフリクト」（Conflict）を教授者が提示するステップ→②コンフリクトの解決を図る知識やスキルを学習者が習得する「内化」（Internalization）のステップ→③知識、スキルを活用して学習者が問題解決を図る「外化」（Externalization）のステップ→④学習者が学びを振り返り、学んだ知識やスキルのよさや限界に気づき、次の学びにつなげる「リフレクション」（Reflection）のステップ、という4ステップで表される。このモデルの鍵は教授者がデザインする「コンフリクト」であることは明白である。国際理解教育の授業デザインとして本章で提案された「コンフリクトを内包させたデザイン」は、深い学びを可能にする学習一般のデザインに広がる可能性を秘めている。

引用文献

雨宮剛編著（2003）『フィリピンに学ぶ―第14集―』自費出版、ⅱ-ⅲ頁

居城勝彦・中山京子・織田雪江（2014）「スタディツアーにおける学びと変容―グアム・スタディツアーを事例に―」『国際理解教育』Vol.20、51, 54, 59頁

李正連（2016）「日韓自治体交流の軌跡と展望―川崎市と富川市の教育・文化交流を中心に―」韓国人研究者フォーラム編集委員会『国家主義を超える日韓の共生と交流―日本で研究する韓国人研究者の視点―』明石書店、136-153頁

Ecumenical Work Camps Youth Department World Council of Churches (1960) "Survey of Ecumenical Work Camps 1959"

小田切督剛（2019）「ヘイトスピーチをめぐり対話を深める日本・在日・韓国の高校生―地域に根ざした平和学習交流20年―」日本平和学会『平和教育といのち（平和研究）』第52号、早稲田大学出版部、23-45頁

風巻浩制作代表、企画構成、文・絵多摩高校日本語ボランティアサークル（1995a）『イッ・イッ・イッ・たりないよ―ベトナム民話から―』かど創房

風巻浩（1995b）「開発教育としての日本語ボランティアサークル」帝塚山学院大学国際理解研究所編著『国際理解教育論選集―学校教育篇―』創友社、392-412頁

風巻浩（2005）「開発教育は分かち合いのために―スタディー・ツアーモデルの授業の試み―」全国地理教育研究会『月刊地理8月増刊 地球に学ぶ新しい地理授業』601号、古今書院、20頁

風巻浩（2012）「インドシナ難民への学習支援ボランティア」日本国際理解教育学会編『現代国際理解教育事典』明石書店、192頁

風巻浩（2016）『社会科アクティブ・ラーニングへの挑戦―社会参画をめざす参加型学習―』明石書店、181-206頁

風巻浩 (2017)「国際理解教育におけるラーニング・フォー・アクションとしてのアクティブ・ラーニング―「せつなさ」の重要性―」『国際理解教育』Vol.23、63-69頁

木村利人 (1959)『せいねんかいポスト』106号、富士見町教会青年会出版広報部

木村利人 (2015)『戦争・平和・いのちを考える―しあわせなら態度に示そうよ！―』キリスト新聞社、28-32頁

佐々木隆爾 (1988)『世界史の中のアジアと日本―アメリカの世界戦略と日本戦後史の視座―』御茶の水書房、148-149頁

佐藤郁哉 (2006)『フィールドワーク増訂版―書を持って街へ出よう―』新曜社、36, 38-39頁

曽我幸代 (2015)「ESD における「自己変容と社会変容をもたらす学び」―国連欧州経済委員会による理論的枠組みに焦点をあてて―」『国際理解教育』Vol.21、17頁

竹内裕一・佐久間敦子 (1996)「開発教育における「参加」の過程に関する予察的考察―高校生の自主的活動を手がかりに―」開発教育協議会『開発教育』第33号、93頁

田中治彦 (2001)「スタディツアーをめぐって―現状と課題―」開発教育協議会『開発教育』第44号、22頁

多摩高校日本語ボランティアサークル編 (1992)『高校で考えた外国人の人権―ぼくらが訳した国連「移住労働者とその家族の権利条約」―』明石書店、15－20頁

永田佳之・リーフ, エリッサ (1997)「「戦争を知らない高校生たち」の戦争との出会い―タイ国カンチャナブリ「戦争博物館」展示物解説文の翻訳・製本作業を通した国際理解教育の一実践―」帝塚山学院大学国際理解研究所編著『国際理解教育論選集―社会教育・学校外教育篇―』創友社、228-259頁

野中春樹 (2004)『生きる力を育てる修学旅行』コモンズ

野中春樹 (2010)「内外の NGO との連携―スタディーツアーの実践―」日本国際理解教育学会編『グローバル時代の国際理解教育―実践と理論をつなぐ―』明石書店、176-181頁

林加奈子 (2010)「開発教育としてのスタディツアー再考―省察と行動の視点から―」開発教育協会『開発教育』第57号、183, 184-185, 185-187, 191-195頁

藤原孝章 (2014)「特定課題研究プロジェクトについて」『国際理解教育』Vol.20、36-37頁

藤原孝章・栗山丈弘 (2014)「スタディツアーにおけるプログラムづくり―「歩く」旅から「学ぶ」旅への転換―」『国際理解教育』Vol.20、43,44,45,49頁

フレイレ, パウロ著、小沢有作・楠原彰・柿沼秀雄・伊藤周訳 (1979)『被抑圧者の教育学』亜紀書房、1頁

松下佳代 (2015)「ディープ・アクティブラーニングへの誘い」松下佳代・京都大学高等教育研究開発推進センター編著『ディープ・アクティブラーニング―大学教育を深化させるために―』勁草書房

松下佳代 (2019)「資質・能力とアクティブ・ラーニングを捉え直す」グループ・デイダクティカ編『深い学びを紡ぎ出す―教科と子どもの視点から―』勁草書房

メジロー, ジャック著、金澤睦・三輪健二監訳 (2012)『おとなの学びと変容―変容的学習とは何か―』鳳書房、235-236頁

山西優二 (2007)「地域にみる多文化化と国際理解教育」『国際理解教育』Vol.13、109-110頁

横田和子 (2011)「葛藤のケアからみる国際理解教育の課題」『国際理解教育』Vol.17、30-31頁

第10章

地域における国際理解教育の実践を
どうデザインするか

山西優二・南雲勇多

1．なぜこの課題を問い直すのか

　国際理解教育は、平和の実現、平和の文化づくりのための教育である。このことはユネスコ憲章、1994年の「平和・人権・民主主義のための教育宣言」、1999年の「平和の文化宣言」など国際理解教育に関連した国際的な理念とその動きが示している。そして国際理解教育が平和の文化づくりをめざすのなら、単に国際的な理念を掲げるだけではなくその具体化に向けて、文化づくりの主要な場である地域での人々の多様な生活や学びのありようを問うことが求められてくる。またその生活や学びと関連した地域での教育、学校教育だけではなく地域での多様な教育のありようとそれらの教育の関連を問うことが求められてくる。このように考えると、地域の実践を問うことの国際理解教育にとっての意味が明らかになる。ただここでの地域とは、学校と地域、学校実践と地域実践といったような二分法にもとづく地域ではなく、「学校を含む地域」である。地域の定義は次節でより明確にするが、家庭教育・社会教育・学校教育など多様な教育が、かかわりのなかで存在し合っている生活空間の場としての地域である。

　一方、上記のような理念からの地域への捉え直しにとどまらず、地域の現状に目を向けてみると、経済格差、貧困、環境破壊、移民・難民問題、人権侵害、文化間の対立など、数多くの解決すべき問題が、身近のところで顕在化している状況に直面する。また世界でも、持続不可能な状況が顕在化する中、持続可能性が1980年代以降、持続可能な開発 (SD)、持続可能な開発のための教育

（ESD）、そして持続可能な開発目標（SDGs）といった言葉に示されるように注視され、緊急な問題解決がめざされている。SDGs の 17 の目標・169 のターゲットが示すようにその実現に向けてのアプローチは多様であるが、現在の世代が将来の世代のための資源を枯渇させぬこと（世代間の公正）、貧困と貧富の格差を解消すること（世代内の公正）をめざしていることは共通し、SD の根底には「公正の文化づくり」が位置づいていると読み解くことができる（山西 2014：62-64）。また「平和なくして持続可能な開発はありえず、持続可能な開発なくして、平和もありえない」との「我々の世界を変革する：持続可能な開発のための 2030 アジェンダ」報告の前文（United Nations 2015）が示すように、平和と公正は、社会のありようとその文化のありようを示す基本理念であり、多様な文化・価値が緊張・対立するなかにあって、文化の多様性を前提としつつ、問題解決へのかかわりをとおして、平和、公正というより普遍的な文化をうみ出していくことが今求められている。

　そしてその具体化には、平和の文化でも、公正の文化でも、その理念的価値が、身近な地域での生活に密着した社会活動の行動規範としての文化として、醸成され位置づいていくことが必要とされる。また文化をつくり出すのが人であり、人の生活様式・行動様式・価値に不可避的影響を及ぼしているのが学びであることから、文化づくりには、学びがそしてその学びをうみ出すための働きかけである教育が必要とされる。つまり平和の文化そして公正の文化づくりを具体化していくには、地域づくり・文化づくり・学びづくり・教育づくりを関連させていくことが求められることになる。したがって本章では、上記のような視点から、地域における国際理解教育の実践・研究のこれまでを読み解き、そこに示されているこれからの実践・研究への要点を確認し、さらにこれからの実践・研究への課題を描き出すことにしたい。

　なお文化の捉え方に関しては、「集団によって共有されている生活様式・行動様式・価値などの一連のもの」という捉え方が一般的ではあるが、文化を「人間が自然的社会的歴史的関係の中で共に生活していこうとするときに直面する様々な問題を解決するために生み出してきた方策」と捉えるなら、文化は静的固定的に存在しているものではなく、動的変容的なものになる。また文化の理解に関しても、多様な文化の異質性・共通性を表面的に理解することにとどまるのではなく、個々の文化に内在する特性、時には階層性・差別性・排他性と

いった特性を、平和・公正の視点から批判的に読み解くこと、さらにはそのような文化がなぜ生み出されたのかといった構造的な捉え方が、文化理解に求められてくることになる（山西 2015：24-31）。本章では、このような文化の捉え方を基礎に論を展開していくことにする。

2. これまでの地域における国際理解教育の実践・研究

　地域での学びが多様であることに連動して、地域での教育も多様である。地域では、公的組織・団体、国際交流協会やボランティアセンターなどの中間支援組織、NGO・NPOなどの市民団体、青少年団体、企業など多くの団体・組織が、家庭教育・学校教育・社会教育といった領域を越えて、多様な教育づくりにかかわっている。そしてそれらの団体・組織による国際理解教育・環境教育・開発教育・人権教育・持続可能な開発のための教育・地域日本語教育などの実践報告は数多くの場でなされてきている。

　そんななかで、国際理解教育が地域を扱う実践・研究のこれまでを概観してみると、地域における多くの団体や組織との連携を基礎とし、地域にみる特性や問題・課題を扱う実践という実践モデルが浮かび上がる。ただこの実践は、国際理解教育の場合、ほとんどが学校教育実践、学校を軸にした地域とのつながりを描く実践であり、地域での広義での社会教育実践、地域を軸にした学校などとのつながりを描く実践、「学校を含む地域」での実践はまだ数少ないのが現状である。たとえば「ESD実践のための地域課題探究アプローチ」（大島・伊井2012：82-89）は、高校・高校間のネットワークでの地域課題へアプローチする実践である。「地域の未来を積極的に創造しようとする生徒の育成」（小黒・原2018：13-22）は、中学校での地域学習に国際理解教育の観点を取り入れた総合学習としての実践である。「国際理解教育における『地域』の再考」（小瑶2016：23-32）は、学校教育における国際理解教育での地域の扱いを歴史的に問い直し、「ひらかれた地域」「つながる地域」という方向性からの課題を提示している研究である。「地域日本語教育からみる国際理解教育の課題」（服部2010：74-82）は、多言語・多文化がせめぎあう水際にある地域日本語教育での実践を国際理解教育の視点から捉え直した、国際理解教育では数少ない地域での実践研究である。

　そんななかにあって、地域での実践をデザインするための国際理解教育の地域実践研究は、ここ10年ほどの学会の実践研究委員会や研究・実践委員会による特定課題研究において、継続的な課題として位置づけられてきている。

　2010年度～2012年度の実践研究委員会の「感性的アプローチによる国際理解教育の実践研究の探究」では、学校での感性をいかした多様な実践と共に、アート・祭りを活用した地域づくりにみる学びのありようが示されている（多田等 2013：99-103）。

　2013年度～2015年度の特定課題研究「国際理解教育における教育実践と実践研究」での地域実践研究では、地域での教育実践として武蔵野市国際交流協会による27年間にわたる多様な実践に焦点をあて、①地域課題に即した協働的な学び、②地域全体としての学びの循環、③実践コミュニティ・実践研究コミュニティのあり方、④実践者・コーディネーターの役割・専門性、という4つの視点から分析し、今後の実践課題を提示している（山西・村田・南雲 2017：49-70）。

　2016年度～2018年度の特定課題研究「国際理解教育の理念と方法を問い直す」での「難民問題から国際理解教育を問うプロジェクト」では、難民を取り巻く問題から当事者性を問うなかで、情念（パッション）に着目し、情念と情動・認識・参加の関係のなかの学びのありようを描き出している（山西・横田等 2020：12-15）。そしてプロジェクトでの5つのタスクチームの1つである「難民をとりまく地域コミュニティ」タスクチームは、難民をとりまく3つの地域（大和市いちょう団地、新宿区高田馬場、川口市）での難民をとりまく社会的教育的状況をふまえつつ、地域で難民がこれから他者と共に学び、社会参加していくための課題とその課題を実践化するアプローチとして、①身近な出会いの場づくりアプローチ、②「重要な他者」づくりアプローチ、③複合的アイデンティティづくりアプローチ、④政治的経済的文化的参加アプローチ、という4つのアプローチを提案している（林・土田・南雲・山西 2020：24-26）。

　そして2019年度～2021年度の特定課題研究「21世紀の社会変容と国際理解教育」での「地域論プロジェクト」では、「風土に根ざす地域づくり・学びづくり～益子町に学ぶ～」「地域で紡ぐ・いのち・仕事・くらし～隅田川地域実践に学ぶ～」「民話を通した地域の学び～ローカルとグローバルをつなぐ歴史性と持続可能性～」という地域実践にかかわる3つのタスクチームが生まれ、持

続可能性を地域での文化づくりの視点から捉え直し、そこに求められる学びや
教育のありようを描き出すことを目的とした地域での協働実践研究が動き出し
ている。

3. 地域における多様な実践のデザインに向けての要点

　以上のように国際理解教育での地域における実践・研究は、この10年ほど
の間に徐々に動き出しているが、それらの研究・実践のなかから浮かび上がっ
てきている多様な地域実践をデザインしていくために求められる要点を、地域
の捉え方、地域の機能、地域での多様な学びと学びの循環という3点に絞り、
以下確認することにしたい。

3.1.　地域とは

　地域は、伝統的には、地縁的ないし血縁的なつながりを中心とした住民が共
同性にもとづいて形成してきた生活空間を意味するものとして捉えることがで
きる。まさにコミュニティとしての地域である。しかし地域は多義的であり、
行政区や学校区のように切り取られたある一定の社会空間を指すことや、中央
に対する地方、中心に対する周辺を指す場合もある。また学校と地域の連携と
いう言葉に示されるように、学校を取り巻く個人や団体、伝承文化・文化遺産・
環境資源などを総称的に指す場合にも使われている。

　また地域を、ある一定の固定化された空間として捉えるのではなく、問題や
課題に即して可変的に捉えることも可能である。つまり地域を「特定の問題解
決や課題達成に向けて住民の共同性にもとづき形成される生活空間」として捉
えるならば、守友裕一が下記に指摘するように、課題の種類とその課題を担う
住民を出発点として、地域の範囲は伸縮自在となり、また地域そのものも重層
的に捉えることが可能になる。

　　　「地域の範囲をいかに規定するかという議論は、変革すべき課題に即し
　　て決まるのであり、その意味で地域の範囲は『伸縮自在』であり、担い手
　　の人間集団を出発点としてそれぞれが重層化しているととらえるのが妥当
　　である。地域の範囲を画定することが問題なのではなく、地域の現実を主

体的にどう変革していくか、そうした課題化的認識の方法こそが、地域を
とらえる上で最も大切なのである。」(守友 1991：28)

　このような地域の捉え方は、国際理解教育や問題解決・持続可能な開発をめ
ざす活動にとっては特に重要である。それは地域が、政治、経済、文化、自然
環境などの要素を内包する生活空間であり、それらの要素が互いに従来の特定
の地域を越えて動的に絡み合っているなかにあっては、そこに存在する問題とそ
の解決方策を検討するためには、地域をより伸縮自在に、柔軟に、重層的に捉え
る視点が、学びの具体性と解決行動の具体性からみて、重要であるためである。

3.2.　地域のもつ機能

　ではそのような「特定の問題解決や課題達成に向けて住民の共同性にもとづ
き形成される生活空間」としての地域とは、具体的にはどのような機能を有し
ている、もしくはその可能性を有していると考えられるだろうか。特に平和の
文化づくり、公正の文化づくりという視点を念頭に置くと、地域のもつ機能は
相互に関連し合う以下の6つの点 (山西 2015：27-29に加筆・修正) に整理できる。
①「課題を設定する」―必然性を軸にする場―
　地域は「課題を設定する」場である。地域の現状、地域の問題状況をどのよ
うに読み解き、平和そして公正の視点からのどのような課題を設定していくか
は、実践の軸を形成することになる。地域では、環境破壊、地域間階層間の格
差拡大、第一次産業の疲弊、他民族・他文化への差別構造と排他意識、ジェン
ダー差別など、数多くの問題様相が浮かび上がっている。またそれらの問題は、
決して個別に存在しているのではなく、それぞれは関連しあい、重層的に存在
している。改めて地域の現状、地域の問題状況を、住民の生活レベルで重層的
に読み解くことで、平和そして公正の視点からの課題を住民が必然性を伴うも
のとして設定していくことが重要になる。
②「自然とつながる」―存在の基盤をえる場―
　地域は「自然とつながる」場である。人間は自然の恵みを受けながら、時に
は自然の厳しさに対峙しながら、自然とのつながりのなかで存在しているが、
その自然とのつながりのありようを具体的につくり出せるのが地域であり、地
域を取り巻く風土である。そしてその地域の自然や風土が、生活そして産業な

どの基盤になり、その基盤が文化づくりの基盤にもなる。

③「人とつながる」─共同性をうみ出す場─

　地域は「人とつながる」場である。地域を、既述したように「特定の問題解決や課題探究に向けて住民の共同性にもとづき形成される生活空間」として捉えるならば、地域の問題や課題を軸にして、そこにみる人と人、組織と組織とがつながり、共同性をうみ出すことが可能になる。またここでのつながりや共同性とは決して形式的なものではなく、課題に即した必然性を軸に生み出されていくものである。

④「歴史とつながる」─先人たちの知恵に学び、未来を描く場─

　地域は「歴史とつながる」場である。歴史的存在としての人間が、先人たちの知恵に学び、それを今にいかし、生きることを保証しあってきた場が地域である。それは地域には、先人たちが問題解決をとおして蓄積してきた長い歴史的営みとしての多くの知恵が、文化として生活のなかに折り込まれているためである。したがって平和そして公正の視点からこれからの地域のありようを考えようとするとき、その地域にみられる先人たちの知恵に学び、さらにそれを基礎に未来を描いていこうとすることは、基本的かつ重要なことになる。

⑤「世界とつながる」─状況を読み解き、連携する場─

　地域は「世界とつながる」場である。文化間の対立・緊張の状況が顕在化してくるのはそれぞれの地域であり、その状況をその背景にあるグローバル化の進展など世界とのつながりのなかで読み解くことを、具体的に構造的に可能とするのは地域である。また平和そして公正をめざすなら、その過程では、問題・課題を軸に、その地域内にとどまらず、世界（他の地域の動き・国の動き・国際的な動きなど）とつながるなかで、多様な対抗・連携の動きをうみ出すことになるが、その動きの拠点になるのも地域である。

⑥「参加する」─参加を可能にする場─

　地域は「参加する」場である。ただここで注視すべきことは、地域を重層的に捉えるのと同様、参加を重層的に捉えることである。たとえば地域社会というものが政治・経済・文化といった要素を内包していることを考えると、そこにおける社会参加とは、政治的参加、経済的参加、文化的参加を意味することになる。また参加の対象となる社会活動を「公」「共」「私」という3つのセクターに区分してみた場合、そこには主に行政が担う公益を原理とする「公」の

活動、多様な市民組織・団体が担う共益を原理とする「共」の活動、そして企業や個人が担う私益を原理と「私」の活動が浮かび上がる。さらには市民性への議論のなかで指摘されている「4つの市民」としての「地域住民」「国民」「アジア市民」「地球市民」という捉え方も、市民性の質と共に市民参加のありようの重層性を示している。つまり社会参加というものは、上記のようにより重層的に捉えることが可能であり、地域では、子どもから大人までを主体とした、多様な参加の形態・活動が浮かび上がってくる。まさに地域は、参加を具体的に語り、実践することを可能にする場である。

　以上、平和そして公正の視点から、地域のもつ機能を6点に整理した。ただ地域はこれらの機能を内包することを可能としているが、これらの機能は、地域に固定的に存在しているわけではなく、日本の各地にみられる地域社会の崩壊・疲弊は、これらの機能を大きく低下させている。したがって、それぞれの地域の課題を見据えるなかで、地域の機能をいかした文化をつくり、またその文化づくりをとおして、地域の機能を活性化、再生化していくこと、つまり地域課題を軸に、必然性のなかで、文化づくりと地域づくりを連動させていくことが求められてくる。

3.3.　地域での多様な学びと学びの循環

　そして文化づくりと地域づくりを連動させるためには学びが必要とされる。地域には多様な学びが存在しうるが、その多様な学びを地域課題・地域の機能に即して関連・循環させることが求められることになる。

　本来、学びは多様であり、多様な人間は、多様な場で、多様な時に、多様なことを学んでいる。地域におけるその多様な学びをその特性に応じて類型化してみると、以下のような4種の学びとして整理できる（山西 2015：30-31に加筆・修正）。

①生活的・実利的学び

　社会生活のなかの個人の関心や意識もしくは他者との関係のなかで生まれる学びである。個々の私益を反映させ、生活的、現実的、実利的な学びといった特性を有している。家庭での学び、生活のなかでの習慣化された学びなどはこの区分に含まれる。

②系統的・継続的学び

　学校に代表されるような公的なシステムのなかで、他者（教師や指導者）から

の働きかけ（教育）で生まれる学び（学習）である。系統的、継続的、認知的な学びといった特性を有しており、またその学びは時として評価・評定対象となることから、一般化、客観化されることが想定された学びであることも多い。

③情動的・身体的学び

　他者との関係、自然とのつながり、祭りや各種イベントの場などで、時に偶発的に生まれる学びである。情動的、身体的、感覚的な学びといった特性を有している。非日常的な体験のなかでの気づき、無意識的な活動のなかでの気づきなどはこの区分に含まれる。

④問題解決的・必然的学び

　地域の市民団体・NGO などによる地域活動のなかで、協働的関係をとおして生まれる学びである。課題探究的、問題解決的、必然的な学びといった特性を有しており、また行動との関係を一体的に捉えやすい学びである。

　それぞれが大切な学びであり、地域にはこのような学びが存在している。ただそれらの学びがそれぞれの場によって分断され個別化される傾向があるなかで、平和の文化そして公正の文化づくりに向けては、「①生活的実利的学び」を基底に据え、そしてその基底と「②系統的継続的学び」「③情動的身体的学び」を関連づけ、そこに「④問題解決的必然的学び」を軸として組み入れ、その軸を中心に全体としての学びの関連・循環を地域でつくり出していくことが重要になる。それは文化が「直面する様々な問題を解決するために生み出してきた方策」であるなら、地域課題に即した「④問題解決的必然的学び」を軸として組み入れることで、地域における生活的学び・系統的学び・情動的学びが関連づけられ循環がうまれ、それらの学びの循環が文化づくりにつながっていくことが想定されるためである。

　またこの学びの循環を学習論としての「学びの循環論」（山西 2017：64-66）としてその特性を浮び上がらせるには、先行研究としてのいくつかの学習論との関連を整理することが求められる。これまでにも地域実践研究のための学習論の検討はなされてきているが（南雲 2017：52-57）、ここでは状況的学習、拡張的学習といった学習論との関連を確認する。それは「学びの循環論」として地域実践にみる学習全体の構造やシステムを描くという意味からは、拡張的学習の「集団的活動システムのモデル」に共通性を見出せ、平和の文化そして公正の文化づくりにつながる学習のありようを探るという意味からは、状況的学習に

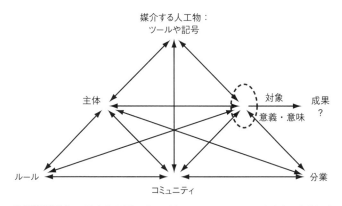

図10-1　集団的活動システムのモデル（エンゲストローム 1999：79 をもとに山住作成 2004：83）

一部関連性が見いだせるためである。

　ここで言う拡張的学習の活動システムとは、**図10-1**に示すように「主体」「対象（目的）」「人工物（ツールや記号）」「ルール」「コミュニティ」「分業」という６つの要素でその関係は描かれている（山住 2004：83、エンゲストローム 1999：79）。そして拡張的学習における学習とは、この活動システムのなかの課題・問題・葛藤を解決するため、その全体システムの拡張のプロセスのなかで、また一つのシステム内にとどまらず多数のシステム間での相互作用のプロセスのなかで起こるものとされている（エンゲストローム 1999：140-144）。この活動システムは、問題解決の過程のなかでの学びの循環という視点からは、システムにみる人工物（文化的媒介物）・ルール・コミュニティ・分業のあり様が関係性のなかで変容し合っていくことを示し、また国際理解教育の視点からは、人工物（文化的媒介物）・ルール・コミュニティ・分業のあり様がより平和そして公正なものへ変容していくことを示すモデルであると読み解くことができる。そしてさらにもう一点踏み込んでみると、文化を、文化的媒介物・ルール・分業のあり様などにみる道具として位置づけるにとどめず、平和の文化そして公正の文化づくりといったように対象（目的）としても位置づけることにより、道具としての文化と目的としての文化の関連づけがシステムとして可能であることを「学びの循環論」は示している。

　また地域実践では、住民間に関係性をうみ出すにあたって、上述したように、問題解決的な学びにとどまらず、生活的学び、情動的学びは欠かせない。「実

践コミュニティへの参加を通して生起する学習」「状況に埋め込まれた学習」に
着目する状況的学習（レイヴ等 1993）やアート・音楽や祭りなどを活用した情動
や身体性を重視した学習（多田等 2013）は、そのことを浮かび上がらせている。
また地域にみる学びの循環は、学校での実践をも巻き込んでいく。教員・生徒
が地域での多様な学びに参加することをとおして、地域・学校のリソースをい
かし合った実践が地域に学校に生まれ、学校を含む地域全体で学びが循環して
いくことが想定される。また学校での系統的継続的学習を、問題解決的な学び
への方途として位置づけるなら、学校を含む地域全体での学習の関連を描き出
すことにも「学びの循環論」はつながっていく。

4．問いへの応答と残された課題

　上記に示したように、これまでの実践研究をとおして、地域における国際理
解教育のデザインに向けたいくつかの実践課題が浮かび上がってきている。こ
こでは、それらの課題をふまえつつ、平和の文化づくりと学びの循環に向けた
教育をデザインする上でのさらなる課題を、基本的な課題、方法的な課題、本
質的な課題として、大きく 4 点を示しておくことにしたい。

①教育に携わるすべての人間が、地域での多様な学びに気づき、その学びに
　開かれていること。

　人間は、多様な時に、多様な場で、多様な人間・ものから、多様なことを学
んでいる。大田堯は学習を「生命体がもっている自らを自らで変えていく力で
自らが変わること」（大田 2014：22-28）と捉えたが、学びは人間という存在に
とってもっとも本質的で基本的な活動である。そしてこの学びが多様であるな
ら、それらの学びをうみ出すための意図的な働きかけである教育も自ずと多様
になる。しかし学びの多様性への気づきがないと教育そのものが限定されたも
のになる。学校教育関係者は学校教育だけをみる、社会教育関係者は社会教育
だけをみるといった姿勢ではなく、すべての人間が、多様な学びに気づき、多
様な学びに開かれていることが、地域で、学校を含む地域で、教育をデザイン
する上での基本的な課題になる。

②学びの循環に向けて、実践コミュニティ・実践研究コミュニティをつくり
　出していくこと。

　実践コミュニティは、具体的な課題に応じて、地域に重層的に存在しうるものである。実践コミュニティ（community of practice）論としてはウェンガーらによるものが代表的であり、その論では実践コミュニティを「あるテーマに関する関心や問題、熱意などを共有し、その分野の知識や技能を、持続的な相互交流を通じて深めていく人々の集団である」（ウェンガー 2002 : 33）と捉えている。この実践コミュニティと既述した地域の機能は連動し合っているが、いかにして多様な実践コミュニティをつくり出すかという課題が、そして同時に、多様な実践コミュニティの関連のなかにいかにして実践研究コミュニティをつくり出すかという課題が重要になる。それは多様に存在する実践コミュニティの質を深め、活性化するには、地域の実践者、教員、NPO・NGO関係者、外部の研究者などから構成される実践研究機能をもつコミュニティを地域に、時に地域外に設定し、その実践研究コミュニティと多様な実践コミュニティをつなぎ、連動させることが重要であるということを意味している。このことは「学びの循環」において批判性・探究性を含む「問題解決的な学び」が学びの循環の軸になっていたこととかかわり、問題・課題・協働性によって生み出される多様な実践コミュニティのなかで、学びそして研究の質として批判性・探究性を含む実践研究コミュニティのもつ意味が、方法的な課題として浮かび上がってきているということでもある。

③学びの循環に向けて、地域でのコーディネーション機能・ファシリテーション機能を充実させること。

　地域の多様な実践コミュニティでは、それぞれの課題に応じて多様なアクターとリソースをつなぎ実践をつくり出すコーディネーション機能そしてコーディネーターの役割が重視され、その機能の充実に向けてコーディネーター研究そしてコーディネーター養成のプログラムも数多く生まれつつある（山西 2011）。地域実践のためのコーディネーション機能は、多様な課題を軸に、地域の多様なリソースを発掘しつなぐこと、地域の多様な学びをつなぐこと、地域の多様な実践コミュニティ・実践研究コミュニティをつなぐことなど、学びの循環に向けて、多様で重層的な意味をもつことになる。またコーディネーションにより地域の多様なアクターとリソースをつなぎ学びを循環させていく際には、それぞれの学びづくりへのかかわりとしてのファシリテーション機能も自ずと求められてくる。それはいわゆるワークショップのような場での狭い

意味での方法論的な機能に限定されず、課題を軸にした学びづくりに向け、地域にある多様なリソースや既存の学びを活用し、多様な方法・手法を開発するなかで、新たな学びづくりを協働で促進していくことを意味している（山西2009：13-16）。コーディネーション機能・ファシリテーション機能の充実は、地域での教育の充実に向けての重要な方法的な課題である。

④平和の文化を地域での多様な文化との関連のなかで探り、その構造を浮か
　び上がらせること。

　国際理解教育が平和の文化づくりをめざすのであるなら、その平和の文化の構造を文化の多様性のなかで示していくことは、国際理解教育にとっての本質的な課題として指摘できる。たとえばこの課題に対して、「平和の文化に関する宣言」にみられる「社会と国家のあらゆるレベルにおいて、自由、正義、民主主義、寛容、連帯、協力、多元主義、文化的多様性、対話、そして相互理解という原則をまもること」（平和の文化をきずく会編 2000：11）といった文言からその項目を取り出し、整理することは可能である。しかし「地域での課題」と「地域の機能」に即した「学びの循環」と「文化づくり」という視点から平和の文化の構造を探ろうとするなら、生活のなかでの地域実践に真摯に向き合い、多様な実践の根底にある多様な文化とていねいに出会い、それらを学びでつないでいくことが求められるはずである。そしてその過程で、地域の多様な文化と地域での持続可能な開発が示す公正の文化との関連、さらには全体としての平和の文化の構造が徐々に浮かび上がってくると考えられる。

引用文献

ウェンガー, エティエンヌ、マクダーモット, リチャード、スナイダー, ウィリアム・M 著、櫻井祐子訳 (2002)『コミュニティ・オブ・プラクティス』翔泳社

エンゲストローム, ユーリア著、山住・松下・百合草・保坂・庄井・手取・高橋訳 (1999)『拡張による学習―活動理論からのアプローチ―』新曜社

大島弘和・伊井直比呂 (2012)「ESD 実践のための地域課題探究アプローチ」『国際理解教育』Vol.18、82-89頁

大田堯 (2014)『大田堯自撰集成第2巻：ちがう・かかわる・かわる―基本的人権と教育―』藤原書店

小黒淳一・原瑞穂 (2018)「地域の未来を積極的に創造しようとする生徒の育成」『国際理解教育』Vol.24、13-22頁

小瑶史郎 (2016)「国際理解教育における『地域』の再考」『国際理解教育』Vol.22、23-32頁

多田孝志等 (2013)「感性的アプローチによる国際理解教育の実践研究の探究」『国際理解教育』

Vol.19、99-103頁

南雲勇多(2017)「地域実践研究のための学習・学び論の検討」日本国際理解教育学会研究・実践委員会編『特定課題研究「国際理解教育における教育実践と実践研究」報告書』日本国際理解教育学会、52-57頁

服部圭子(2010)「地域日本語教育からみる国際理解教育の課題」『国際理解教育』Vol.16、74-82頁

林加奈子・土田千愛・南雲勇多・山西優二(2020)「地域での学びと参加を生み出すアプローチ」日本国際理解教育学会 研究・実践委員会編『特定課題研究「国際理解教育の理念と方法を問い直す」報告書』日本国際理解教育学会、24-26頁

平和の文化をきずく会編(2000)『暴力の文化から平和の文化へ─21世紀への国連・ユネスコ提言─』平和文化

守友裕一(1991)『内発発展の道─まちづくり、むらづくりの論理と展望─』農山漁村文化協会

山西優二(2009)「開発教育の教師・指導者とは─ファシリテーターを深め、ファシリテーターを越える─」開発教育協会開発教育編集委員会編『開発教育2009』Vol.56、10-23頁

山西優二(2011)「多文化社会コーディネーターの専門性形成と協働実践研究の意味」『多文化社会コーディネーターの専門性をどう形成するか』(シリーズ多言語・多文化協働実践研究14)東京外国語大学多言語・多文化教育研究センター、4-14頁

山西優二(2014)「地域での持続可能な文化づくりと学び─開発教育と環境教育の実践的統一に向けて─」鈴木・佐藤・田中編著　阿部・朝倉監修『環境教育と開発教育─実践的統一への展望：ポスト2015のESDへ─』筑波書房、61-77頁

山西優二(2015)「国際理解教育と文化・地域・学び」日本国際理解教育学会編著『国際理解教育ハンドブック─グローバル・シティズンシップを育む─』明石書店、24-31頁

山西優二・村田敦史・南雲勇多(2017)「国際理解教育の地域実践研究─地域の学びに着目して─」『特定課題研究「国際理解教育における教育実践と実践研究」報告書』日本国際理解教育学会研究・実践委員会、49-70頁

山西優二(2017)「国際理解教育の地域実践研究─『学びの循環』『実践コミュニティ』『地域コーディネーター』に着目して─」日本国際理解教育学会研究・実践委員会編『特定課題研究「国際理解教育における教育実践と実践研究」報告書』日本国際理解教育学会、63-68頁

山西優二・横田和子等(2020)「難民問題から国際理解教育を問う」日本国際理解教育学会 研究・実践委員会編『特定課題研究　国際理解教育の理念と方法を問い直す　報告書』日本国際理解教育学会、4-37頁

山住勝広(2004)『活動理論と教育実践の創造─拡張的学習へ─』関西大学出版部

レイヴ, ジーン、ウェンガー, エティエンヌ著、佐伯胖訳、福島真人解説(1993)『状況に埋め込まれた学習─正統的周辺参加─』産業図書

United Nations General Assembly (2015) *Transforming our world : the 2030 Agenda for Sustainable Development*

コラム2

···

中国からみる日本の国際理解教育

姜英敏（ジャン・インミン）

　私が日本の国際理解教育に出会ったのは2003年のときである。中国教育部と日本文部科学省主催の大学教員海外派遣留学プロジェクトに選抜され、筑波大学の嶺井明子研究室で2年間お世話になることになった。初対面で嶺井先生が「ほら、これから一緒に国際理解教育をやりましょう！」と朗らかな声で勧めて下さった光景は今でも昨日のごとく鮮明に覚えている。当時中国は2001年のWTO加入に伴ってグローバル経済に編入するようになり、教育の領域でもさらなる改革開放が進められていた。様々な海外の思想や理念が急速に紹介されたが、国際理解教育は「国際教育」の枠で論じられていて、日韓の道徳教育政策を研究方向としていた私にとってそんなに馴染みのある概念ではなかった。あちらこちらの研究会や学会に導いて下さった嶺井先生のおかげで私は国際理解教育の世界に足を踏み入れ、日本国際理解教育学会とも17年の深い縁を結ぶようになった。現在まで私はほぼ毎年のように学会の研究大会に参加し、恐縮ながら学会のプロジェクト研究や本の執筆にも参加させていただいた。このような経験は、一外国人の私に日本の国際理解教育の発展の軌跡を身をもって体験し、学習する機会を与えてくれた。そして個人の経験ではあるものの、現在中国で急速な広がりをみせている国際理解教育に少しでも示唆を与えられればと思っている。

1　日本国際理解教育学会の結束力

　私が日本に来たばかりの2003年、日本国際理解教育学会の学会紀要『国際理解教育』では第5回「教育懇談会」欄で天城勲先生がご自分と国際理解教育とのかかわりを語られた。前4回はそれぞれ天野正治、米田伸次、千葉杲弘、中西晃先生がインタビューに応じられていたが、それを読んでいると日本の国際理解教育史のパノラマが広がるような感じがした。学会のこの企画のお陰で天城先生の「国際理解教育の基本概念としての『国』

を問う」（天城2000）や、米田先生の「国際理解教育と人権に関する一考察―世界人権宣言50周年に寄せて―」（米田1998）を拝読する際にも先生方の観点をより立体的に読みとくことができた。それ以来常に感心することだが、日本国際理解教育学会は学会レベルで研究や実践活動を企画し、力を合わせて成果物を出す伝統を守ってきた。代表的なのが学会の研究・実践委員会が定期的に行う研究プロジェクトや、それをベースに完成した『グローバル時代の国際理解教育』（日本国際理解教育学会編 2010）、『現代国際理解教育辞典』（日本国際理解教育学会編 2012）、『国際理解教育ハンドブック』（日本国際理解教育学会編 2015）などの著作物である。これらの著作はそれまでの研究成果を振り返り、問題意識を共有する上で大変意味のあるものだと思われる。そして、2007－2010年米田伸次会長時代に企画され、大津和子会長時代に学会をあげて実行された「日韓中の協働による相互理解のための国際理解教育カリキュラム・教材の開発」プロジェクトや、2014－2018年の「日中共同『異己』理解・共生授業プロジェクト」、そしてその延長線上にある2018－2020年の中日韓プロジェクトのような三ヶ国の国際理解教育の歴史に残る企画はこの学会だからこそ実現できたものである。日本の国際理解教育が現在まで長足の生命力をもち、絶えず素晴らしい研究や実践の成果を蓄積してきたのは学会の強い結束力が一番の要因なのではないかと思われる。

2　変革するもの、継承するもの

　ユネスコがめざす国際理解教育はトランスナショナルな性格をもつため、各国の教育に定着する際、ナショナリティとの緊張を避けられない（嶺井1996）。すなわち、各国の現実課題を除外した国際理解教育はありえなく、国内関連問題を解決する使命をも担うことになる。このような特徴は国際理解教育と国際・グローバル対応教育との境界を混淆させ、緻密な概念整理が難しくなりがちである。特に国際化が台頭し始めた1980－1990年代はその課題が鮮明に現れる時期であった。日本の国際理解教育は1980年代の「多元・多様化による混乱や混迷」、1990年代の「グローバル教育との統合」（佐藤 2001）の段階を経ながらその問題について議論を重ねた。その間異文化間教育学会、グローバル教育学会、開発教育協会などの学会や団体が創設され、共通点を保ちつつ異なる問題意識をもった学会に成長してきたが、国際理解教育はその過程を経て一層ゆらぎのない道を歩むこ

とができたと思われる。グローバル化が本来の幕を上げた21世紀には、永田佳之先生のようにユネスコ ESD 理念を日本の教育現場に定着させようと、ホリスティックな学校づくりに力を入れる場合もあれば、森茂岳雄、中山京子先生のように国内問題に着目し、移民・外国人定住者との共生を考える多文化共生教育を広げてきた場合もみられた。

　中国では2010年に公表された「国家中長期教育改革と発展企画要綱（2010 − 2020）」をきっかけに国際理解教育が急速に広がるようになったが、国民アイデンティティの形成、外国理解、国際競争力の育成、グローバルコンピテンシーの涵養、持続可能な発展教育など多重の使命が負荷され、学校現場にかなりの混乱をもたらしている。その意味からしても上述した日本の経験は中国における国際理解教育の境界や研究範疇を整理するにあたって貴重な参考となるといえよう。

3　理論と実践をつなぐ意味

　2013年日本国際理解教育学会の理論、実践研究委員会が統合され、「国際理解教育における教育実践と実践研究」をテーマに共同研究を始めたのは記念すべきことである（嶺井 2014）。実践委員会と研究委員会はそれぞれの問題意識、文脈と特徴をもっており、多田孝志前会長代表の「グローバル時代に対応した国際理解教育のカリキュラム開発に関する理論的・実践的研究」（2003 〜 2005）プロジェクト報告書が実践編と理論編に分けられていたのを覚えている。10年の歳月を経て理論と実践研究が幅を縮ませ、つい合体にまで至ったのは大変大きい成果とみられる。

　理論と実践の結合は中国でも大きな課題である。国際理解教育は既存の学校カリキュラムとは異なって指導要領や教科書があるわけでもなく、長い間教育実践が積み重ねた教科でもないので、研究者と実践者が力を合わせて理論と実践を開拓していくことが喫緊の課題とされている。私もここ十数年間小中学校の国際理解教育教育にかかわってきたので、その難しさと切迫性を痛感している。

4　中国とのつながり

　2005年５月、中国各地で反日デモが広がるなか、日本国際理解教育学会は私の在職している北京師範大学国際比較教育研究院と共同で中日国際理解教育セミナーを開催し、真の意味での平和教育を実行した。米田伸次

会長、田渕五十生先生をはじめとする14名の会員の方がデモ真最中の北京に足を運び、初めて中国の教育界に日本の国際理解教育の事情を伝えたのである（釜田 2006）。それから2001年、2019年など同研究院で国際理解教育シンポジウムが開催されるたびに大津和子先生、森茂岳雄先生、藤原孝章先生をはじめたくさんの先生方に出席していただいた。さらに、2014年より学会の国際委員会の永田佳之、釜田聡先生が担当して始まった「異己」理解・共生授業開発プロジェクトでは中日の大学や小中学校の教員たちが顔を合わせて共同授業を開発し、現在は韓国を含む三ヶ国の共同開発体制になっている。このように日本の国際理解教育はユネスコ理念のもと数多くの理論と実践の実践を蓄積した経験を、中国の国際理解教育の発展に寄与し、大きな力を寄せてくれたのである。

5 日本国際理解教育学会とのかかわりを振り返って

日本国際理解教育学会の会員一人ひとりなくして日本の国際理解教育はありえない。この17年間を振り返ってみると、私にとって日本国際理解教育学会は、2003年北京に残してきた1歳の娘を思うあまり茫然としているとき「ジャンさん、中国には2千年の歴史と伝統があります。そこから考えた国際理解教育の哲学はなんでしょう？」という質問で私の魂を揺さぶり、「異己」理解論の種を植えて下さった米田伸次先生であり、2007年札幌で開かれた日韓中教材開発ワークショップの現場で、「お返し」をめぐる対話授業を考案している私たちチームを一瞬みただけで「イラストで表した方が三ヵ国の子どもたちに理解しやすいんじゃないでしょうか？」と鋭く解決策を提案して下さった大津和子先生であり、中国の現場の要請があるたびに条件を問わず応じてくれて「『子どもの権利条約』をテーマに権利を議論するなら義務も討論した方が子どもたちの考えがさらに深まるのではないか」などなど暖かい激励と適切な指摘で教員たちを指導して下さった森茂岳雄先生であり、ユネスコ地球市民教育に確固たる信念をもちながら、なぜ新著のなかで国際理解教育をグローバル教育の枠で説明したのかという私の質問に直接答えず、モナリザのような奥深い微笑みを見せて下さった藤原孝章先生である。そして、色々とわがままを言いご迷惑をかけるばかりの私に対して数年間も自ら「異己理解」を実践し、日中、日中韓「異己」理解共生プロジェクトを仕切っている釜田聡先生と、研究チームの皆様である。名前を数えきれないが、その一人ひとりの先生

方が日本の国際理解教育を担っている限り、私はみんなに会える研究大会を毎年心待ちし、新しい進展を期待するだろう。

　ただいま暴虐をふるっている新型肺炎はこれまでの世界情勢を大きく変えるだろうと政治学者たちは言う。新自由主義や経済のグローバル化に対する反省から、各国でナショナリズムがさらに台頭し、世界平和を脅かす結果にまで至ってしまうのではないかの懸念も少なくない。現在日中韓で続けられている異己理解・共生プロジェクトがポスト新型肺炎時代の課題解決に一抹の突破口となれればと願ってやまない。

　日本国際理解教育設立30周年に際し、学会のさらなる繁栄を祈念する。
　最後になるが、数多くの思い出を残し、庚子年（2020年）早々他界された渡部淳先生に哀悼の意をささげておきたい。国際理解教育理論研究の代表者の一人でありながら、初心者の私の愚かな質問を厭わず、いつも知恵に満ちた答えを下さった先生に心より感謝を申し上げる。

引用文献

天城勲 (2000)「国際理解教育の基本概念としての『国』を問う」『国際理解教育』Vol.6、6-18頁

釜田聡 (2006)「中国国際理解教育研究大会—日中シンポ—グローバル時代における国際理解教育」『国際理解教育』Vol.12、166-179頁

佐藤郡衛 (2001)『国際理解教育—多文化共生社会の学校づくり—』明石書店、23頁

日本国際理解教育学会編 (1998)『国際理解教育』Vol.4、22-44頁

日本国際理解教育学会編 (2010)『グローバル時代の国際理解教育—実践と理論をつなぐ—』明石書店

日本国際理解教育学会編 (2012)『現代国際理解教育事典』明石書店

日本国際理解教育学会編 (2015)『国際理解教育ハンドブック—グローバル・シティズンシップを育む—』明石書店

嶺井明子 (1996)「ユネスコ74年勧告と日本の国際理解教育の課題」『国際理解教育』Vol.2、29頁

嶺井明子 (2014)「国際理解教育における教育実践と実践研究」『国際理解教育』Vol.20、91-95頁

米田伸次 (1998)「国際理解教育と人権に関する一考察—世界人権宣言50周年に寄せて—」『国際理解教育』Vol.4

第 3 部

国際理解教育の
現代的課題に応える

第11章

多文化教育としての国際理解教育の授業は
どうあるべきか

森茂岳雄・太田　満

1．なぜこの課題を問い直すか

　戦後、国際理解教育はユネスコ協同学校を中心に、①国連学習、②他国理解、③人権問題を主な学習テーマとして展開されてきた。しかし、1990年代以降のグローバル化とそれに伴う一国内一地域内の多文化化の進展のなかで、国際理解教育は次の二つの新しい課題と向き合うことになった（森茂 2010：64-65）。

> 　1．地球的な規模での政治的、経済的、社会的、文化的相互依存関係、及び人権、環境、平和、開発等の地球的課題の理解と、地球システムの一員としての地球市民意識の形成。
> 　2．国内外の民族的・文化的多様性の尊重、保護、及び文化間の相互理解を促進し、それら多様な文化間の差別や対立を克服し、平和的共生に向けての受容的価値や態度の形成。

　従来、前者を課題とする教育は、「グローバル教育」「地球市民教育」「ワールド・スタディーズ」といった名前のもとに、また後者を課題とした教育は、「多文化教育」「多文化共生教育」と呼ばれ、実践されてきた。このようにこれまで上記の二つの教育課題は、別々の文脈のなかで語られ、実践されてきた。

　日本国際理解教育学会（以下、「学会」と略）は、2003年から2005年にかけて学会の総力を挙げて科学研究費補助金を得て「グローバル時代に対応した国際理解教育のカリキュラム開発に関する理論的・実践的研究」を行った。そこでは、

それまで日本で取り組まれてきた国際理解教育の先行実践の検討をとおしてその概念を再確認し、その独自の目標を明確にするとともに、四つの学習領域とその内容を設定した。その学習領域の一つに「多文化社会」が設定され、その内容に「文化理解」「文化交流」と並んで多文化教育の中心的課題である「多文化共生」が設定された。

その背景には、グローバル化と多文化化の連動によって身近な地域に様々な文化的背景をもつ人々が増加している今日、身近な異文化の理解と共生について考えることは、その背後にある世界の様々な文化の理解やそれとの共生につながるとの認識からである。また多文化教育の目標・内容に含まれる、差別の軽減（人権）や異文化間の平和的共存（平和）は、学習領域「地球的課題」の目標・内容と関連しており、グローバルな問題をローカルな視点から考えられる格好の学習を提供してくれるからである。

そこで本章では、上述した二つの国際理解教育の課題を接続、包括する多文化教育実践の意義と課題を問い直す。

２．多文化教育としての国際理解教育に関する学会の研究成果

学会紀要、および学会が編集した出版物には、特に2010年以降多文化教育や多文化共生に向けた教育についての多くの研究成果が掲載されてきた。それらは、大きく（１）実践的研究、（２）理論的・分析的研究、（３）調査研究、（４）外国研究の四つに分類できる。

（１）は、授業を構想・実践し、その成果や課題を考察するものである（田尻 2000、中山 2003、織田 2009、2010、南浦 2011、太田 2016、西原 2017、西村 2018、山田 2019）。（２）は、実践の基盤となる理論の検討（吉田 2013）、特定の理論や研究方法にもとづいた観察者による実践の分析（福山 2003、松井 2019）、および実践に向けての学習内容の構成の視点や教材の可能性についての提案するもの（田渕 1999、磯田 2009、森茂 2010、ギルデンハルト 2017）が含まれる。（３）は、多文化地域における外国人との交流や日本人の異文化観（大島 1996）、および日本の学校と朝鮮人学校の交流の現状（木之下 2001）を質問紙調査によって明らかにしたもの。（４）は、諸外国の多文化教育のカリキュラムや教科書、授業実践の検討をとおして日本の国際理解教育への示唆を論じたもの（セルビー 1996；全

般、磯田 2000；アメリカ、中山 2003；ドイツ、坪田 2008；カナダ、鶴見 2010；中国、橋崎 2010 ヨーロッパ評議会、桐谷 2011；アメリカ、坂出 2013；イギリス）がある。

　その他、学会が行った多文化教育に関する研究活動として、2006年度の「地域にみる多文化化と国際理解教育」をテーマにした教育実践研究会報告（山西 2007）、および 2008 年に富山大学において行われた第 18 回研究大会の公開シンポジウム「学校の中の多文化共生」（田尻 2009b）の成果報告、および『国際理解教育』Vol.24（2018）で「『移動する子どもたち』と国際理解教育」の特集が組まれた。

3．分析枠組

　1970 年代から 80 年代にかけて欧米の移民国家で提唱され展開されてきた多文化教育は、民族、言語、年齢、ジェンダー、性的指向性、障がい、宗教などあらゆる集団に属する人に対し平等かつ公正に教育がなされるべきであるという理念のもとに発展してきた。しかし実際の授業においては、主に集団間の文化的多様性や差異の理解に焦点が当てられ、文化的マイノリティに対する差別や抑圧、またそれが生み出される構造については見過ごされがちであったことが指摘されてきた。学校現場では誰にでも受け入れやすい、いわゆる 3 Ｆアプローチと呼ばれる食べ物（food）、服装（fashion）、祝祭日（festival）などをテーマにした脱政治化された異文化の表面的な理解に終始する授業実践も多くみられた。そのような傾向に対し、1990 年代に入ると、批判的人種理論やホワイトネス研究の影響を受け、文化間の偏見や差別を軽減し、社会正義に立ったより平等で公正な社会の実現という多文化教育の本来の目的にむけた理論と実践（社会正義のための教育）が模索された（森茂・青木 2019：18）。

　スリーター（C. Sleeter）は、内外の多文化教育に関する言説や議論の検討をとおして、グローバル化された文脈における多文化教育を、その強調点（文化－公正・正義）を縦軸に、パースペクティブ（国内－グローバル）を横軸に、次の四つの象限に分類し（**図11-1**）、それがカリキュラムや授業実践に対してもつ意味について論じている（Sleeter 2018：23-24）。

　Ａは、従来からの多文化教育のもっとも一般的な考え方に立つもので、多文化主義を思想的基盤に一国内の文化的多様性を強調し、その差異の承認をとおして国民統合をめざすものである。授業においては文化間の類似性や差異性

図11-1　グローバル化された文脈における多文化教育の分析枠
（Sleeter 2018：24の枠組みを使って筆者作成）

に関する学習（異文化理解学習）や、多様な文化的背景をもつ児童生徒との交流学習などが行われてきた。

　Bは、国内の多様性というよりも多様な背景をもつ児童・生徒（日本の場合、外国につながる児童・生徒）の出身国の文化的多様性の学習に重点が置かれるという点でAとは視点を異にする。しかし、一国内の文化的多様性は、その背景にある出身国の文化的多様性と連動しているため、AとBを明確に区別することは難しい。また他国理解において、多様な視点から事象を学習する実践もこの分類に含まれる。

　Cは、文化的多様性というより公正や正義の概念が強調される。授業実践においては、民族、性別、出身国、障害などの集団間の権力関係に焦点をあて、マジョリティ集団の制度化された抑圧に挑戦し、マイノリティ集団と協同した差別や偏見への抵抗に向けた活動が取り入れられる。

　Dは、今日のグローバル化の進展のなかで起きている地球規模の経済的な従属関係と差別構造の解消に向けて、国境を越えて正義のために働くことのできる世界的連帯を築くことを目的としている。そのために授業実践においては、「グローバルな正義（global justice）」の実現に向けた活動が取り入れられる。

　日本においては、上記の分類のうち、B、Dについては、これまで主にいわゆる国際理解教育や、グローバル教育、開発教育、持続可能な開発のための教育 (ESD) の文脈の中で研究・実践されてきた。また日本では、従来多文化教育を国内における多文化の共生に向けた取り組みと考え、そこにおいては主に文化的多様性の理解に焦点があてられたが、公正や正義に焦点をあてて抑圧や差別への抵抗といった視点からの取り組みはあまり行われてこなかった。これまで一国内の多文化共生に焦点があてられてきた多文化教育をグローバルなパースペクティブをも含んで分類した枠組みは、多文化教育としての国際理解教育の理論や実践を分析する枠組みとして有効である。ここでは学会が積み重ねてきた（1）、（2）に分類される研究成果をこの図の分類に当てはめてみると**図11-1**のようになる。

　以下、本節では、以上の研究成果のなかから（1）実践的研究を取り上げて検討する。

4．多文化教育としての国際理解教育実践

4.1.　文化的多様性の理解と共生をめざした実践

　まず、**図11-1**のAに分類される実践として次のものがあげられる。

　（1）織田（2009b）は、中学校2年生の社会科（地理的分野）の日本地理の学習のなかで「多みんぞくニホン」と名づけられた単元開発を行った。本実践は、生徒自身や身近な人が外国にルーツをもつことの楽しさや大変さに気づき、お互いの違いを認めて、尊重し合う社会をめざす取り組みを知り、参加に向けての態度を養うことをねらいとしている。本実践では、多くの生徒が国立民族学博物館の「多みんぞくニホン」をテーマにした特別展の見学や、南京町やコリアタウンの現地調査に出かけた。この学びをとおして、「多様な文化を背景に持った人々と出会って自分が変化したり、公正とはいえない社会の現実に目を開かれることもあった」と述べているように、文化的多様性の理解が社会の公正さの気づきにつながった実践である。

　（2）磯田（2010）は、高等学校芸術科（音楽）の授業において、在日コリアンが多く暮らす京都市南区東九条で毎年開かれるお祭り「九条マダン」でサムルノリを演奏している二人の在日コリアンとコンサートを企画・実施することを

最終目標に、彼らとの交流・協力を特色とした実践を行った。コンサートの準備として、日本人生徒と在日コリアンの音楽の担い手がお互いに紹介したい日本の音楽、韓国・朝鮮の音楽を選択し、それについて調べたり観賞したりし、実際のコンサートではそれを演奏しながら、それぞれの音楽について解説した。この実践をとおして、在日コリアンの人々にとってサムルノリを演奏することが韓国・朝鮮出身であるという民族性を取り返すことであり、自己解放の手段であることを学んだ。

（3）南浦（2011）は、小学校の歴史学習実践をとおして、複数の文化をもつ外国人児童のための授業づくりに必要な視点をとおして探った。本実践では、「二つの文化の間を行き来し、交流した人物」として鑑真の物語を用いて、外国人児童に「文化間移動した歴史上の人物の異文化葛藤」「人物の文化間移動への気づき」「人物の葛藤解決」を視点とした物語の解釈を行う実践を試みた。本実践をとおして、人物の選定や異文化間の葛藤や解決場面は、外国人児童にとって自身の移動先と移動後を連関させて考える歴史授業の試みとして功を奏したとしている。本実践的研究をとおして、「得られた視点や方法論は、教室のメインストリームたる日本人の子どもたちにとってもまた重要で」あり、「多文化教育的視点の授業づくりへの示唆を持っている」と結論づけた。

（4）太田（2016）は、小学校国語学習のなかでアイヌの昔話をどう取り上げるとよいかを考察し、昔話の学習を国際理解教育としての学びにいかに転換するかを明らかにしている。これまでの実践では、アイヌの昔話はそれだけで取り上げられるか、民族文化としての違いが見えないように扱われてきた。この現状を克服するためには、アイヌの昔話を民族的マイノリティの言語文化として取り上げるという多文化教育の発想が重要だとしている。本単元の実践をとおして、「マジョリティの文化に依拠した『国語』教育から多様性を重視する『ことば』の教育への転換が図られた」として、ここに昔話の学習を国際理解教育の学びに転換する視点としての多文化教育の発想の意義を見出している。

（5）西原（2017）は、大学の海外研修中止を受けて実施された国内での代替プログラムにおける学生の変容を分析し、このプログラムが本来の研修の目的であった異文化間コミュニケーション能力の育成に近づくことができたかを検証した。本実践をとおして、バイラム（Byram, M.）の言う「異文化間話者」の育成に一定の効果をもたらしたとしている。しかし西原自身が述べているように、

多文化教育の役割である多様な価値観を内包する社会をより公正にする行動を起こすために必要な「知識」「態度」「スキル」が育成されたかについては、今後の継続的な研究が必要としている。

　次に**図11-1**のＢに分類される実践として次のものがあげられる。

　（6）田尻（2000）は、高等学校の地理歴史科（世界史Ｂ）の単元「大航海時代の接触と交流」の学習において、「生徒が複眼的な（特に先住民の）視点から15・16世紀の世界を再構成し、文化的差異についての相互認識の原則を認識すること」を目的に実践を行った。実践の最後に課した課題レポートの分析をとおして、本実践の「グローバルな問題には多様な解釈や見方が存在することを学ばせる」という目的は概ね達成できたとしている。世界史の事象を多文化主義の視点で再構成し、それを日本の先住民問題につなげて学習した点に特色がある。

　（7）中山（2003）は、従来の国際理解教育は主としてその視点は他国に向けられ、それに対して多文化教育ではその視点は国内の多文化に向けられてきたとしながら、多文化化が進展する今日の社会に生きる子どもの思考は、異文化に興味をもって主体的に追究するとき、このような学問の境界の枠組みを超えて自由に行き来すると指摘した。その仮説に立って、小学校の総合学習「ワールドカルチャー―劇と展示をつくろう―」の実践を事例に、国際理解教育と多文化教育のインターフェイスの意義と可能性を探った。この実践から、子どもの思考レベルでは、国際理解教育と多文化教育が分かち難く連続していることがわかった。

　（8）山田（2019）は、外国にルーツをもつ児童等、多様な背景をもつ子どもが学ぶ公立小学校において、小学校低学年段階から実践できる多文化共生教育の実践をとおして、グローバル社会に生きる資質・能力を育む教育の可能性を明らかにした。具体的には、小学校１年生の生活科と道徳の時間枠を使って行われた単元「ともだちのくにってどんなくに？」において、在籍している外国人児童に関係する国を取り上げて、友達の文化に着目した他国理解の学習が行われた。この実践をとおして、「友達の文化を身近に感じたことで多様な文化に対する興味が高まり、その違いを肯定的に捉えられるようになった。また、クラスの多様性に気づき、それを誇りに思う気持ちが育った」としている。本実践は、マイノリティの外国人児童のアイデンティティの確立や自文化への肯定感の育成をめざすだけではなく、マジョリティの日本人児童の多様な文化に

対する意識変容をもめざしたものであった。

4.2.　公正・正義の実現に視点を置いた実践

（9）織田 (2010) は、（1）の実践で課題になった社会の公正の実現を意識して、その後中学校の社会科と総合的な学習の時間を使って、「多みんぞくニホン」をテーマに、社会的弱者である在日外国人との連携可能性の活動につながる実践を構想した。本実践では、多文化集住地域や関連施設への現地調査をとおして、異文化を背景にもつ人と共に織り成す社会の豊かさを実感するとともに、在日外国人には日本国籍がないことで保障されていない権利があることを知り、その権利が当事者と連携する運動などをとおして徐々に改善されてきたことから、社会を変えられることを認識することがめざされた。マイノリティである在日外国人に保障されていない権利があることを知ることは、マジョリティである日本人の特権性に気づくことでもあり、社会の公正や正義の実現に向けた実践であるといってよい。

（10）西村 (2018) は、小学校の全校行事とし10年間にわたって行った「コリア Day」、および総合学習にも絡めて日韓問題の歴史的焦点である「韓国併合」についての実践を行い、「共生」のための「対話」としての歴史学習を提唱した。「コリア Day」における在日コリアンの保護者、朝鮮学校の先生等々との交流をとおして、韓国・朝鮮や在日コリアンに対して無知だったり偏見をもっていたりした子どもや親たちが認識を変容させ、友好を深めていきたいという気持ちを高めていくことができた。また、「韓国併合」をテーマにした学習では、学習のまとめともいえる学芸会で、過去の朝鮮人や支配者である日本人を演じることをとおして、子どもたちは在日コリアンの歴史と向き合い、そのなかで生きた人々との対話によって「もう一つの歴史」の存在に気づいた。本実践は、自国の負の歴史に目を閉ざしてきたこれまでの歴史学習に対して正義の視点から再構成を迫ったものであった。

5.　国際理解教育実践としての移民学習

身近な地域の共生に向け、自身の価値観や意識の変容につなげることは、世界の様々な文化の理解や異文化との共生につながる。このグローバルな視点と

ローカルな視点をつないで構想、実践できる象徴的な題材が「移民」である。本学会では移民をテーマとした実践研究が積み重ねられてきた。本節では、国際理解教育の授業のなかで、移民学習がどのように実践されてきたのかを明らかにする。『現代国際理解教育事典』でも指摘されているように、移民を定義することは難しいが、ここでは「国外移民（異なる国家間の移動）」（小林2012）に着目する。また、ここで取り上げる移民学習とは、森茂（2016：187）のいう「移民と移民を受け入れる側の共生に向けた『相互理解のための教育実践』」であり、「移民についての教育（移民学習）の研究と実践」である。そこでまず、国際理解教育の文脈で移民学習を包括的に論じた森茂・中山編（2008）などから、移民学習論を整理する。次に、本学会の2009年度〜2011年度の科研プロジェクト（研究代表者：大津和子）として進められた、移民をテーマとする共同開発研究の成果を整理する。その上で、本学会紀要『国際理解教育』第25号までの移民学習研究を整理し、それぞれの特色や意義を述べる。

5.1.　森茂・中山らの移民学習論と実践

　移民学習は、藤原（1994）など比較的早期に取り組まれた実践もあるが、先行研究を整理してその意義を論じた実践研究に、森茂・中山編（2008）がある。それによると、移民学習の意義として「グローバル教育と多文化教育をつなぐ」、「多文化社会におけるシティズンシップを育てる」、「国際理解教育における本質主義を乗り越える」があげられた。森茂・中山（2011）では、これらに加え、「移民（児童生徒）のアイデンティティを確認する」が示された。計4つの教育的意義は、移民学習の内容構成や授業づくりの視点でもある。森茂・中山による移民学習実践のきっかけの一つは、ロサンゼルスにある全米日系人博物館の巡回展示である。同展示にはアメリカ人児童生徒を対象とする「教育キット」が作成されていたが、これを日本の文脈に合うよう、日本の学校で実践可能なものに作りかえ、小学6年生（那覇市立城東小学校）を対象に単元の開発と実践が行われた。これを皮切りに、グローバル教育と多文化教育をつなぐ単元全体構想と具体的展開事例（小学校高学年から中学生対象）が開発された。それが、単元「ハワイに渡った日系移民—弁当からミックスプレートへ」（全9時間）とその実践である（森茂・中山 2009a,b、織田 2009a 参照）。この一連の研究のなかで、移民学習で使用できる教材として、以下のものがあげられた（森本・森茂 2018：23-24）。

・実物教材（農作業着、プランテーションで使用した弁当缶、楽器、生活用品など）

・読み物教材（移民をテーマにした児童図書、インタビュー、漫画など）

・映像教材（移民の日常生活や出来事を記録した写真、記録映像、映画、アニメなど）

・音声教材（移民先に持ち込んだ、あるいは移民先で創作した歌など）

・紙芝居（移民や日系人をテーマにした紙芝居）

・カルタ（移民や日系人をテーマにしたカルタやカード）

・シミュレーション教材（シミュレーションゲームや移民双六）

・ワークシート教材（博物館等が学習の補助資料として作成しているもの）

・アウトリーチ教材（実物教材や教材の解説、学習活動案例等をパックしたもの）

　森茂・中山編（2008）には、小学校から大学までの14の授業実践（一部構想含む）が紹介されている。この他、海外移住資料館や移民系博物館における教員研修のプログラムが開発・実施されており、教員が各学校で移民学習を進めたり、研修会を運営したりする上で参考となるモデルを示している。森茂・中山編（2008）に示された実践の特色は、（1）博物館との連携のなかで取り組まれ、学校においては様々な教科・領域で実践が行われたこと、（2）小学生から大学生、社会人に至るまで幅広い対象者に向けた教材や授業が開発されたこと、（3）日系移民という共通テーマのもと多様な実践が展開されたこと、である。本実践は、移民学習の授業をどう構想・実践してよいかわからない、などの教員の声に応じる形で具体的に実践内容を示し、理論と実践の両方を明らかにした点に意義がある。

5.2.　「移民」をテーマとした日・韓・中の共同開発研究

　2007年に学会の第17回研究大会に合わせ、日本・韓国・中国による三カ国教材開発共同ワークショップが札幌で開かれた。これを出発点に「食文化」「家族関係」「人の移動」をテーマとする共同開発研究が始まり、「人の移動」については、「移民」と「旅行」分科会が設けられた。その「移民」分科会の実践研究の成果に、森茂・中山（2014）が示した大単元「人の移動」の内容構成（**表11-1参照**）がある。

　また、この大単元を受けて、「日本・韓国・中国から海を渡った移民の出会

表11-1　大単元「人の移動」の内容構成（森茂・中山 2014：63をもとに筆者作成）

過　程	テーマ	トピック（問い）
導　入	なぜ人々は移動するのか？	1　なぜ人々は移動するのか？ 2　なぜ在日コリアン・中国人が日本にいるのか？
展開1	どんな移動があるか？	A　なぜ日系人／コリアン系／中国系がハワイにいるのか？ B　なぜブラジル人が日本／韓国にいるのか？
展開2	人の移動がもたらすものは何か？	E　人の移動によってどのような文化変容がもたらされるのか？ F　人の移動によってどのような社会問題が起こっているのか？
まとめ	多文化共生に向けて何をすべきか？	私たちは多文化共生に向けてどのように社会をよくすることができるか？

い―ハワイプランテーションの世界―」（小学生版）と、「『移民』から考える―日韓共通読み物資料の活用―」（中学生・高校生版）の単元が開発された。そして後者は、日韓両国で実践された。

　本実践の特色は以下三つある。（1）日本と韓国の研究者・教育者が共同で単元を開発し、日韓双方の学校で実践を行ったこと、（2）実践では、外国の移民についても取り上げ自国の移民との共通点を考えさせたこと、（3）本国帰国者二世、三世の考え方を知ることで、アイデンティティのあり方を考えさせたこと、である。実践にかかわった生徒および教員の感想から、本実践には次の意義が見出せる。第一に、一国史観を超えて、グローバルヒストリーとしての移民学習を実現したこと、第二に、生徒だけでなく、移民学習を教える教師自身も他国に対する見方に変容がうまれたことである。

5.3.　学会紀要にみる「移民」の授業実践

　ここでは、本学会紀要『国際理解教育』における「移民」の授業実践にかかわる特色と意義を述べる。学会紀要『国際理解教育』の第25号（2019年）までに掲載された論文で、「移民」の授業構想および実践にかかわるものは2編ある（田尻 2005、太田 2014）。

　田尻（2005）は、移民学習が日本人移民の問題に集中していることなどを指摘し、アメリカの中国人移民問題を取り上げた移民史学習の意義を示し、単元「大陸横断鉄道と中国人移民」を開発した。田尻の授業構想の特色は、移民史学習の方法として、構築主義の視点からの図像史料の活用（メディア・リテラシー

の学びを取り入れた授業実践）を提案したことである。本授業構想の意義は、国民史を超えたグローバルな課題としての移民史学習を提言したことである。

　太田（2014）は、森茂・中山らが提言する日系移民学習論にもとづく問題意識の下、小学校3年の単元「多文化社会に生きるわたしたち」を開発・実践した。本実践の特色は、中学年児童に身近な移民学習教材を提示し、日常的文化のハイブリディティに気づかせるようにしたこと、児童が多文化共生に取り組む人々と出会う場を設定したことなどである。本実践の意義は、日系移民学習による日系移民児童の自尊感情の高まりを明らかにし、小学校中学年児童が文化的な本質主義を乗り越えられることをたしかめたことである。

6. 問いへの応答と残された課題

　前述したように、2010年以降、国際理解教育実践のなかで「多文化共生」をテーマにした多文化（共生）教育関係の実践が多くみられるようになった。その理由として、日本国際理解教育学会による「グローバル時代に対応した国際理解教育のカリキュラム開発に関する理論的・実践的研究」の成果をもとに、国際理解教育のテキストとして『グローバル時代の国際理解教育─実践と理論をつなぐ─』（2010年）が出版され、そのカリキュラムの「学習領域」の一つに「多文化社会」が、またその内容に「多文化共生」が設定されたことが大きい。

　従来、国際理解教育のテーマの一つとして「他国（他文化）理解」が取り上げられてきたが、その多くの実践では、文化的多様性の理解と受容をねらいとしたものがほとんどで、文化間に存在する権力関係や抑圧構造の理解をとおして、公正な社会や社会正義の実現に向けた行動の育成をめざす実践はほとんどなかった。近年、このような課題意識に立った実践も少しずつみられるようになってきている。

　また近年、多文化共生を志向した実践は、マジョリティの日本人児童生徒を対象とした実践だけでなく、在籍するマイノリティの外国人児童に対する授業実践（外国人児童生徒教育）から国際理解教育への示唆を得たり、外国にルーツをもつ児童の出身国を取り上げて共に学ぶことをとおして日本人児童の他国に対する意識の変容をねらったりする実践も現れてきている。

　今日の多文化教育は、スリーターの研究にあるように（Sleeter 2018）一国内、

一地域内の多文化共生の問題を超えてグローバルな問題をも実践・研究の射程に入れてきている。その意味で、多文化教育としての国際理解教育は、冒頭に述べた二つの課題に向き合う可能性を秘めている。そして、その二つの課題に向き合える題材の一つが「移民」であることが、これまでの実践研究から見えてきた。田尻 (2005 : 12-13) は、「本来グローバルな課題として扱うべき移民史学習が国民史に包摂されてしまうおそれから、移民史学習で取り上げる地域や民族の多様化を図ることが重要」と指摘しているが、前述の日・韓・中の共同開発研究は、その指摘を乗り越え、移民学習が国境を越えて展開された先駆的事例である。今日のグローバル化の進展のなかで、人の移動をめぐる問題は顕著な社会現象となっており、多文化教育としての国際理解教育の授業においては、移民学習の進展がさらに期待される。

　最後に、これからの移民学習のために、二つの課題を指摘しておきたい。第一に、移民学習の内容をさらに検討することである。たとえば、移民学習で取り上げられる地域としては、ハワイや北米、南米が多く、アジアを含めた諸地域の移民学習実践が求められる。また、移民学習では「移動する（した）人」を中心に学習内容が構成されているが、現実世界には「中国残留」のように、「移動できなかった／できない／しない人」が存在する。残留や抑留、留用などに着目した教材開発が求められる (太田 2019)。第二に、幼児対象の移民学習を検討することである。今日の幼稚園・保育園には、外国にルーツをもつ園児が在籍しているケースが少なくない。異文化に対する偏見は幼児期においても生じるため、幼児教育における移民学習の実践とその研究は今後の課題である。

引用文献

磯田三津子 (2000)「MENC（全米音楽者会議）の音楽カリキュラムにみる多文化主義―『学校音楽プログラム』の分析を通して―」『国際理解教育』Vol.6、20-37頁

磯田三津子 (2009)「京都・東九条マダンにみる多文化共生―在日コリアンの音楽による多文化教育の実践に向けて―」『国際理解教育』Vol.15、44-59頁

磯田三津子 (2010)「地域の人とコンサートを開こう―韓国・朝鮮と日本の音楽でつくる音楽活動―」日本国際理解教育学会編 (2010) 所収、80-85頁

大島薫 (1996)「地域の国際化で子どもの何が変わるか―外国人との交流の実態と異文化観―」『国際理解教育』Vol.2、62-75頁

太田満 (2014)「日系移民学習における自尊感情と文化理解の意義―小学校3年「多文化社会に生きるわたしたち」の開発単元を通して―」『国際理解教育』Vol.20、24-33頁

太田満 (2016)「小学校国語学習でアイヌの昔話をどう取り上げるか―多文化教育の発想に立つ

　　ことの意義―」『国際理解教育』Vol.22、33-38頁

太田満(2019)『中国・サハリン残留日本人の歴史と体験―北東アジアの過去と現在を次世代に伝えるために―』明石書店

大津和子編(2014)『日韓中でつくる国際理解教育』明石書店

織田雪江(2009a)「『弁当からミックスプレートへ』②―クラブ活動に生かす―」中牧弘允・森茂岳雄・多田孝志編(2009)所収、132-139頁

織田雪江(2009b)「『多みんぞくニホン』―社会科の授業に生かす―」中牧弘允・森茂岳雄・多田孝志編(2009)所収、157-165頁

織田雪江(2010)「『多みんぞくニホン』―人との出会いから学ぶ―」日本国際理解教育学会編(2010)所収、74-79頁

木之下研悟(2001)「日本の学校と朝鮮学校の交流の現状」『国際理解教育』Vol.7、128-137頁

桐谷正信(2011)「多文化教育から問い直すナショナル・シティズンシップ―アメリカの歴史カリキュラム改革を通して―」『国際理解教育』Vol.17、65-74頁

ギルデンハルト, ベティーナ(2017)「マンガによる異文化理解教育の可能性―『まんが クラスメイトは外国人 入門編―はじめて学ぶ多文化共生―』を中心に―」『国際理解教育』Vol.23、6-12頁

小林茂子(2012)「移民」日本国際理解教育学会編『現代国際理解教育事典』明石書店、68頁

坂出義子(2013)「多文化共生をめざす教育―英国の小学校における平和教育の事例から―」『国際理解教育』Vol.19、33-42頁

セルビー, デイビット(1996)「地球時代の多文化理解」『国際理解教育』Vol.2、6-25頁

田尻信壹(2000)「多文化主義の視点からの世界史学習」『国際理解教育』Vol.6、38-51頁

田尻信壹(2005)「図像史料を活用した移民史学習の可能性―『大陸横断鉄道と中国人移民』の教材化―」『国際理解教育』Vol.11、8-29頁

田尻信壹(2009)「学校の中の多文化共生―クラス・学校・地域で支える体制をどう構築するか―」『国際理解教育』Vol.15、148-158頁

田渕五十生(1999)「『在日コリアン』の教育が国際理解教育に示唆するもの―『異文化理解』から多文化教育の発想へ―」『国際理解教育』Vol.5、6-23頁

坪田益美(2008)「『深い多様性』に基づくカナダのシティズンシップ教育―WCP社会科共通フレームワークの分析を手がかりに―」『国際理解教育』Vol.14、26-45頁

鶴見陽子(2010)「中国の多元文化教育に見る『多様性と統一』多様性と統一―北京市における民族団結教育の理論及び実践から―」『国際理解教育』Vol.16、13-22頁

中牧弘允・森茂岳雄・多田孝志編(2009)『学校と博物館でつくる国際理解教育―新しい学びをデザインする―』明石書店

中山あおい(2003)「多文化共生社会における教科書の課題―ドイツの教科書に表れるマノリティの視点から―」『国際理解教育』Vol.9、8-23頁

中山京子(2003)「総合学習『ワールドカルチャー』の実践における子どもの思考分析―多文化教育と国際理解教育のインターフェイスの視点から―」『国際理解教育』Vol.9、90-103頁

中山京子(2010)「海を渡る日系移民―多文化共生にむけて―」日本国際理解教育学会編(2010)所収、68-73頁

西原明希(2017)「海外研修中止が生んだ札幌でのプロジェクト型多文化教育プログラム―学生たちの5ヶ月間の試み―」『国際理解教育』Vol.23、23-32頁

西村美智子 (2018)「『共生』のための『対話』対話としての歴史学習—在日コリアンの視点を取り入れた『もう一つの歴史』の授業実践を通して—」『国際理解教育』Vol.24、23-29頁

日本国際理解教育学会編 (2010)『グローバル時代の国際理解教育—実践と理論をつなぐ—』明石書店

橋崎頼子 (2010)「多元的シティズンシップ育成のための内容と方法—ヨーロッパ評議会の『民主主義の中に生きる』を手がかりに—」『国際理解教育』Vol.16、23-32頁

福山文子 (2003)「教室内の多文化化を活用した国際理解教育—第二言語話者と第一言語話者、その双方の育ちを目指して—」『国際理解教育』Vol.9、24-41頁

藤原孝章 (1994)『外国人労働者問題をどう教えるか—グローバル時代の国際理解教育—』明石書店

松井理恵 (2019)「滞日ムスリム児童のエスノグラフィー—A小学校における宗教的配慮への取り組みとムスリム児童の学校生活—」『国際理解教育』Vol.25、13-23頁

南浦涼介 (2011)「『複文化の統合』を視点にした外国人児童への実践の試み—中国人児童に対する歴史学習の場合—」『国際理解教育』Vol.17、13-22頁

森茂岳雄 (2010)「学習領域『多文化社会』」日本国際理解教育学会編 (2010) 所収、64-67頁

森茂岳雄 (2016)「移民の教育」小島勝・白土悟・齋藤ひろみ編『異文化間に学ぶ「ひと」の教育（異文化間教育学大系 第1巻）』明石書店、172-191頁

森茂岳雄・青木香代子 (2019)「多文化教育再考—社会正義の実現に向けて—」森茂岳雄・川﨑誠司・桐谷正信・青木香代子編『社会科における多文化教育—多様性・社会正義・公正を学ぶ—』明石書店、14-31頁

森茂岳雄・中山京子編 (2008)『日系移民学習の理論と実践—グローバル教育と多文化教育をつなぐ—』明石書店

森茂岳雄・中山京子 (2009a)「『ニッケイ移民トランク』—グローバル教育と多文化教育をつなぐ—」中牧弘允・森茂岳雄・多田孝志編 (2009) 所収、68-74頁

森茂岳雄・中山京子 (2009b)「『弁当からミックスプレートへ』①—授業実践に生かす—」中牧弘允・森茂岳雄・多田孝志編 (2009) 所収、124-131頁

森茂岳雄・中山京子 (2011)「移民学習論—多文化共生の実践にむけて—」日本移民学会編『移民研究と多文化共生』御茶の水書房、307-319頁

森茂岳雄・中山京子 (2014)「『人の移動』(1)—移民—」大津和子編 (2014) 所収、59-121頁

森本豊富・森茂岳雄 (2018)「『移民』を研究すること、学ぶこと」日本移民学会編『日本人と海外移住—移民の歴史・現状・展望—』明石書店、13-30頁

山田文乃 (2019)「外国にルーツを持つ児童に寄り添った多文化共生教育実践—小学校低学年における『グローバル社会に生きる資質・能力の育成』の可能性と課題—」『国際理解教育』Vol.25、87-97頁

山西優二 (2007)「地域にみる多文化化と国際理解教育」『国際理解教育』Vol.13、100-113頁

吉田直子 (2013)「国際理解教育における文化的多様性の課題—〈あいだ〉としての文化観へ—」『国際理解教育』Vol.19、51-61頁

Sleeter, C. E. (2018). Probing beneath meanings of multicultural education. In Y. Cha, S. Ham, & M. Lee (Eds.), *Routledge International Handbook of Multicultural Education Research in Asian Pacific* (pp.23-36). New York : Routledge.

第12章

シティズンシップ教育としての国際理解教育
の授業はどうあるべきか

橋崎頼子・川口広美

1．なぜこの課題を問い直すのか

　日本国際理解教育学会（以下、本学会）において、「シティズンシップ教育」は
主要な概念である。たとえば、2015年に出版された『国際理解教育ハンドブッ
ク』の副題は「グローバル・シティズンシップを育む」であった。ここからは
国際理解教育全体の目標として「シティズンシップ」の育成が位置づけられて
いることがわかるだろう。

　本学会が「シティズンシップ教育」への関心を高めた背景の一つに、多様化
する国際理解教育のあり方をめぐる共通性の議論があげられる。議論の結果、
共通性としては、①ユネスコの国際理解教育との強いかかわり、②人類の普
遍的価値—平和、人権、民主主義など—の存在に対する希望や確信、そして、
③ナショナル・アイデンティティ教育の相対化装置としての役割を担ってき
たこと、が指摘された（日本国際理解教育学会編 2010, 2015）。このなかでも三つ
目にこそ国際理解教育の生命線があり、その性格を具体化したものが「シティ
ズンシップ教育」であるとされた（嶺井 2011a：35）。後述するが、本学会で「シ
ティズンシップ教育」が、しばしば「グローバル・シティズンシップ教育」（近
年では「多元的シティズンシップ教育」）と同義で論じられるのは、そこに「ナショ
ナル・アイデンティティ教育」を批判し再構築することをめざすという意味が
込められているためである。

　しかし、学会外における「グローバル・シティズンシップ教育」は、本学会で
の意味合いと必ずしも一致したものとして用いられてきたわけではない。学術

的には、普遍性 (universal)、世界 (world)、ポスト国家、トランスナショナルといった多様な意味で用いられる。企業社会や政策においては、「グローバル人材」と併記されることも多い。グローバル人材育成推進会議 (2011) は、グローバル人材の育成の重要性として「我が国の成長の牽引力となるべき『グローバル人材』の育成と、そのような人材が社会で十分に活用される仕組みの構築」(p.1)を指摘している。こうしたグローバル人材論は、恒吉 (2016) が指摘するように、ナショナルな利益の追及を体現すること、新自由主義的なグローバル化のなかで、学習者を国家の資源とみなす考え方が基盤となる。この考え方は、本学会が追究してきた「ナショナル・アイデンティティ教育の相対化装置」の意味とは相反するものともいえる。

　以上のことより、「(グローバル・) シティズンシップ」という目標に込めた意味の十分な検討なしに、その教育実践だけに囚われると、本学会のめざしてきた方向性とは正反対の社会的文脈に実践がからめとられかねない危険性が指摘できる。さらに、「(グローバル・) シティズンシップ」という目標のもとで構想・実践された教育が、その目標とどの程度一致しているのかに関する検討も、同時に重要になるだろう。

　以上の問題意識から、本稿では、本学会のこれまでのシティズンシップ教育の理論や実践は、「ナショナル・アイデンティティ教育の相対化装置」としてどの程度発展したといえるかという課題を設定する。具体的には、理念研究はナショナル・アイデンティティ教育の相対化をどのような意味で論じているのか、実践研究はナショナル・アイデンティティ教育の相対化をどのように行おうとしているかを明確にすることである。本学会のシティズンシップ教育研究においては、いわゆる実践開発研究のみではなく、国際理解教育の目標概念としてのシティズンシップ概念を検討する理念研究も多くなされてきた。理念研究の重要性は上記のとおりである。したがって、本稿では理念研究（2節）をふまえた上で、実践研究（3節）を考察し、意義と課題を示す（4節）。これをとおして、本学会が重視してきた「ナショナル・アイデンティティ教育の相対化装置」としてのシティズンシップ教育の意味を明確にし、それをふまえた実践の到達点と課題を考察し、今後の授業実践へ示唆を得たい。

2．シティズンシップ教育に関する理念研究の特徴

　本節では、本学会のシティズンシップ教育の理念研究として、藤原（2012 : 128）のまとめをふまえて「グローバル・シティズンシップ」と「多元的シティズンシップ」に分けて整理する。また「シティズンシップ」概念を分析する視点として、A. オスラー（Osler）と H. スターキー（Starkey）（2009, 2018）が示す三つの構成要素を参照する。それらは、市民の共同体への所属資格とそれに伴う権利の根拠としての法的「地位（status）」、ある共同体へ所属しているという感覚やアイデンティティにかかわる「帰属意識（feeling）」、権利を行使して社会に参加する「実践（practice）」である。

2.1.　「グローバル・シティズンシップ」教育論の特徴

　本学会の「グローバル・シティズンシップ」教育の理念研究は、主にユネスコの国際理解教育の理念や、欧米のグローバル教育やワールドスタディーズを参考に行われてきた。本学会の 2003 〜 2005 年の「グローバル時代に対応した国際理解教育のカリキュラム開発に関する理論的・実践的研究」では、1990 年代に提案された国際理解教育の議論の検討をふまえて、新しい国際理解教育の目標とカリキュラム開発の枠組みが提案された（日本国際理解教育学会編 2006 : 12-25）。この目標やカリキュラム枠組みは、その後の学会の出版物でも継続して参照されている（日本国際理解教育学会編著 2010, 2015）。近年では、石森（2010）、小関（2011）[注1]、小林（2019）も「グローバル・シティズンシップ」教育の目標の整理を行っている。これらの理念研究が示すシティズンシップ像の特徴として下記の点が指摘できる。

　第一に、市民の法的「地位」として、国籍に限定されない人権を明示している点である。これは、国家の成員に限定されないグローバル社会における市民の「地位」を基礎づけるとともに、国民を相対化する視点を提供するものである。一方、カリキュラム開発の枠組みでは、人権は、学習領域全体の基盤としてよりも、「地球的課題」の領域の一つとして位置づけられるにとどまっている（日本国際理解教育学会編 2006）。このことは、人権を基盤とすることで国民育成を相対化しようとする理念と実践の接続上の課題ともなりえる。この点については第３節の実践研究で扱っていく。

　第二に、市民の「帰属意識」として、国益ではなく地球益を追求するグロー

バル社会の一員としての自覚と責任が強調されている。国際理解教育では、グローバル社会の特徴や課題を理解するだけでなく、参加型学習をとおして「一人ひとりの内面に根ざしている感情や価値にゆさぶりをかけ、価値観の確立や態度化まで高めることが重要である」とされる（日本国際理解教育学会編 2006：9）。小関（2011：52）は、このような社会と自己の内面の関連性の強調という特徴を「ホリスティックな視点」としてまとめている。つまり「世界」の探求と「自己」の探求を不可分なものとみなし、両者の関係性を編み直す過程を重視している。小林（2019：42）は、ユネスコの地球市民教育（GCED）を、アイデンティティ教育であるとみなし、人類全員が「われわれ」という仲間意識をもつことで、たとえ異なる国家、民族、宗教に属していたとしても、対話をとおして他者と共に対立や葛藤を解決しようとする姿勢が育成できると述べている。

　第三に、市民の「実践」としては、人類に共通する地球的課題を解決し、より望ましい方向へ地域・社会を変化させるために、人々と協力して行動することが強調されている。カリキュラムの枠組みでは、「未来への選択」として位置づけられる。市民としての選択や行動では、アジアや世界の歴史的視点をふまえる点に加えて、自分の身近な地域と世界を結びつけて足元の活動から始めることが強調されている（石森 2010：5）。

　ここから、本学会における「グローバル・シティズンシップ」教育は、グローバル社会の特徴と課題を理解し、社会の問題と自己の生き方を結びつけ、国益とは一線を画す地球益の追求のために地球的課題の解決に向けて身近なところから行動を行う責任ある市民の育成を指している。つまり、国民に対して地球市民、国益に対して地球益を位置づけるナショナル・アイデンティティ教育のオルタナティブとしての意味づけをもつ概念であるといえる。

2.2.　「多元的シティズンシップ」教育論の特徴

　グローバル化の進展に伴いナショナルなレベルでの多様化が進んできたことや、欧州などでは実際に国家を越えた市民権が保障されるようになったことを受け、国家とグローバル、国民とグローバル・シティズンシップの二項対立的な捉え方の再検討の必要性が指摘されるようになった。こうした課題への応答を検討したのが、学会の特定課題研究（2008 ～ 2010年度および2016 ～ 2019年度）であった。

　2008 ～ 2010年度の研究では「多元的シティズンシップ（multiple citizenship）」の理念研究がなされた。以下では、この課題研究プロジェクトの成果をまとめた『国際理解教育』第17号の掲載論文を中心に検討したい。特に、「多元的シティズンシップ」論では、「地位」「帰属意識」「実践」がどのように問い直されているかに注目する。

　第一に「地位」としては、その多層性・多元性が強調されている。嶺井（2011b：38）は、ローカル、ナショナル、リージョナル、グローバルという地理的レベルを、同心円的に広がる別々の空間として想定するのではなく、一人の市民が同時に所属する多層的・多元的ネットワークとして捉えることを提案する。このようなネットワークの間を市民が行き来することによって、既存の社会やそこでの市民のあり方、特に既存の国家における国民の定義、国民教育のあり方を批判的に考察することにつながるとしている。

　第二に、上記の「地位」の捉えは、「帰属意識」の多層性・流動性の議論にもつながっている。特に、「国民の形成をナショナル・シティズンシップの育成として把握し、多元的シティズンシップという視座から位置づけ捉え返すこと」（嶺井 2011b：38）が主張されている。具体的には、ナショナル・シティズンシップを、同質的な民族性にもとづくものから、多様性を包摂するものへと再構築すること、いいかえるとエスニシティや民族を基盤とした自然の存在としての「エトノス＝国民」から、近代の社会契約によってつくられる「デモス＝国民」へと転換させることが強調されている（嶺井 2011b：45）。この点について、桐谷（2011：71）も、アメリカの歴史教育を事例に、多様な背景をもつ人々が民主的な価値や制度をもとに統一的な国家を形成してきた文脈の重要性を指摘している。

　第三に「実践」としては、嶺井（2011b：38）が「行動的シティズンシップ」として言及するように、多元的なシティズンシップをもった人々が共に民主的な意思決定プロセスに参加することが強調されている。「グローバル・シティズンシップ教育」では、「足元の活動」が重視されていたが、「多元的シティズンシップ教育」では「プロテスト」「環境団体への参加」「投票」などローカルからグローバルレベルまでの様々な活動が示されている。こうした多元的なレベルでの民主的制度を支えたりつくりかえたりする行動が強調されているのは、価値多元化が進行するなかで、文化的多様性に伴う対立を調停し課題解決に貢献する力を育成するとともに、社会への帰属意識を培うためである。

　この「多元的シティズンシップ」を構想する際、「基層に置かなければならないのは人権である」(嶺井2011b：45) とされる。人権をシティズンシップの基層に置くことは、決して「思いやりのある人」の育成をめざすということではない。むしろ、人権は「専制的な権力に対して市民の基本的人権を尊重することを義務付け、権力を乱用することのないよう縛っておくための鎖の意味」(野崎2011：83) をもっているという点で重要なのである。単なる個人の行動規範としての意味ではなく、社会的・政治的活動を支える基盤としての役割も強調されている。

　ここまでみた「地位」「帰属意識」「実践」の関係性の具体例として、中山(2011) の論を参照する。中山は、人権を基盤とするヨーロッパのシティズンシップ教育の事例をとおして、「エトノス＝国民」から「デモス＝国民」への転換を以下のように詳述している。

　　　(多元的シティズンシップを持った人々が増加しているヨーロッパの国々で重要になるのは、)同じ国籍や共通の歴史や文化を持った人々からなる想像の共同体への回帰でなく、多元的なシティズンシップをもった人々の意思決定プロセスへの参加やそのためのエンパワーメントであろう。リージョナルなレベルではなおさら、「多様性の中の統合」を可能にし、多様なアクターによってコンセンサスを導く手続きが重視される。その民主的な手続きへの信頼こそが、ヨーロッパ共通のアイデンティティとなっていくことが期待されていると考えられる。それゆえ、だれもがその手続きを知り、アクセスし、関与できるように、行動的シティズンシップが奨励されていると考えられる。そして、それを促進するための教育が注目されているといえるだろう。(p.62)(カッコ内および下線筆者)

　このように、国に限定されない権利 (地位) は、多様な人々の民主的な議論への参加 (実践) の根拠となり、その参加をとおして社会契約を共有するデモスとしてのアイデンティティ (帰属意識) 形成につながるといえる。一方、嶺井 (2011b) は「参加・行動を促す要因としてアイデンティティ (帰属意識) の側面が重視されている」(p.38) と述べており、帰属意識が社会参加を促すとされている。しかし、参加に先立つ帰属意識がどのように形成されるのかは明確で

はない。今後は「地位」「帰属意識」「実践」の内実を問い直すと同時に、その関係性をより明確化する必要性があるだろう。

　2016 〜 2019年度の特定課題研究では、上記の点を引き継ぐ理念・実践研究が行われた。「市民性プロジェクト」では、市民像をめぐる重要な論点として、市民の定義（法的地位なのか実践なのか）と、国境に閉じられない「公共空間」の創出という点が指摘された（日本国際理解教育学会研究・実践委員会編 2020：77）。この研究成果で注目されるのは、「理不尽な暴力としての気候変動」の認識や「難民を生み出す社会構造」の認識などに対して、「構造的な問題を把握し、法制度の問い直しや改革につなげる」ことや「弱い立場に置かれる人々、理不尽な暴力にさらされる人々をいかに包摂するか」が議論されたことである。この議論は、近年多文化教育でも重視されている社会の不平等や抑圧とそれを生み出す社会構造に立ち向かう社会正義の議論につながるものである（齋藤 2017、森茂・青木 2019）。この点については、実践をとおして今後深めていくことが期待される。

　以上の理念研究を、「ナショナル・アイデンティティ教育の相対化装置」としてのシティズンシップ教育の視点から整理しよう。まず、人権や地球益という外側の視点から国益を相対化し、個人の生活と関連づけた身近なところから地球的課題の解決のために行動する「グローバル・シティズンシップ」像が示された。続いて、「多元的シティズンシップ」論では、その議論を引き継ぎながらも、人権にもとづく文化的多様性の尊重と、個人の行動ではなく、民主的議論をとおした公共空間形成への参加が強調されるようになった。この結果、権力性への批判などにつながり、新たに社会正義などへの注目に至っている。ただし、先述の通り、理念研究自体が議論の俎上であり、主に海外の文献や実践を参考に展開している借用の段階である。そのため、次節で展開する日本での実践研究の成果をふまえ、日本の国際理解教育としてのあり方を再考する必要があるだろう。

3．シティズンシップ教育に関する実践研究の特徴

3.1．実践研究の共通点

　本節では、上記をふまえて、これまでの国際理解教育実践の特徴と課題を考察する。具体的には、下記の**表12-1**に示す『国際理解教育ハンドブック』

(2015) に掲載された10実践と本学会実践事例データベース掲載の5事例を分析対象とした。データベースを参照したのは、ハンドブックには「社会参加」を学習領域として明示した実践がなかったためである。これらの実践の目標・内容・方法を、ナショナル・アイデンティティの相対化をどのように行おうとしているのかに注目して考察した。

表12-1　取り上げた実践事例一覧(1～10の事例は日本国際理解教育学会編 (2015)『国際理解教育ハンドブック』、11～15の事例は本学会実践事例データベース「社会参加」を参照し筆者作成)

No	実践名	実践の特徴の番号
1	学校経営に生きる国際理解教育	①
2	国際理解教育における ICT の活用	①、②
3	学級における実践―世界のあやとり教室―	①、②
4	外国語活動―多言語との出会い：ことばへの目覚め活動―	①、③、④
5	英語科における実践―Traditional Events:Similarities and Differences―	①、②、③
6	「総合的な学習」における実践―フィリピンの少女メロディ―	①、②
7	国際問題研究における実践―「違い」から考える平和な社会―	①、②、⑥
8	世界史における実践―日韓紙上対話授業―	①、④、⑥
9	大学における国際交流実践―グアムとの交流活動―	①、③、⑤
10	地域における日本語教育実践	①、③
11	地域ネットワーク活動	①、⑤
12	新しい市民社会を創る子どもの育成	①、⑤
13	心の輪を広げよう―ロシア人船員との交流を通して―	①、⑤
14	わたしたちのたからもの、世界のたからもの	①、②
15	世界の中の日本	①、②

　実践に共通する点として、①当事者意識の涵養、②複数ヵ国間（多くは日本と他国の二国間）の文化の共通点・相違点への注目、③国家や地域内の言語や文化の多元性・複数性への注目、④対話をとおした多元的アイデンティティ形成、⑤社会への参加、⑥人権の視点からの考察、が指摘できる。

　第一に、すべての実践において、社会的事象に関する客観的・一般的理解にとどまらず、共感的・個別的な理解を促すことで当事者意識を涵養する工夫がなされていた。これにより、学習者が社会的事象に興味をもち、事象と自分の生活のつながり（相互依存性）を意識し、ほかならぬ自分が課題解決に取り組むのだという意識をもつことを促している。たとえば、子どもにとって身近なモ

ノやコトを教材とする実践（2・3・4・14）、同年代の子どもの視点から社会を見る教材を用いた実践（6・7）、子ども同士が紙面上で対話する実践（5・8）、学習者が地域の人と交流する実践（1・9・10・11・12・13・15）がみられた。

　第二に、複数ヵ国間（多くは二国間）の文化（生活習慣を含む）の類似点や相違点を考察させる実践である。文化の相違点だけでなく類似点もみることで、自他の文化差に興味をもつと同時に親近感を抱いたり、自己の認識を問い直す機会にしている。また他国の文化を個別的・共感的に理解させることで、文化を単純化して捉えることを避け、自分の偏見やステレオタイプ的な見方への気づきにもつなげている。たとえば、実践6では、日本の中学生としての自分の生活とフィリピンの同年代の少女の生活を比較する活動をとおして、ある子どもは「フィリピンは貧しくて、みんな大変そうでつらそうだ」という認識について、「貧しくしても楽しくやっている人がいるのを知った」と反省的に考察している。

　第三に、国家や地域内の言語や文化の多元性・複数性に注目した実践である。たとえば、実践4では、アイヌ語や琉球語も含む多様な言語であいさつをしたり、自分が少しでもわかる／使えることばの種類や関係性を絵にして自己の言語の複数性を意識させる活動を行っている。また実践5では、日本の中学生が、メキシコの文化的背景をもつアメリカ人中学生と伝統行事に関する紙面上の交流を英語で行い、アメリカ国内の文化的多様性への気づきを促している。グアム・スタディーツアーの実践9では、グアムの歴史を、グアムとかかわりのある日本人の漂流民、移民、日本軍の立場、グアムの先住民やアメリカ軍の立場といった多様な視点から考察させ、グアムという社会を多面的・多角的に捉えることを促していた。さらに、実践10では、地域の日本語教育の透明化しやすい自言語（日本語）の背景にある文化を対象化する実践が報告されている。

　第四に、対話をとおした多元的なアイデンティティ形成を促す実践である。実践8は、日本と韓国の高校生が、歴史認識に関する意見を書いて相手に送り、相手からの意見を読んで、日本側は再度返事を書くことで、紙面上の対話を行ったものである。この場合の対話とは、「参加者が協力して、利害対立の現実や相互理解の難しさを認識しつつ、叡智を出し合い、新たな価値や解決策を生み出す対話」としての「共創的対話」（多田 2009：24-31）の考えにもとづくものである。この実践では、対話をとおして築かれる関係性が、国民を越えた「東アジア市民」としてのアイデンティティにつながることが期待されている。

　第五に、社会への参加にかかわる実践である。参加する地理的レベルは地域が多いが、国家やそれを越えるレベルの多元的な社会への参加を促す事例もみられる。実践9は、グアム・スタディーツアーの日本からの参加者が、学習の成果を平和や交流というメッセージを含んだコラージュ作品として表現し、グアムの人、先住民族チャモロの人々へと公開している。参加の方法として、アートをとおして学習成果を外に発信・交流することで、社会に対する自らの考えを示し、市民が相互にやり取りする場を設けている点が特徴的である。現実の社会のあり方を変えていこうとする実践の数は多くはないが、以下のようなものがみられる。実践12では、中学校三年目の取り組みの最後として子どもたちは、「高齢社会の介護はどこ（だれ）が行うのが望ましいか」という課題で討議を行い、地域の力が家庭と行政サービスを結ぶ重要な接点であると合意し、地域の公民館での活動やイベント企画を行っている。また実践13では、子どもたちはロシア人船員や港で仕事をする人への聞き取りをとおして、外国語の看板が必要であることを確認し、市長に看板づくりを提案し、それを実現させている。

　第六に、人権の視点からの考察を含む実践である。人権という価値や法制度から、社会の状況や問題を判断するという要素がみられた実践は2事例に留まる。実践7では、日本とカンボジアの生活の違いに関するカードを「あっていい違い」「あってはならない違い」「どちらともいえない違い」を分類する判断基準として「世界人権宣言」を紹介し、自分たちの判断と照らし合わせる活動を行わせていた。実践8では、日韓の歴史に関する自分たちの意見を「自由、平等、平和、生活の安定など、人々が求めてきた価値に結びついていくかどうか」という点で評価できるかどうかを考察させていた。これらの活動では、判断基準としての価値や法的基準として人権を用いているが、他の実践では、人権の位置づけはそれほど明確ではない。この傾向は、野崎（2011：82）が指摘するように、国際理解教育実践では、法概念としての人権基準は重視されておらず、実践のなかで具体的・個別的な人権問題を取り上げれば人権を扱ったことになると暗に考えられているという点とも重なる。

3.2.　実践研究の特徴
　以上で整理した実践研究の傾向として、前節の理念研究の視点と関連づけて

みると、特にシティズンシップの「帰属意識」にかかわる実践が多く、次いで「実践」や「地位」にかかわる実践がみられるといえる。実践研究の特徴として次の三点が指摘できる。

　第一に、個別的・共感的な対象理解をとおした当事者意識の涵養がめざされていた点である。つまり、同質的な民族的背景を共有しているから同じ市民であるとみるのではなく、顔の見える人と人との共感的理解が可能であるという人間同士のつながりをとおして、共通の市民的アイデンティティを形成させようとしている。この点は目標でも強調されていたように国際理解教育の強みであるといえる。

　第二に、文化的多様性の尊重をとおしたナショナル・アイデンティティの相対化・再構築にむけた実践が複数みられることである。二国間の文化の比較を行う実践では、自国文化とは異なる視点から文化を見ることで相対化を図ることがめざされている。一方、国内の言語的・文化的な多元性・複数性に関する実践は、多様な文化を含むものとして、ナショナル・アイデンティティの再構築を促すものであるといえる。前者の実践は文化を「国」の単位でやや静的なものとして捉える傾向がある。それに対し、後者の実践は文化の境界をより流動的に捉えることで「国」単位の文化の捉え方を相対化しようとしているといえる。

　第三に、直接的な交流、ワークショップや紙面上の間接的な他者との対話、直接的な社会への発信の経験をとおして、民主的プロセス自体を経験させる実践が複数みられることである。これは、国際理解教育で重視されてきた参加型学習を、単なる方法論としてではなく、市民として民主的なプロセスについて経験をとおして学ぶ学習として位置づけるということである（藤原2015：14）。この点は、国際理解教育をシティズンシップ教育としてみた場合の強みだといえる。ビースタ（2014：212）は、民主的な主体とは、誰かが規定した「よき市民」像を単純に教えられたり、縛りつけられたりするものではなく、民主的なプロセスと実践への関与をとおしてそのたびに現れるものであると述べている。つまり、国際理解教育の実践には、「民主的なプロセスと実践への関与」としての参加型学習をとおして、学習者が民主的な主体となる契機が含まれているのである。このような契機が、「エトノス＝国民」に代わる「デモス＝国民」としての人々の共通のアイデンティティ形成の場となるのである。

4．問いへの応答と残された課題

　ここで改めて冒頭の問いを提示したい。それは、本学会のこれまでのシティ
ズンシップ教育の理論や実践は、「ナショナル・アイデンティティ教育の相対
装置」としてどの程度発展したといえるかである。本学会では、「ナショナル・
アイデンティティ教育」を、普遍的人権、地球益の視点、国内外の文化的多様
性の理解、民主的プロセスへの参加、当事者意識の涵養をとおして相対化する
シティズンシップ教育の理念的・実践的な蓄積が確実になされてきているとい
える。しかし、今後上記の点をさらに深化させる上でのシティズンシップ教育
実践の課題として、次の点が指摘できる。

　第一に、自律的個人としての市民像の再検討である。これは実践で重視され
てきた当事者意識を深める意味でも重要である。自律的に社会参加する市民像
を前提とする場合、他者への依存は否定され、そこではケアを求めている他者
にいかに応答するかも要請されない（岡野 2012: 36-43）。本学会では、弱さや傷
つきやすさ、恐怖心や排他意識、他者との対立や葛藤を抱える個人の「情念」
や、自己の内面や社会のなかの声なき声に気づき耳を傾けるケアの関係が注目
されている（日本国際理解教育学会研究・実践委員会編 2020: 12-15、橋崎 2020）。今
後、言語だけでなく感性や身体性をとおした、多様な自己の表現や、多様な声
を互いに聴き合うケアの姿勢を促すシティズンシップ教育実践がさらに求めら
れるだろう。

　第二に、人権の位置づけの明確化と、それにもとづく社会の構造的不平等へ
の批判的視点である。国内外の文化的多様性の理解に留まらず、文化的多様性
ゆえに共同体から排除されている人々が経験している社会の不平等や抑圧に目
を向けていく実践が求められるだろう。そのためには、社会構造を批判する視
点、および自己と他者が同じ権利の主体であることを自覚し連帯するための視
点として、普遍的人権を、カリキュラムの枠組みや実践の基盤的価値としてよ
り明確に位置づけていく必要があるだろう。

　第三に、市民の民主的プロセスへの参加を、学校の授業に限らず、学校運営
や、地域社会における多面的な文脈のなかに位置づけることである。学級・学
校、部活動、生徒会活動などを、多様な背景をもつ人たちが共に運用し、必要
であれば変えていくことのできる場として位置づけ、活性化を図る実践が提案

されている（渡部 2020：192、上記実践１も参照）。加えて、政治的な側面を核としながらも、たとえば特定課題研究の「難民プロジェクト」で議論されたように、市民の社会参加を地域社会での経済的・文化的・社会的なつながりも含めて考えていく必要があるだろう（日本国際理解教育学会研究・実践委員会編 2020：15）。

　最後に、上記に加えて、現代社会の大きな変化に伴い、外在的にシティズンシップ教育実践に求められるのが、近年のデジタル化に応じた政治参加のあり方の転換にいかに応えるかという点である。J. カーネ（Kahne）ら（2016）は、デジタル化に伴い、政治参加への方法が、旧来の政党や選挙などの公式な機関を介したものからソーシャルメディアなどを介したものへと転換してきていることを指摘している。これは、単に新しい媒体への適応という視点からだけでなく、従来の公的な制度を介した参加方法では抜け落ちてしまいがちな子どもたちであっても、ソーシャルメディアなどを通じて政治へ参加する機会を増やすという意味において重要であると思われる。

注

1 ）小関は、下記に述べる多元的シティズンシップの課題研究プロジェクトのメンバーの一人であり、シティズンシップの地理的な多元性、アイデンティティの複数性・多層性についても論文のなかでは議論をしている。ここではあえて、地球益にもとづく「グローバル・シティズンシップ」の特徴を明確に論じている部分を参照した。

引用文献

石森広美（2010）「グローバルシティズンシップの育成に向けて」『国際理解教育』Vol.16、3-12頁

岡野八代（2012）『フェミニズムの政治学』みすず書房

オスラー, A.・スターキー, H. 著、清田夏代・関芽訳（2009）『シティズンシップ教育─変容する世界と市民性─』勁草書房

オスラー, A.・スターキー, H. 著、藤原孝章・北山夕華監訳（2018）『教師と人権教育─公正、多様性、グローバルな連帯のために─』明石書店

小関一也（2011）「多元的・多層性から読み解くグローバル・シティズンシップ」『国際理解教育』Vol.17、47-54頁

桐谷正信（2011）「多文化教育から問い直すナショナル・シティズンシップ」『国際理解教育』Vol.17、65-74頁

グローバル人材育成推進会議（2011）「グローバル人材育成推進会議　中間まとめ」https://www.mext.go.jp/b_menu/shingi/chousa/koutou/46/siryo/__icsFiles/afieldfile/2011/08/09/1309212_07_1.pdf（2021年1月17日閲覧）

小林亮（2019）「ユネスコ地球市民教育（GCED）が目指す共生型のグローバル人材育成の試み」

『国際理解教育』Vol.25、36-46頁

齋藤純一 (2017)『不平等を考える』ちくま新書

多田孝志 (2009)『共に創る対話力—グローバル時代の対話指導の考え方と方法—』教育出版

恒吉僚子 (2016)「教育における「グローバル人材」という問い」佐藤学・秋田喜代美・志水宏吉・小玉重夫・北村友人編『グローバル時代の市民形成』岩波書店、23-44頁

日本国際理解教育学会編 (2006)『グローバル時代に対応した国際理解教育のカリキュラム開発に関する理論的・実践的研究（第一分冊）』

日本国際理解教育学会編 (2010)『グローバル時代の国際理解教育—実践と理論をつなぐ—』明石書店

日本国際理解教育学会編 (2015)『国際理解教育ハンドブック—グローバル・シティズンシップを育む—』明石書店

日本国際理解教育学会　研究・実践委員会編 (2020)『特定課題研究　国際理解教育の理念と方法を問い直す　報告書』

日本国際理解教育学会　実践事例データベース (http://www.jenoov.jp/kokusai-rikai/) (2020年8月2日閲覧)

中山あおい (2011)「国を越えるリージョナル・シティズンシップを育成する教育」『国際理解教育』Vol.17、55-64頁

野崎志帆 (2011)「市民性教育における人権と国際理解教育の課題」『国際理解教育』Vol.17、77-86頁

橋﨑頼子 (2020)「多様な他者の声を聴き価値を創り出す道徳教育実践—ケアリングの視点から—」『国際理解教育』Vol.26、42-52頁

ビースタ, G. 著、上野正道・藤井佳代・中村 (新井) 清二訳 (2014)『民主主義を学習する：教育・生涯学習・シティズンシップ』勁草書房

藤原孝章 (2012)「グローバル・シティズンシップ」日本国際理解教育学会編『現代日本国際理解教育事典』明石書店、128頁

藤原孝章 (2015)「国際理解教育の景観—実践と理論をつなぐ—」国際理解教育学会編『国際理解教育ハンドブック—グローバル・シティズンシップを育む—』明石書店

嶺井明子 (2011a)「特定課題プロジェクトについて」『国際理解教育』Vol.17、34-36頁

嶺井明子 (2011b)「多元的シティズンシップによる国際理解教育概念の再構築」『国際理解教育』Vol.17、37-46頁

森茂岳雄、青木香代子 (2019)「多文化教育再考—社会正義の実現に向けて」森茂岳雄、川﨑誠司、桐谷正信、青木香代子編著『社会科における多文化教育—多様性・社会正義・公正を学ぶ—』明石書店、14-31頁

渡部淳 (2020)『アクティブ・ラーニングとは何か』岩波書店

Kahne, J., Hodgin,E. & Eidman-Aadahl, E. (2016) Redesigning Civic Education for the Digital Age : Participatory Politics and the Pursuit of Democratic Engagement. *Theory & Research in Social Education*, Vol.44, No.1, 1-35.

第13章

SDGs時代の国際理解教育の授業は どうあるべきか

松倉紗野香

1．なぜこの課題を問い直すのか

　SDGs時代ともいわれる現代社会では、国際理解教育においてどのような授業が求められているのだろうか。およそ30年間に及ぶ本学会では、実践者である現職教員が学会員として活動し、研究大会での学会発表や学会紀要への論文投稿をとおして、それぞれの授業実践を広く共有してきた。

　現在、学校では「国際理解教育」の授業が実践される場は多様である。社会科や外国語科をはじめとする教科教育の場面や総合的な学習の時間、道徳の時間など多岐にわたっている。またその実施方法も学校のなかに「閉じた」学びではなく、学校と地域や社会が連携し「開かれた」学びの創造が実現しつつある。

　2017年に告示された学習指導要領では、その前文において「（前略）一人一人の生徒が、自分のよさや可能性を認識するとともに、あらゆる他者を価値のある存在として尊重し、多様な人々と協働しながら様々な社会的変化を乗り越え、豊かな人生を切り拓き、持続可能な社会の創り手となることができるようにすることが求められる（後略）」と示されている。また、SDGsでは、そのゴール４ターゲット７において「2030年までに（中略）すべての学習者が持続可能な開発を推進するための知識とスキルを獲得するようになる」と記している。こうした教育の目的やSDGsで示されているゴールを達成するためには、国際理解教育の授業への期待の大きさもうかがえよう。

　同時に、SDGsの達成には、一人ひとりの「変容」が不可欠であることが示

されている。SDGs 時代において、国際理解教育の授業が「持続可能な社会の創り手」を育み、SDGs の達成に貢献できる市民の育成を推進するためには、何をどのように変容させていくことが求められているのだろうか。

　本章では、学会設立以降の「国際理解教育」の授業の変遷を追うとともに、SDGs 時代とも言われる現代の「国際理解教育」の授業に求められるものを示唆する。同時に、SDGs 時代に求められる国際理解教育の授業のあり方を明らかにすることによって、SDGs の達成にむけた「持続可能な社会の創り手」の育成にどのように貢献できるのかを考えたい。

2．SDGs 時代とは

「SDGs 時代」とも言われる現代社会は、どのような時代なのだろうか。

　学会設立当時（1990年代初頭）の社会情勢と現代を比較したときに、大きく異なる部分としては、「グローバル化」と「ICT 化」による社会の変化があるだろう。グローバル化によるヒトの移動に伴い、在住外国人数も在外邦人数も増加を続けている。90年代には、姉妹都市・友好都市交流が地方自治体レベルによる学生の交流事業として姉妹都市を訪れ、現地の学校に通ったりホームステイをしたりする事業が増えた[注1]。

　1990年代初頭は、インターネットサービスがではじめた時期であり、まだ一般の人たちが簡単にインターネットを用いる状況ではなかった。そのため、主な情報源は新聞やテレビ・ラジオ報道によるものであった。それが今では、オンタイムで各国の情報を得たり、自ら必要な情報を探したり、時には自らが発信することも可能になったのだ。今の学生たちは、「デジタル・ネイティブ」とも呼ばれ、生まれながらにして、世界が相互につながっている社会を生きている。

　1990年代はじめを振り返って私たちの生活を比較しただけでも、その暮らしの変化を感じることは容易にできる。こうした「グローバル化」・「ICT 化」といった文言が頻繁に用いられ、その影響を受けながらも教育も社会構造も大きく変化を遂げた30年間であったことは誰もが実感することであろう。

　こうした一気に進んだ経済や社会のグローバル化は、ときには負の側面をもちえていることを実感する出来事も多くあった。アメリカの同時多発テロ、

リーマンショック、SARSや新型コロナウイルスなどの感染症、また気候変動をめぐる問題など1つの国だけで解決することのできない多様な問題が同時多発に起きているのが現代社会である。

　これらの諸問題を世界が一丸となって解決し、より良い社会の創造をめざすことを約束したのが、SDGs (Sustainable Development Goals：持続可能な開発目標) である。SDGsは、2015年9月の国連サミットにおいて採択をされた「Transforming our world：the 2030 Agenda for Sustainable Development（我々の世界を変革する：持続可能な開発のための2030アジェンダ」注2のなかで示された17のゴールと169のターゲットからなる開発目標である。

　2016年から2030年の15年間で、世界各国が協力してより良い社会をめざし、手を取り合って解決すべきゴールが示された。SDGsでは「誰一人取り残さない」というスローガンや「変容」「変革」(transformation) という用語が示され、私たち一人ひとりがSDGsの達成に向けて貢献することが求められている。

　本アジェンダでは、現代社会をどのように描いているのだろうか。

　アジェンダのなかで示された「今日の世界」では、「我々は、持続可能な開発に対する大きな課題に直面している」と述べ、貧困、不平等、ジェンダー、若年層の貧困、自然災害、テロリズム、気候変動といった世界が直面している課題を取り上げている。その上で、今日の世界を取り巻く状況を「大きな機会のときでもある」と説明している。そして、これまでに課題の解決に向けた「重要な進展があった」として極度の貧困からの脱却や教育へのアクセスの改善を例にあげていると同時にICTや科学技術イノベーションがもつ潜在力があることを述べている。

　「SDGs時代」について、宇土泰寛 (2020) は「SDGsに取り組む2016年から2030年までの時間的長さや区分としてだけの意味ではなく、2030年、そしてその後の大きな社会的変革や新たな社会の創出への動きを見越した意味を持った呼び方」として、SDGs時代がもつ意味は、「社会の象徴を示すもの」「前の時代である一つの社会からの変革として生まれる次の社会を示すもの」であると説明している。また、宇土はこのSDGs時代を「予測するのが困難とも言われる新たな時代」とも説明している。

　2017年に告示された学習指導要領では、その改訂の経緯において、今後迎える社会について「我が国は厳しい挑戦の時代を迎えている」とし、その内容

として、「生産年齢人口の減少、グローバル化の進展や絶え間ない技術革新などにより、社会構造や雇用環境は大きく、また急速に変化しており、予測が困難な時代となっている。」と説明している。

これらの記述からSDGs時代と呼ばれる現代社会では、「課題」の多様化、複雑化が明らかにされている。そしてこれらの課題の解決に向けては、状況に合った「最適解」を見出すことが求められ、「わたし・わたしたち」が主体的に行動し、より良い社会づくりに貢献することが求められていることもうかがえる。そこには、人工知能（AI）をはじめとするこれまでにない科学技術の進歩が期待されていることも読み取ることができよう。

3. 国際理解教育の授業の変遷

SDGs時代に至るまでに国際理解教育の授業はどのように展開されてきたのだろうか。

学会設立以降およそ30年間のなかで、国際理解教育の授業で扱うテーマは、その時代背景や社会の潮流によって少なからず影響を受けてきた。授業の変遷については2000年前後が大きな転換期として考えられよう。

その理由として一つ目に総合的な学習の時間の導入があげられる。国際理解教育の授業実践の場は、2000年以降「総合的な学習の時間」の導入により社会科や外国語科といった固有の教科内にとどまることなく、教科等横断的な取り組みが実施されるようになってきた。同時に、学校教育においては当時の学習指導要領のなかで「持続可能（性）」といった文言が加わったことも影響を及ぼした。

もう一つの理由として、MDGsやESDといった国際動向による影響が考えられる。授業のテーマとしてMDGsで示された内容（貧困、教育、保健医療など）を扱う授業が展開されるようになった。また2005年以降は「国連ESDの10年」のなかで、ユネスコスクールを中心としたESD実践が展開されるようになり、ホールスクールアプローチによる実践がみられるようになってきた。

石森広美（2014）は、「日本国際理解教育学会紀要論文題目にみる国際理解教育の動向」において、その多様化の様子を題目別に整理している。2000年以降、歴史や平和、帰国生・留学生、移民問題、各教科での実践事例など「国際理解

教育が従来取り組んできた恒久的なテーマ」に加え、国際的な動向から、多文化共生、シティズンシップ、ESDといった領域の題目がみられるようになった。このことは「地球的な課題に立ち向かう教育の必要性を示唆しているといえるだろう」と述べている。

　学会では第17回大会（2007年）の公開シンポジウムテーマを「転換期を迎える国際理解教育」として、2003年から2005年に実施された「グローバル時代に対応した国際理解教育のカリキュラム開発に関する理論的・実践的研究」におけるカリキュラム開発や国際理解教育概念の明確化に関する研究成果をふまえつつ、転換期をどう捉え、乗り越えていくか、が議論された。

　当時の研究のなかから、カリキュラム開発の成果をベースとして『グローバル時代の国際理解教育』(2010) が出版され、カリキュラム開発の理論的枠組みとモデルカリキュラムが示された。同時に研究成果の普及を目的として、「実践のためのフォーマット」が開発され、現在もフォーマットを用いた実践記録の作成や、それらの記録の収集につながっている。モデルカリキュラムでは、「多文化共生」「グローバル社会」「地球的課題」「未来への選択」を学習領域としたカリキュラムが紹介され、校種を超えた具体的な実践例が示されている。また紹介されたカリキュラムは、一つの教科のなかで実施されるものもあれば、複数の教科をまたいだ実践もあり、当時からカリキュラムマネジメントの視点が取り入れられていたことがうかがえる。

　『グローバル時代の国際理解教育』の続編として2015年に出版された『国際理解教育ハンドブック』において中山京子 (2015) は「国際理解教育の実践の展望」として、ICTの進展にふれ、インターネットやメールの発達によって交流や学習スタイルに変革があったことを記している。このことは、今後一層、国際理解教育の授業に大きな影響をもたらすであろう。

　宇土泰寛 (2020) は、学会の特定課題研究 (2016年度 - 2018年度) の一つである「水・気候変動教育プロジェクト」をとおして、水・気候変動問題から国際理解教育の理念と方法の問い直しを図った。

　国際理解教育の授業では、世界の国や地域の歴史・文化や問題について「知ること」「理解すること」だけにとどまるのではなく、自分たちの身の回りにあるローカルな問題と社会構造の関連をどのように捉えるかが求められ、問題の原因や責任を「自分ごと」として捉えることが必要であろう。宇土は同プロ

ジェクトにおいてこれからの国際理解教育には「国際理解教育の内容だけでなく、方法も問われる」としている。あわせて、これからの国際理解教育に求められるものとして「自己変容をもたらすような学びへの誘いができる国際理解教育が問われる」と述べている。

学会創設以降、国際理解教育の授業では多岐にわたるテーマが扱われ、教科や校種の枠を超えて数多くの授業が実践され、それらは様々なかたちで共有されている。このように本学会においては、カリキュラムの開発、教材の研究をとおして授業や実践そのものは蓄積されているといえよう。

SDGs時代と呼ばれる今日では、こうした蓄積された研究成果である授業実践をふまえ、「自己変容をもたらす学びとしての国際理解教育の授業」が大きなテーマとされるのではないだろうか。

4．SDGs時代における「教育」とは

SDGs時代の「教育」について考えてみたい。

「定まった正解がない」「予測不可能」といわれる時代のなかで、教育のあり方とはどのように考えたらよいのだろうか。この時代に求められる教育とはどういった教育なのだろうか。

宇土泰寛（2020）は、前述の特定課題プロジェクトにおいて「予測するのが困難とも言われる新たな時代における教育」、すなわちSDGs時代の教育について、「単なる個別の知識を記憶したり、標準的な知識と技能を身につけたりすることを目標とする教育からの変革を必要とするもの」と説明している。

宇土が述べた「変革」の必要性については、かつてパウロ・フレイレ（1970）が記し、今もなお提唱され続けている「「銀行型教育」（＝知識を銀行貯金のように「預金」し、その知識を整理すること。永続性に重点を置く教育）から「課題提起型教育」（＝教師も生徒も探求者として批判的な視座をもち、対話を重視する。変化に重点を置く教育）への教育の転換と同様のことがいえるだろう。

こうした教育の変革や転換をめぐることは、従来から繰り返し指摘されてきたとおりであり、このことは2017年告示の学習指導要領のなかでも基本方針として示された「主体的・対話的で深い学び」や「社会に開かれた教育課程」という考え方にも現れている。

　永田佳之（2015）は、『国際理解教育ハンドブック』のなかで、ユネスコを中心とした国際理解教育についてその系譜をたどり、そのなかでユネスコによる学習観として知られる「学習の4本柱」を紹介している。これは「学習：秘められた宝（Learning：the treasure within）」（1996）のなかで学習指針として「学習の4本柱」（①知るための学び、②為すための学び、③共に生きるための学び、④人間として生きるための学び）を示し、今もなお重要なメッセージとされている。

　「国連ESDの10年」の最中である2009年には「5本目の柱」として、「自分自身と社会を変容させるための学び（Learning to transform oneself and the society）」を追加し、現代の教育ニーズに応える概念として、ESDの学びを特徴づけている。永田は、新たに示された5本目の柱について「この学習概念を具現化していくことが新たな重要課題であると言ってよい」と述べ、今後の教育への課題を示唆している。

　SDGsが示されているアジェンダのタイトルは「Transforming our World」である。私たちは、教育をとおしたSDGsの達成に向けて、これまでの学びからの「変容」が求められている。

　このようにSDGs時代の教育には、これまでの知識伝達型、銀行型教育といった「受け身」の学びから、参加型学習や課題提起型といった「学習者主体」となる学び、さらに教科と教科、学校と社会を「つなぐ」学びのあり方が求められることが言えよう。そして、これらの「学び」をとおして「自分自身」が変容を遂げ、「社会の変容」につながる学びを創造することが求められている。

5.　「生徒の意識変容」に着目した授業実践

5.1.　山中信幸の実践

　学会紀要のなかから、「生徒の意識変容」について書かれた論文を以下に2本取り上げたい。

　一つ目に、山中信幸（2014）による「意識変容の学習としての開発教育―ペタゴジーとアンドラゴジーの理論に基づく実践的検討―」がある。山中は、本論文において「学校教育における「意識変容の学習」の方法論を明らかにし、社会変革につながる授業実践の方略について検討」をしている。

　「意識変容を促す参加型学習の学習プログラム」として、開発教育教材『ケー

タイの一生』をもとに「ケータイから平和構築を考える」を考案し、中学3年生を対象に中学公民の授業として実施した。学習プログラムのなかで「振り返り」を「最も大切な取り組み」として示し「感想としてまとめる作業」ではなく「自らの前提について問い直す取り組み」として位置づけている。

　山中は、意識変容を促す学習の実践には、「自尊感情と自己肯定感を高める取り組み」の必要性を述べている。そこで同学習プログラムにおいても事前に人間関係トレーニングをL.H.Rの時間等を利用して継続的に取り組んでいたことを紹介している。

　6時間にわたる同プログラムでは、生徒にとって身近な「携帯電話」を題材として、携帯電話をとおして「世界と自分のつながり」に気づくところから学習がはじまる。携帯電話の原材料を知り、部品の多くが世界各国で産出されている原材料によって作られていることを知る。2時間目では、紛争の原因を扱い、ビデオ教材を視聴して「戦争で利益を得る人たち」が誰を指しているのかを考える。3時間目・4時間目でコンゴの紛争について調べ、その内容を発表する。5時間目では、暴力について個人やグループで考え、話し合うことをとおして、自分の考えを整理していく。6時間目には、紛争解決に向けて行動を起こしたのか、もし、ほとんど何もしなかったとしたらそれはなぜか、という阻害要因を考えたり、日本社会において平和構築に向けた行動を妨げている要因について考えたりした上で、自分に何ができるのかを考え、発表する時間としている。

　本学習プログラムを山中は「第1時限から第4時限まではペタゴジー・モデルの参加型学習と位置付けることができ、生徒がそれぞれの経験や考え、判断を共有することによって学習活動が進められる」とし、「第5・6時限の学習活動はアンドラゴジー・モデルの参加型学習と位置付けることができる」と説明している。そして、この手法について、「生徒の状況に合わせて実施し、生徒自らの前提や価値観を問い直す取り組みとしての「ふり返り」を行ったとき、開発教育は社会の成り立ちについて知識を獲得しながら、社会を変革する力を育てる学習活動となりうる」と述べている。

　生徒のふり返りシートから「「知ろうとしなかった自分」に対して、批判的に問い直しをしている」生徒や「「何もできない自分」に対し、戸惑いや虚無感を感じている」生徒の記述を紹介し、生徒が「混乱するジレンマ」に直面してい

る様子を示した。

　授業後、生徒たちのなかには、授業で学んだことを家族で話し合い、そのジレンマを打開するための糸口として「ものを大切にしたい」「携帯電話もリサイクルに出すようにします」等と述べ、「態度の変容」を示す生徒がいたことを紹介している。また、授業後も引き続いて新聞やニュースを見るようになったことや、授業で学んだことを家族と話をしている生徒がいることを報告し、「小さいものではあるが社会変革に繋がる第一歩とみなすことができよう」とまとめている。

　山中は、こうした学習プログラムの実践上の留意点として、「①最初に自尊感情を高める取り組みをすること、②地球的課題についての時間的・空間的・構造的な知識の獲得をねらいとする学習を実践すること、③ペダゴジーモデルとアンドラゴジーモデルの学習を学習者の状況や学習内容に応じて柔軟に組み合わせて実施すること」の3点を示した。合わせて、「継続的な「批判的ふり返り」の実施によって学習者の意識変容が促され、社会変革のための行動に繋がること」を示唆している。

5.2.　織田雪江の実践

　2つ目に織田雪江（2019）による「SDGsをテーマに取り組んだ学園祭による生徒の意識変容」がある。織田は、2017年10月のSDGsをテーマとした学園祭に向けた中学1年生の実践を紹介している。織田は「ユネスコスクールのESDの実践は文部科学省（2014）をはじめ数多く紹介されているが、曽我（2015）がその重要性を改めて指摘した「ESDで自己変容を通した社会変容」まで意識した実践は少ない」と指摘している。そこで、勤務校における学校行事をとおした実践から生徒の感想文、学年末アンケート、保護者の発言や記録を用いてそれらを読み解き分析を試みた。

　担任クラスであるD組では、「ゴール12（つくる責任つかう責任）」を担当することが決まった7月から文化祭本番の10月までのあいだに特別活動の時間と社会科などの20時間に加え、フィールドワークや文化祭本番を入れた実践が行われた。実践にあたっては、多様な連携機関を設け、地域の関係機関（クリーンセンターなど）やエシカル消費にかかわる企業と協力したり、文化祭当日もゲストスピーカーを招いたりした。

　学習活動は、夏休み前に映画『トゥルーコスト』の上映会から始まり、「エシカル消費」に着目していく。夏休みには、「エシカル消費」を見つける課題を出し、保護者の協力を得ながら取り組んだ。9月には「学びの場を学外に広げ、SDGs のゴールの実現に向けて取り組んでいる人と出会う」ことを目的にフィールドワークを実施している。その際に生徒は「SDGs 通信簿」と名づけたワークシートを持参し、訪問先企業がどのように SDGs のゴールに向かって活動しているのかを記してくることを課題としていた。その後は文化祭の展示物作成に取り掛かり、10月の文化祭本番を迎えた。文化祭では、スライドショーでの発表とクラス展示を行っている。

　実践から見えた生徒の意識変容について2人の生徒のレポートを用いて分析している。ファストファッション業界のなかから企業の「社会貢献」の部分に着目していた生徒が、オーガニックコットンを用いたタオル生産をする企業をフィールドワークとして訪問し、「タオルに携わるすべての人が幸せになるにはどうすればよいのかをしっかり考えていた」と記し、フィールドワークの経験が意識変容をもたらしたことを説明している。もう一人は、自分が使っていたリュックを扱うアウトドアブランドの店舗を訪れ、この企業の取り組みについて身近に感じたことから、意識が変わり学習に対して「精力的になった」としている。

　こうした取り組みをとおして織田は、実践を進行する際には、「生徒の身近なところから学びたいことを出し合った」と振り返り、フィールドワークを組み込んだカリキュラムを考えることによって「「エシカル消費」からつながる持続可能な社会へ向けての社会参画への一歩になった」としている。

5.3.　二つの実践の意義

　「生徒の意識変容」に着目したこれらの授業実践では、「生徒にとって身近なもの」を題材としている。こうしたことで、身近で切実な課題を用いながら地球規模課題を「自分ごと」として捉えられるよう工夫をしていることがうかがえる。さらに、これらの実践で扱った題材は、現在進行形の課題であり、誰もがこうした課題に対して、唯一の解答をもち合わせているわけではない。生徒が課題に対して、最適解を求めようと社会と協働して学ぶ様子が見られる。

　また、山中は、L.H.R で事前に人間関係づくりをした上で、社会科を中心と

した教科のなかで、織田は、社会科と特別活動、フィールド・ワーク、そして文化祭という学校行事をとおして授業を実践し、生徒の変容を見とっていた。両者の実践ともに、ある一つの教科だけ、または学校のなかだけにとどまらない実践が繰り広げられていたことがわかる。

そして、これら二つの実践ともに教師の一方的な教え込みによる「銀行型教育」ではなく、「課題提起型の学習」を展開している。両者ともに学習の「テーマ」の大枠については教師によって決められた内容であったが、その進め方は、学習者自らが具体的なテーマを設定し、どのように学ぶのかを考え、学習者が主体となった学びが展開されていた。

こうした実践で得られた生徒の意識変容によって、生徒やその周囲（家族やクラス・学年・学校など）の行動変容につながることが期待されると同時に、社会とのつながりをもった授業実践が、「持続可能な社会の創り手」の育成に大いに貢献するであろう。

6．問いへの応答と残された課題

曽我幸代（2015）は、『ESD における「自己変容と社会変容をもたらす学び」』のなかで持続可能な社会の形成にあたっては、ユネスコが5本目の柱とした「自分自身と社会を変容させるための学び」が重要となることを示した上で、「学習者一人ひとり、および教育者一人ひとりの習慣的行動や考え方などの変容と、「社会を変えること」に強調点が置かれた教育実践には乖離があるように思われる」と述べ、「他者任せの意識がつくられているように見受けられる」と指摘している。また、5本目の柱が示すような「変容」にかかわる研究が発展途上であり、今後の検討が必要であることもあわせて指摘している。

こうした「社会を変えること」に対して若者の意識をみると、2019年に日本財団によって公表された9カ国における「18歳意識調査」によれば、「自分で国や社会を変えられると思う」の質問に対し「そう思う」と回答した日本の18歳は18.3％で9カ国中最下位の結果を示しており、若者の社会参画意識の低さが指摘された[注3]。

ユネスコが5本目の柱として示した「自分自身と社会を変容させるための学び」は、上述の意識調査で示された社会参画意識と密接にかかわっている。

「社会を変えられると思う」といった社会変容・社会変革につながる意識を高めるためには、山中の実践のなかで展開された「自尊感情と自己肯定感を高める取り組み」が必要であろう。また、織田の実践でいえば、フィールドワークをとおして実際に社会課題の解決に挑む人々との出会いから「ロールモデル」を示すことも必要となってくるだろう。SDGs 時代において国際理解教育の授業をつくるにあたっては、授業をとおして自分と社会をつなぎ、それらの変容をめざした学びを創造することが求められるのである。

　一方で、こうした「学び」をつくる教師の姿について再考することが求められる。「銀行型教育」から「課題提起型教育」へ学びを「変容」させるためには教師自身の「変容」が不可欠である。教育の転換が求められる SDGs 時代の教育を推進するにあたって、実際の授業をすすめる教師の姿をどのように変容・変革させていくのか、そのプロセスはそう容易なものではない。

　2019年12月に「ESD for 2030」（持続可能な開発のための教育：SDGs の達成に向けて）[注4]が国連総会によって採択された。そこには、SDGs の達成に向けた優先事項のひとつに、「教育者が学習者の学びを促進するファシリテーターとなる」ことが示されている。 SDGs の達成に向けて、また持続可能な社会の創り手を育む授業を創造するにあたって、教師の役割について捉え直すことや、そうした教師の育成について着目することも本学会の今後の研究課題となるのではないだろうか。

注
1 ）一般財団法人自治体国際化協会（CLAIR）では、1990年から姉妹都市提携数を数えている。
　　http://www.clair.or.jp/j/exchange/shimai/（2020年年3月20日最終閲覧）
2 ）「我々の世界を変革する：持続可能な開発のための2030アジェンダ」（外務省仮訳）https://
　　www.mofa.go.jp/mofaj/files/000101402.pdf（2020年3月20日最終閲覧）
3 ）日本財団「18歳意識調査」報告 https://www.nippon-foundation.or.jp/who/news/pr/2019/20191130-
　　38555.html（2020年年3月20日最終閲覧）
4 ）UNESCO (2019) Framework for the implementation of Education for Sustainable
　　Development (ESD) beyond 2019 https://unesdoc.unesco.org/ark:/48223/pf0000370215
　　（2020年年3月20日最終閲覧）

引用文献
石森広美（2014）「日本国際理解教育学会紀要論文題目にみる国際理解教育の動向」『国際理解

教育』Vol.20、107-113頁

宇土泰寛他（2020）「SDGs 時代の水・気候変動教育を問う」『特定課題研究　国際理解教育の理念と方法を問い直す報告書』日本国際理解教育学会　研究・実践委員会

織田雪江（2019）「SDGs をテーマに取り組んだ学園祭による生徒の意識変容」『国際理解教育』Vol.25、24-33頁

国立教育政策研究所訳（2010）『国連持続可能な開発のための教育の 10 年中間レビュー :ESD の文脈と構造』

曽我幸代（2015）「ESD における「自己変容と社会変容をもたらす学び」」『国際理解教育』Vol.21、13-22頁

永田佳之（2015）「ユネスコを中心とした国際理解教育」日本国際理解教育学会編『国際理解教育ハンドブック』明石書店、202-209頁

中山京子（2015）「国際理解教育の実践の展望」日本国際理解教育学会編『国際理解教育ハンドブック』明石書店、128-129頁

フレイレ・パウロ / 三砂ちづる訳（2018）『被抑圧者の教育学』亜紀書房

文部科学省（2017）「中学校学習指導要領」

文部省（1998）「中学校学習指導要領」

山中信幸（2014）「意識変容の学習としての開発教育―ペタゴジーとアンドラゴジーの理論に基づく実践的検討―」『国際理解教育』Vol.20、13頁 -21頁

UNESCO（1996）/ 天城勲監訳（1997）『学習：秘められた宝：ユネスコ21世紀教育国際委員会報告書』ぎょうせい

UNESCO (2009) *Review of Contexts and Structures for Education for Sustainable Development 2009.* Paris : UNESCO.

第14章

ユネスコの提起する現代的課題に
国際理解教育はどう応えるか

曽我幸代・永田佳之

1．なぜこの課題を問い直すのか

　ユネスコは国際理解教育のいわば生みの親であり育ての親でもある。両者が不可分の関係にあることは多くの論者によってつとに取り上げられてきたので論をまたないであろう（たとえば、森戸 1972、永井 1984、米田 1993、千葉 1993；1995、永田 2005）。しかし、その関係性の変容については比較的に新しい研究対象となりえよう。歴史を振り返りみれば、ユネスコの提起する重点課題に国際理解教育は呼応し、識字教育、万人のための教育（EFA）、平和の文化、世界遺産教育、そして近年では ESD（持続可能な開発のための教育）、GCED（グローバル・シティズンシップ教育）をテーマに本学会の活動も現場と共鳴しつつ進められてきたが、その行く末はどうであろう。

　上記の来し方を思うにつけ、この15年間ほど筆者がユネスコ主催の会議や審査会の議論に定期的に参加していて気に掛かることがある[注1]。それは教育に関する国際的な優先的課題と一般的な日本の政策課題や現場での問題意識との間の「距離」である。少なくともグローバル化があらわに世界を席巻し続けた今世紀初頭以後の動向を想起すると、両者はその軌跡を同一にしてきたとは言い難く、最近はむしろ乖離してきているようにさえ思われる。もちろん国際機関と国内の国際理解教育とが同一のテーマのもとで課題に取り組む必然性はないが、関係性の変容の意味を問うことは日本の国際理解教育にとって重要な課題であるといえよう。

　このような問題意識のもとに、本章でははじめに近年のユネスコにとっての

重点課題が必ずしも国内の主要な関心事となっていない点を指摘した上で、日本では国際理解教育そのものに対する関心が低下する傾向にあることを明らかにする。次に、このような状況を打開する「切り札」としてみなされることもある SDGs（持続可能な開発目標）について検討を加える。さらに、ユネスコ会議の関連資料をもとに、とりわけ2019年に SDGs を実現するための枠組みとして国連総会で採択された 'ESD for 2030' に注目し、SDGs との関連で行われる国際理解に関する教育のあり方を吟味する。国内外の間にある「距離」をいかに埋めることができるのかについては、ESD の文脈で重要視される「変容」に焦点をあて、そのために求められる教育についての考察を進めながら、今後の国際理解教育の課題を示す。

2．近年のユネスコ会議から

　ユネスコは二年に一度開催される総会で重点を置くべき課題を決めており、その決議事項にもとづき各国で事業が推進されている。教育のみならず科学や文化、コミュニケーションに及ぶ諸領域から数多くの課題が掲げられるが、教育に焦点をあてるなら、近年は SDGs、特に質の高い教育について取り組むべき SDG4 のターゲットに明記されたトピックや後述の 'ESD for 2030' などとなっている。当然ながら、ユネスコ主催の会議のテーマにはこれらの関心事が反映されることになる。ここでは、国際理解教育とかかわりの深い「国際理解、国際協力及び国際平和のための教育並びに人権及び基本的自由についての教育に関する勧告」（以下、「74年勧告」と略）の系譜に位置づけられている現代教育の重点課題に関心を寄せてみたい[注2]。

　現在、ユネスコの74年勧告のいわばスピリットを継承しているのは SDGs のなかの教育や人材育成にかかわるゴールやターゲットに見出せる。たとえば、SDG4.7（ESD や GCED などの質の高い教育の保障）、12.8（持続可能な生産と消費に関する生活意識の向上）、13.3（気候変動の行動に関する教育や意識向上）である（McEvoy 2016）。特に、SDG4.7のなかでもユネスコでは ESD および GCED に焦点をあてて74年勧告のリビューがなされている。そして両者の推進のための比較的に大規模な国際会議も定期的に開かれてきた。双方に焦点をあてた大規模な会議の例としては、2017年３月にカナダのオタワで開催された「平和と

持続可能な開発のためのユネスコ・ウィーク：教育の役割（2017年3月6日〜10日）」や2019年7月にベトナムのハノイで開催された「ESD及びGCEDに関するユネスコフォーラム2019（2019年7月2日〜3日）」が相当する。

　筆者が双方の会議に参加して気づいたのは、日本ではさして話題にもならないトピックが声高に議論されていたことである。一例をあげると、暴力過激主義予防（PVE：Preventing Violent Extremism）のための教育であり、気候変動の理解・適応・緩和のための教育（CCE：Climate Change Education）である。これらは環境・社会・経済・文化という諸領域を横断する形で考察されていかねばならない課題ではあるものの、より大きなテーマとして括るなら、前者は多文化共生、後者は自然（地球環境）との共生に関連する。

　繰り返すが、これらの審議はその時々の思いつきで決められているのではなく、ユネスコの執行委員会および総会の決議の延長線上にある。PVEのための教育もCCEも2015年の第197回ユネスコ執行委員会の決議文書（第197EX/46決議）にもとづいて推進されている[注3]。前者はユネスコ本部の五つの部局ならびに65のフィールド・オフィスや研究所による総掛かりの体制で推進され、数多くの政策提言書や啓発冊子、ビデオや紙媒体の教材等が作成されてきた。後者は、ESDの一環としてパリ協定前から積極的に推進され、同様に政策提言書や事例集、教材等が数多く作成されてきた。

　たしかに、中東のIS（イスラム国）や移民・難民にもかかわるヘイトクライムの問題、そして自然災害や飢餓など、貧困地域の人々をより一層苦しめる構造的暴力としての気候変動の問題は喫緊の地球規模課題である。しかし、実際に会議に参加して「日本の学校での取り組みは？」と問われると、国内全般では若干の知識の習得はなされていても、議論や実践の積み重ね、さらには問題解決のためのアクションが皆無に等しいので返答に窮してしまうのである。

　当然ながら、こうした地球規模課題への取り組みが期待される日本の国際理解教育の場合はどうかについて検討する必要があるだろう。本学会の大会テーマや自由研究発表に上記の地球規模の共通課題といってもよいテーマが扱われたことは希少なのではないだろうか[注4]。PVEに関しては皆無に等しく、気候変動に関しても稀である。これらの他に、ジェンダーや「ポスト・トゥルースと教育」や「AIと教育」という問題も近年に浮上した緊急課題であるが、これらについても同様に教育現場の関心の度合いは決して高くないといえよう。

　もちろん、前述のとおり、本学会が国連諸機関で重要視されるテーマを必ず
しも取り上げる必要性はない。しかし冒頭に述べたように、その誕生からの歴
史を振り返るなら、またその学際的な使命を念頭に置くなら、少なくとも執行
委員会および総会の議決に関心を示し、国際的な関心事を国内の問題と結びつ
けるなどの取り組みは積極的になされてよいのではないだろうか。

3．総合的な学習の時間の実際

　上記の国際的な優先課題に対する認識と日本における認識の齟齬に関する問
題は、現場の教師などの個々人の問題に帰してしまうことには慎重でなくては
ならない。というのも、近年の傾向として、総合的な学習の時間の時数が減る
など、国際的な諸問題を扱う学校の環境が厳しくなっているからである。
　たしかに総合的な学習の時間が国際理解教育の発展にとって一つの弾みと
なった時代はあったものの、時間的には縮減されてきたことは周知の事実であ
る。ただ、問題はここにとどまらない。限られた時間でもどの程度、国際理解
教育のようなトピックが扱われ、義務教育段階の児童生徒たちがどの程度、グ
ローバルな関心を抱く機会が提供されているかである。
　ここに興味深い調査結果がある。**図14-1**は、2002年および2017年に行われ
た全国校長・教員調査データの比較分析の結果の一部であり[注5]、総合的な学

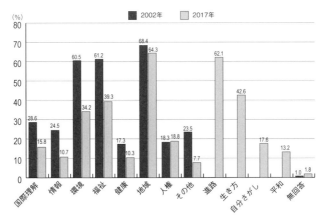

図14-1　「総合的な学習の時間」で扱われるテーマとその割合
（菊地栄治 2019をもとに筆者作成）

習の時間で扱われるテーマについて示されている。

　ここから読み取れるのは、総合的な学習の時間が創設された当初から例示されていた学習テーマである「国際理解」「情報」「環境」「福祉」はいずれも減少傾向にあることである。「国際理解」については28.6% が半分近い15.8% にまで下がっている。同様に、「情報」も「環境」も「福祉」も減少し、その代わり、2017年調査の追加項目となった「進路」や「生き方」等が新たなテーマとして選ばれている。1999（平成11）年の中央教育審議会答申で指摘されたことからも、キャリア教育の推進がなされていることに鑑みれば、当然の結果と読み取れる。しかし、「進路」指導に象徴されるような実務的な時間への変質が推察されることなど、既存の枠組み内での対応となっていることが懸念される。この時間数と意識の変遷にみられる縮小傾向は、昨今叫ばれる学校現場の多忙化と無関係ではないであろう。

　ここまで国際的な関心事が十分に共有されていない日本の現場の問題と、この15年間の国際理解教育等に対する意識の低下を概観した。こうした見解に対して、最近は SDGs が学校現場にも浸透し、「外向き」の意識も醸成されつつある、という見解もあるだろう。たしかに、近年の国際理解教育学会の発表においても優れた実践が発表される傾向にあるといえる[注6]。しかし、先に触れた多忙化ともかかわる評価や成果への期待が付きまとう学校において SDGs が実践された場合の予想しうる陥穽に私たちは自覚的でなくてはならない。

4．ESD の意義

　たしかに、SDGs は国際理解教育をめぐる近年の萎縮傾向を変ええる可能性を秘めている。2020年度からは小学校の、翌年度からは中学校のほぼすべての教科の教科書に SDGs は取り上げられることになった。

　そこで問われるのが ESD の役割である。なぜならば SDGs を実現可能にする教育の「立役者」（'enabler'）として、2020年以後の ESD の実施に関する新たな国際的枠組みである「持続可能な開発のための教育：SDGs 達成に向けて」（以下、略称の 'ESD for 2030' と記す）が第40回ユネスコ総会（2019年11月）での決議を経て、同年12月の第74回国連総会で採択されたからである。副題に現されているように、ESD は SDGs を実現するための教育として国際的な共通認識

のもとに位置づけられたのである。

　ここでなぜ‘Education for SDGs’ではなく、‘ESD for 2030’なのかを考えて
みたい。紙幅の関係上、詳細は別稿に譲るが^{注7}、‘ESD for 2030’には国際的に
プログラムを展開する実施の枠組みを論じた文章にしてはややユニークな表現、
すなわち「ESD の存在証明^{レーゾンデートル}」がある。これは、開発もしくは持続可能な開発そ
のものに批判的な問いを投げかけようとする ESD ならではの役割を指す。
SDGs の実現に向けた教育として位置づけられつつも、SDGs が標榜する「持
続可能な開発」をも絶対視しないという、一見矛盾するような両義性を帯びて
いるのが ESD の特徴なのである。

　通例の教育、つまりこの枠組みのタイトルが‘Education for SDGs’であったら、
それは目標とするものを相対化し、捉え直そうとするような眼差しはもちえな
かったであろう。2030年までに SDGs を達成するためのツールとしての役目を
教育は前提として展開されるからである。しかし、ESD の場合は、深い次元で
開発そのものを問い直す知識や態度も求められているのである。こうした知識
や態度、つまり自己内省的^{セルフ・リフレクティブ}な不断の営みを実現するには「批判的な探究」
(critical inquiry) や「深い変容」(profound transformation) が求められる (永田 2020)。

　このような ESD の特徴を改めて「国連 ESD の10年」(以下、「10年」と略) を振
り返りながら捉えてみたい。「10年」のビジョンには「社会変容」が記され、そ
のために求められる価値観・行動・ライフスタイルを学ぶ機会のある世界にす
ることがめざされた (UNESCO 2005)。持続可能な未来に向けて、自らとは異な
る文化的背景をもつ他者との共生、および自然との共生をいかに実現するのか、
すなわち持続可能な開発のあり方が問われたのである。持続可能な開発とは、
「環境・社会・経済という相互関連する 3 領域から成り、継続する長期的な変
化のプロセスである」と「10年」の枠組みである IIS (International Implementation
Scheme: 国際実施計画) に記された。「継続する長期的な変化のプロセス」を築
くために求められたのが ESD であった。

　その前提としてあるのは、多文化共生や自然との共生と相反する持続不可能
性である。世界各地で、また私たちの身のまわりで起きている他者への暴力や
環境破壊は、両者とも人間が起因である。こうした従来の開発のあり方の問い
直しをとおして、これからのあり方を考え、それを行動に移し、習慣化してい
くことで持続可能な社会は絵に描いた餅ではなく、具現化される。ESD では

このプロセスづくりの一役を担うことが期されたのである。

　ESD はまた、変容をもたらす上で重要視された。それは、「教育の見方の変化」であり、「機械的な伝達手段としての教育から生涯にわたるホリスティックで包括的なプロセスとしての教育への変化」であった（ICEE 2007=2008：226）。菊地（2006：190-191）の言葉を借りれば、ESD は単に続けばよいという「浅い持続可能性」ではなく、「ほんとうに価値ある姿（尊敬に値するありよう）」であるかどうかを一人ひとりが〈いのちの次元〉に立ち返って批判的に見定めることが求められる「深い持続可能性」を追究する。しかしながら「深い持続可能性」は自らのあり様を問うため、自己矛盾に襲われる。問題視していた状況の加害者としての自らが立ち現れるとき、「一人ひとりの意識や心がけの問題として片づけられないほどに、『深い持続可能性』を阻害する社会的な力が私たちの生活を構造的に縛っている」ことに気づかされるのである。

　つまり、「10年」でめざされた社会変容には、自らの価値観や行動、ライフスタイルを批判的に振り返りながら、これまでのあり方が社会を再生産していたことに気づき、もう一つのあり方へと自らを適応していくことが求められる。換言すれば、個々人の自己変容が不可欠であり、それを伴っての社会変容なのである。自己変容をもたらすためには、先述したように、「機械的な伝達手段としての教育」からの変化が求められた。従来の教育のあり方そのものの変化の必要性を説いていたのが ESD であった。ゆえに ESD では教育者や研修者も学習者となり、自己変容のプロセスを歩むことが求められたのである[注8]。

5．変容をもたらす教育とホールスクール・アプローチ

　社会変容のためには自己変容をもたらすプロセスをつくる必要がある。そうであるならば、個々人が暮らしたり、働いたりする場、たとえば学校や職場などの持続可能性も重要となる。教育環境である学校は、児童生徒および教職員にとっては生活環境でもある。ホールスクール・アプローチは学校という場全体をとおして持続可能性を学び、かつそのなかで暮らすことをとおしてそれを体現できるようにしていく手法である（永田・曽我 2017）。「10年」および後継プログラムである GAP（Global Action Programme on ESD）においても強調されたアプローチである[注9]。GAP の優先行動領域の一つである「学習および研修

環境の変容」では、ESD は「持続可能な開発を説いたり教えたりする以上の教育であり、それを実践する教育」であり、ホールスクール・アプローチは施設の持続可能な管理・運営だけでなく、組織全体のガバナンス構造やエートスの変容にかかわるとして、その促進が説かれた (UNESCO 2014)。

　組織自体が持続可能であるかどうかを問うホールスクール・アプローチをとおして、これまでのあり方、すなわち、学校においては学校目標、学校経営や校務、授業実践、校内行事などすべてにおいて前例踏襲で行われてきた「学校文化」を批判的に見直すことが求められた。アーメダバード宣言 (ICEE 2007=2008 : 225) で指摘されたように、「教育の見方の変化」が必要である。同宣言には「再考が求められるのは、自分たちの手段と方法とアプローチであり、政治と経済であり、関係性とパートナーシップであり、教育の真の基盤と目的であり、私たちの生活と教育がどう関わっているのかということ」とも記されているように、私たちが教育をとおして学習者に伝えていることが学校でも実践されているのかが問われている。

　中井 (2015) は「『持続可能性』をキーワードに教育のあり方を捉え直し、『希望ある社会 (学校)』を創出する営みに参加する ESD が教育の『希望』であった」とした上で、学校管理職として ESD による学校経営に携わったことを報告した。これまで導入されてきた「○○教育」を束ね、一つの方向性を示したのが ESD であり、それをとおして学びの体系化および多様なステークホルダーがかかわり合う学校システムの構造化を行った。一方で公立学校に顕著な教員の異動が活動の継続性を困難にさせることを指摘した。こうした課題に対して学校経営の組織化と構造化の必要性に言及した。また、教員一人ひとりが ESD に取り組めるように、教科での実践と ESD との関連をわかりやすくするシステム化を試みた。

　たしかに、学習者に SDGs をはじめとする持続可能な開発にかかる諸課題を伝える場は授業である。各授業に ESD を浸透させることは「10年」において示された ESD の七つの特徴の一つである「学際的・ホリスティック」(UNESCO 2006) に通じ、重要なアプローチである。国内の実践では、ESD カレンダーをはじめとして授業で ESD を意識させるシステムや実践は数多く報告された。持続可能な開発に求められる知識やスキルを習得し、校内行事などでそれを体現する場がつくられる。「10年」当初から継続して強調された「行動」する場は

学校内で数多くつくられてきたといえる。

　ではなぜ冒頭で指摘した「距離」が生まれるのかについて考えてみたい。注目すべきは 'ESD for 2030' に書かれた３つのアプローチ——「変容をもたらす行動（transformative action）」「構造的変化（structural changes）」「技術革新によってもたらされる未来（the technological future）」——である。「変容をもたらす行動」では、個々人の自己変容が基礎にあることを確認しながら、コミュニティの重要性を指摘する。個人的にも集団的にも私たちに関連する価値や根拠を見つけるのがコミュニティであるとし、コミュニティで出会う仲間との連帯をとおして、変容や「持続可能性の文化（culture of sustainability）」のための集団的な行動が促される、と説かれている（UNESCO 2019）。学校もコミュニティであること、そのコミュニティをとおして、学習者である児童生徒ならび教職員は持続可能性にかかる諸問題に向き合い、「深い持続可能性」につながる価値や根拠を捉えられるようにする、また持続可能な開発にかかわる行動や習慣を身につけながら、「持続可能性の文化」が紡がれる学校となることが期待されている。そのためには、学校自体がもっている持続不可能な構造からの変化が必要である。

　環境破壊や社会的不公正、経済格差といった持続不可能性を再生産する仕組みが学校に内在しているのであれば、批判的に見直していかなければならない。またその際、社会の変化に応じて、消費エネルギーの削減や人権保障などが認められるのであれば、積極的に新しい技術を取り入れていくことが必要である。特に ICT 技術の発展に対応できている次世代の若者らの習慣的行動に鑑みても、学校の ICT 環境の改善および教員の対応は早急に進められてよいだろう。

　繰り返しになるが、ESD は「10年」開始当初から持続可能な開発に求められる価値観や行動、ライフスタイルを学べる機会をつくることが求められた。国内外との間に生まれた「距離」をつくった要因として考えられるのは、「ライフスタイル」の欠如であろう。行動を習慣化し、ライフスタイルへつなげていくことがこれからの課題であり、教育と生活との関連性、およびグローバルな観点と自分自身とのつながりを考えていくことが求められていよう。

　学校は学びの場であるとともに暮らしの場でもある。「学校生活」という言葉があるとおり、児童生徒はそこでの暮らしをとおして、様々なことを体得する。しかしながら暮らしの場であるということ、またそこでのインフォーマルな学びに自覚的でない者も少なくない。学校だけに限られた決まり事はその代

表例であろう。「ブラック校則」という言葉がつくられるほど、人権侵害に通ずる環境がつくられていることを持続可能性の観点から見直していかなければならない。学校がホールスクール・アプローチをとおして人権を保障し、環境保全に関与する「持続可能性の文化」をつくっていくことが望まれる。

6．問いへの応答と残された課題

　日本国際理解教育学会は、授業実践に関する研究や成果の報告は紀要をはじめとする刊行物からも豊富であることがわかる。こうした実践が教室内もしくは、授業や行事でとどまっていないか、振り返ってみてもよいだろう（小関2011、永田2018）。

　ESD が学習者の「ライフスタイル」までに踏み込んだ教育であることに鑑みれば、教育と生活、および教育と社会とのつながりを再考していく必要がある。'ESD for 2030' には、「はじめに、変容には当然視している『いつも』の思考と行動、生活からの脱却とともに勇気と根気と決断が必要である」と記されている（UNESCO 2019）。本章で取り上げた問いに残された課題として考えられるのは、近代学校教育システムの隘路（永田 2016）である。国際理解教育が立脚する教育自体の問い直しが求められていよう。それには「脱却」に対応する「勇気と根気と決断」がたしかに必要である。換言すれば、自らのルーティンとなっている習慣からの変化に伴う旧態依然としたシステムの崩壊および新たにつくられるシステムへの適応に求められる覚悟なのかもしれない。「生涯にわたるホリスティックで包括的なプロセスとしての教育」としての国際理解教育のあり方とはどのような教育であるのかを理論および実践においても検討していくことに手遅れなどないだろう。

注
1）「国連 ESD の10年（2005-2014）」のモニタリング評価専門家会合（MEEG）の委員および「ESD に関するグローバル・アクション・プログラム（2015-2019）」のユネスコ／日本 ESD 賞国際審査委員として永田が参加した各国の ESD 評価や施策、報告書や宣言文案作成に関する会議を指す。
2）1974年勧告については、たとえば、千葉（1995）および嶺井（1996）を参照。
3）UNESCO 本部のホームページ https：//unesdoc.unesco.org/ark：/48223/pf0000235180（2020年3月30日閲覧）。

4）こうした問題意識も相まって日本国際理解教育学会研究・実践委員会（2016 - 2018年度）は難民や気候変動をテーマに取り上げてきたが、問題意識の裾野は十分に広がっているとは言い難い。研究成果については、日本国際理解教育学会研究・実践委員会（2020）を参照。

5）菊地栄治（2019）「中学校教育はどう変わったのか？―2020・2017年全国校長・教育調査データの比較分析―」（日本教育社会学会第69回学会大会「一般部会：教育改革と教師」発表資料。詳細は菊地（2019）を参照）。この調査は、2002年3月および2017年3月に郵送自記式質問紙調査として行われ、全国の公立中学校のなかから10%の確率で抽出している。

6）たとえば、織田（2019）を参照。

7）詳細は、永田（2020）を参照。

8）曽我（2015）は「10年」の後半期に強調された「自分自身および社会を変容させる学び（learning to transform oneself and society）に着目して、ESDにおける教育者の自己変容について論じた。

9）2012年に採択された「トビリシ宣言」ではホールインスティチューション・アプローチとしてあらゆる機関での促進が期待された。国内では「機関包括型アプローチ」として訳されている。「トビリシ宣言」についてはICEESD Tbilisi+35（2012 = 2013）を参照。

引用文献

織田雪江（2019）「SDGsをテーマに取り組んだ学園祭における生徒の意識変容」『国際理解教育』明石書店、Vol. 25、24-33頁

小関一也（2011）「多元性・多様性から読み解くグローバル・シティズンシップ―『グローバルなものの見方』を基軸として―」『国際理解教育』Vol.17、47-54頁

菊地栄治（2006）「持続可能な教育社会（サステイナブル）の方へ―新自由主義の教育改革とどう向き合うか―」日本ホリスティック教育協会 吉田敦彦・永田佳之・菊地栄治編『持続可能な教育社会―環境・開発・スピリチュアリティ―』せせらぎ出版、190-209頁

菊地栄治（2019）『〈多元的生成モデル〉にもとづく教育改革の実践と構造に関する総合的研究（最終報告書）』（平成28-30年度科学研究費、研究課題番号16H03774）

曽我幸代（2015）「ESDにおける自己変容と社会変容をもたらす学び―国連欧州経済委員会による理論的枠組みに焦点をあてて―」『国際理解教育』Vol.21、13-22頁

千葉杲弘（1993）「ユネスコと国際理解」『国際理解教育』創刊準備号（0号）、50-57頁

千葉杲弘（1995）「1974年国際教育勧告の改訂をめぐって」『国際理解教育』Vol.1、6-41頁

中井精一（2015）「ESDによる学校経営と教育実践の変革―ESDを学校の授業で活かすための教育システムの構築―」『国際理解教育』Vol.21、77-82頁

永井滋郎（1984）「ユネスコ協同学校計画30周年記念国際会議の報告」帝塚山学院大学国際理解研究所編『国際理解』16号、3-20頁

永田佳之（2005）「国際理解教育をとらえ直す―グローバリゼーション時代における国際理解教育の再構築に向けて―」帝塚山学院大学国際理解研究所編『国際理解』36号、92-105頁

永田佳之（2016）「気候変動教育とは何か―地球温暖化を生み出した近代教育を越えて―」日本建築学会編『建築雑誌』vol.131、No.1687、24-25頁

永田佳之（2018）「地球規模課題と国際理解教育―気候変動教育からの示唆―」『国際理解教育』Vol.24、3-12頁

永田佳之（2020）「'ESD for 2030' を読み解く―『持続可能な開発のための教育』の真髄とは―」

日本 ESD 学会編『ESD 研究』Vol.3、5-17頁

永田佳之、曽我幸代共編著・訳（2017）『新たな時代の ESD　サスティナブルな学校を創ろう―
世界のホールスクールから学ぶ―』明石書店

日本国際理解教育学会研究・実践委員会（2020）『特定課題研究「国際理解教育の理念と方法を
問い直す」報告書』（2016-2018年度）

嶺井明子（1996）「ユネスコ74年勧告と日本の国際理解教育の課題」『国際理解教育』Vol.2、
26-42頁

森戸辰男（1972）「世界情勢と国際理解―ユネスコ国家日本の登場―」帝塚山学院大学国際理解
研究所編『国際理解』創刊号、5-12頁

米田伸次（1993）「学校における国際理解教育の実践と課題」『国際理解教育』創刊準備号（0号）、
98-108頁

International Conference on Environmental Education [ICEE] (2007) *The Ahmedabad Declaration 2007 : A Call to Action : 4th ICEE Environmental Education towards a Sustainable Future : Partners for the Decade of Education for Sustainable Development.* https : //unevoc.unesco.org/fileadmin/user_upload/docs/AhmedabadDeclaration.pdf（2020年3月30日参照）〔永田佳之訳（2008）「アーメダバード宣言―行動への呼びかけ―」日本ホリスティック教育協会　永田佳之・吉田敦彦編『持続可能な開発と文化―深化する環太平洋の ESD―』せせらぎ出版、224-226頁〕

Intergovernmental Conference on Environmental Education for Sustainable Development [ICEESD] Tbilisi+35. (2012) *Tbilisi Communiqué : Educate Today for a Sustainable Future.* IUCN　https : //www.iucn.org/sites/dev/files/import/downloads/tbilisi_story_komunike_small.pdf（2020年3月21日参照）〔丸山英樹・永田佳之訳（2013）「トビリシ宣言：持続可能な未来に向けた今日の教育―解説と訳―」『国際理解教育』Vol.19、109-117頁〕

McEvoy, Claire (2016) *Historical Efforts to Implement the UNESCO 1974 Recommendation on Education in light of 3 SDGs Targets.* UNESCO.

UNESCO (2005) *UNDESD International Implementation Scheme.* Paris : UNESCO.

UNESCO (2006) *Framework for the UNDESD International Implementation Scheme.* Paris : UNESCO.

UNESCO (2014) *UNESCO Roadmap for Implementing the Global Action Programme on Education for Sustainable Development.* Paris : UNESCO.

UNESCO (2019) *SDG 4 -Education 2030 Part II Education for Sustainable Development Beyond 2019* (Executive Board 206 EX/6.II) Paris : UNESCO.

第15章

日韓中共同プロジェクトが提起する課題に
国際理解教育はどう応えるか

釜田　聡

1. なぜこの課題を問い直すのか

1.1.　日韓中共同プロジェクト

　日韓中共同プロジェクトとは、次の二つのプロジェクトを意味する。

　一つは、科研費基盤研究（B）研究代表者大津和子「日韓中の協働による相互理解のための国際理解教育カリキュラム・教材の開発」（2009年度−2011年度）である（以下、三カ国科研）。もう一つは、科研費基盤研究（B）研究代表者釜田聡「日・中・韓三カ国協働による『異己』理解共生を目ざした国際理解教育のプログラム開発」（2017年度−2019年度）である（以下、「異己」プロジェクト）。

　本章では、日韓中共同プロジェクトが、どのような経緯で立ち上がり、どのような成果を残したのか。また、何を課題として私たちに提示しているか。さらに、本学会、あるいは国際理解教育にとってどのような意味があったのかについて明らかにする。

1.2.　本学会創設時からの問題意識

　本学会の創設時から、すでに日韓中の交流・共同研究の必要性が指摘されていた。米田（1993：107）は「在日韓国・朝鮮人」の課題と人権教育をかかわらせ、国際理解教育の意義を論じている。また、中西（1993：122）は「中国からの子どもたち、在日韓国・朝鮮人の子女」との教室内での交流の意義を強調した。また、日本社会と学校において、異質的要素をもつ相手を排除する傾向があることを看破し、国際理解教育の重要な課題であるとした。注目すべきは、学会創

設時には、「異己」プロジェクトの問題意識（他者理解と他者の尊重）と同様の問題意識が提示されていたのである。さらに、千葉（2002：150-157）は「日本の国際理解教育にとって、中国と韓国は重要なパートナーである」と特別な眼差しをもち、本学会のスタディツアーを企画した。その後、日韓中で地道な対話を進め、徐々に日韓中の共同研究の気運が高まってきた。

　これらのことから、日韓中共同プロジェクトは、本学会創設時からの悲願であったといえよう。その意味から、日韓中共同プロジェクトが提起する課題を問い直し、真摯に耳を傾けることは、本学会の今後、次世代の国際理解教育のあり方を展望することにつながると考える。

　本章では、最初に、本学会と韓国（韓国国際理解教育学会）、本学会と中国（北京師範大学比較教育センター）がどのような思いをもち、どのような研究交流を進めてきたかを、学会紀要、研究出版物から抽出し読み解く。次に、三カ国科研の成果と課題、それを継承した「異己」プロジェクトが果たした役割について論述する。最後に研究の総括と今後の展望を行うことで、本章の目的に迫る。

２．本学会の創設期における韓国・中国への眼差し

　1982年の歴史教科書問題を契機に、日韓、日中、時には日韓中の関係が、政治外交上の問題に発展し、日韓中の一人ひとりの心のなかに暗い影を落とした。

　一方で、学術研究の分野では、1982年の歴史教科書問題が生じた後、日韓、日中、さらには日韓中の歴史学研究者・歴史教育研究者・歴史教育実践者の協働研究が行われ、重厚な研究成果と共に多様な研究・実践のネットワークが構築された。1990年代に入ると、歴史教育の授業実践交流が始まり、教育学の視点からの交流も行われ、まさに多様なアクターによる交流の時代を迎えつつあった。日本国際理解教育学会が産声をあげたのは、まさにこの頃であった。

　米田（1993：107-108）は「わが国の「国際化」の課題、それはまた私たち自身の課題でもある」と述べた上で、次の２点の課題について言及した。

　・多民族社会にどのように対応していけばいいのか

　・わが国の国際社会への貢献

　１点目の「多民族社会にどのように対応していけばいいのか」について、「異

文化をもった人々との共存という問題である。すでに「在日韓国・朝鮮人」との共存に未だ多くの課題を残している私たちである。こうした私たちの弱点ともいえるアジアの人々に対する偏見、さらにはその底流にある人権意識の希薄に対して、今こそ真剣に立ち向かっていかない限り、いままたアジア・第三世界の人々との共存という難しいハードルを越えることはとうてい不可能に違いない」と述べ、いわゆる内なる国際化の問題、在日韓国・朝鮮人の課題を浮き彫りにした。さらに、米田（1993：107）は、「人権尊重こそ人類普遍の価値として、ユネスコが国際理解教育を提起した当初から今日に至るまで一貫して、この教育の基盤として位置づけてきたものであったということを改めて想起してみたい」と国際理解教育と人権教育の関係について言及している。

　中西（1993：122）は、「日本人の多くは単一民族であり、このため異質的要素に対しては、不寛容で一元的な文化を背景とした社会を形成している。このような社会にあっては、他人と同じような言動をしていれば安住の地となるが、異質な体質の者は爪弾きされ、仲間として認められない場合が往々にしてある。子どもの世界にあっても同様で、同じように考え、同じような行動パターンをとれば仲間入りさせてもらえるが、異なった考え方、行動をとる者は異端者とみなされ、除け者扱いにされることが多い。」と述べ、日本社会が異質な他者に対して不寛容であり、それが子どもたちの社会にも反映していることを指摘した。その上で、「国内には帰国子女だけでなく、中国からの子どもたち、在日韓国・朝鮮人の子女、外国籍の子どもたちなど次第に増加してくる傾向にあるが、このような学校では彼らとの積極的な交流を通して一般児童・生徒の国際性を養うようにしたい。」と、当時の学校教育そのものの現状に対して、危機感を露わにしている。

　以上のことから、中西は米田と同様の課題意識をもっていたことがわかる。当時の日本社会は異質的要素に対して不寛容であり、子どもの世界であっても、異質的要素をもつ相手を排除する傾向があることを鋭く指摘している。この課題意識は、特定の集団内の異己性を重視する「異己」プロジェクトにも通ずるものである。

　本学会の創設時に、すでに日韓中の協働研究の必要性が認識され、「異己」プロジェクトの問題意識と同様の問題意識があったことは注目に値する。

3. 日本国際理解教育学会と韓国国際理解教育学会との交流

　韓国国際理解教育学会との交流は、記録上は2001年度の海外スタディツアーが契機となっている。当時の国際委員会委員長であった千葉杲弘は「スタディツアーの焦点は、究極的には中国と韓国であった。近くて遠いこれらの国々は、教科書問題を含めて、これからの日本の国際理解教育にとって重要なパートナーで、ある程度の経験を積んでから実施することに決めていた」と語っている。このことから、第1回のスタディツアー（1996年）を企画した当初から、中国・韓国との交流を射程にいれていたことがわかる。特に、日本と東アジアに横たわる教科書問題に問題意識をもっていたことは興味深い。

　米田（1993：98-108）・中西（1993：117-123）らの学会創設当時からの韓国・中国、北東アジアへの眼差しが、1996年当時の学会スタディツアーにも浸透し継承されてきたといえよう。

　本学会のスタディツアーは、次のように実施されてきた。

　1996年第1回パリ・ウィーン・ジュネーブのスタディツアーを皮切りに、第2回タイ国、第3回パリ・ドイツ、第4回中国、第5回に韓国を訪問している。千葉は、第3回のスタディツアーの訪問地をパリ・ドイツに選定した理由として、「ドイツは共同学校の活動とともに国際教科書研究所の成果が世界的にも認められているので、我が国の関係者にもぜひその経験を学んでもらおうという意図であった。ドイツとポーランドというかつての対戦国が2国間の教科書の比較研究を行い、やがて共同で改訂・編纂をするところにまで至った経験は、日韓教科書問題の解決には不可欠と考えたからである」と熱く語っている。

　念願の韓国スタディツアーは、2001年度の活動として企画された。2000年の年末から、韓国ユネスコ国内委員会との折衝を始め、2001年1月に実施が決まった。2001年の韓国スタディツアーの当初の目的は、次の三点であった。

（1）ユネスコ・アジア太平洋国際理解教育センター（APCEIU）を通じて、アジア太平洋の国際理解教育の現状を学ぶ。

（2）参加者にユネスコ・アジア太平洋国際理解教育センター（APCEIU）を知ってもらう。

（3）日韓の参加者の交流を促し、日韓の国際理解教育関係者の間を少しでも近づけたい。

　千葉（2002：152）によると、上記の目的のうち、（3）を「秘めた願い」と考えていた。つまり、韓国スタディツアーに参加したメンバーが、見聞を広め、知見を得るだけではなく、日韓参加者の関係をより密にして、今後の日韓の架け橋としての役割を担ってほしかったと考えていたようである。

　順調に韓国スタディツアーの準備は進んでいたが、2001年4月に教科書問題が勃発し、日韓関係は急速に悪化した。また、韓国スタディツアー直前には、小泉首相の靖国神社参拝という事態が起こり、日韓関係は一気に険悪化した。日韓双方で、韓国スタディツアーの実施が危ぶまれた。しかし、韓国ユネスコ国内委員会は、このようなときだからこそ民間の草の根の交流や教職員同士の協力が必要であるという態度を堅持し、日本側を受け入れてくれた。韓国スタディツアーは、日本側10名、韓国側13名の参加があり、学校や研究機関の訪問だけでなく、お互いの討議が中心であった。このときの討議が、日韓の参会者の心を捉え、両学会（日本国際理解教育学会・韓国国際理解教育学会）の継続的な交流をという気運が高まり、次のことが約束された。

・日韓の国際理解教育学会がそれぞれの年次大会に相手の代表を招待（自己負担）する。
・日韓の教育問題の相互理解促進のために、定期的なワークショップを開催すること。

　この他に、日本国際理解教育学会が主催するスタディツアーに、韓国の先生方も参加する機会を与えてほしいという要望があった。帰国後、千葉（2002：157）は次の4点を学会理事会に提言している。

・日韓の国際理解教育学会の年次大会や実践研究会へ代表を相互に招待する（旅費各自負担）。当学会は日韓の教科書問題を素通りできない。教科書問題について、両国の専門家でシンポジウムを開催できないか。
・日韓の教育の共通問題を相互に理解、研究するための定期的共同セミナーを開催する。
・当学会主宰のスタディツアーに韓国の専門家を参加する機会を設定する。
・アジア太平洋地域国際理解教育センター（APCIEU）との積極的な協力を推進する。

　以上の提言を受け、広島で開催された第12回の研究大会で、韓国国際理解教育学会の代表者を正式に招待することになった。

4．日本国際理解教育学会と北京師範大学比較教育センターとの交流

　本学会と中国との継続的な交流の契機は、2005年4月24日（日）に北京師範大学において行われた日中シンポジウム開催であった。この日中シンポジウムの開催には、二人のキーパーソンの存在があった。一人は、当時、筑波大学・嶺井明子氏の研究室に留学していた姜英敏氏（北京師範大学比較教育センター）である。もう一人は、公益民氏（北京師範大学比較教育センター）である。日本側の、窓口は姜英敏氏、中国側の窓口は公益民氏が担い、日中シンポジウムの企画立案が進められ、開催に至った。

　このシンポジウムにかかわって、当時のエピソードを紹介する。

　2005年4月上旬、中国では北京を中心に反日デモが勃発した。日本のマスメディアは、連日、過激なデモの様子を報道した。また、日本の外務省は、4月11日付けで「注意喚起」の情報を発した。このような状況になり、学会の参加予定者は、「参加すべきか否か、参加が許されるのか」と、真剣に話し合った。このようなとき、北京の公益民氏から「反日デモは一部の市民による行動です。一部の人（インターネットで海外の情報にアクセスできる人）以外は、反日デモが起きていることさえも知りません」と連絡があった。また、日中双方から「このような状況だからこそ、冷静な研究者と教育者の交流が必要である」との声が高まり、日中シンポジウムの開催に踏み切った。

　日中シンポジウムの主な旅程は次のとおりである。

（1）日　時　　2005年4月22日（金）〜26日（火）

（2）主な日程

　　4月22日（金）出発　関西国際空港－北京国際空港－ホテル

　　4月23日（土）文化遺産研修　日中シンポ打合せ

　　4月24日（日）日中シンポ

　　4月25日（月）学校訪問（161中学校、農業大学附属中学校）

　　4月26日（火）帰国　北京国際空港－関西国際空港　解散

（3）参加者　　日本側参加者14名

　この日中シンポジウムは、姜英敏氏と公益民氏、項賢明氏他の北京師範大学比較教育センターの先生方が中心となって、企画・運営された。他にも、顧明遠氏（中国教育学会長）、郭雯霞氏（人民教育出版社）など、多数の方々にお世話に

なり、研究交流の土台を築くことができた。

　以上のことから、日本国際理解教育学会と北京師範大学比較教育センターとの学術交流の端緒は、まさに反日デモを乗り越えた日中の人と人との信頼関係にあったといえよう。その後、2005年12月には、東京において、日中シンポジウムを開催した。2006年6月日本国際理解教育学会第16回研究大会において、中国に加え、韓国からの研究者を交えた議論が行われ、三カ国の研究交流の礎になった。

5．三カ国科研

5.1．三カ国科研の源流

　最初に、三カ国科研の源流をたどる。柴田（2007：146）によると、2006年6月の日本国際理解教育学会（岐阜大会）で、すでに「日・韓・中の三カ国の研究者、教員による共同教材開発の推進」を行うことが合意されていた。岐阜大会での合意を受け、2006年10月14日（土）・15日（日）、第7回韓国国際理解教育学会（淑明女子大学）が開催され、「共同教材開発」が行われた。柴田（2007：146）は、「共同教材開発」を媒介として、学会の活動が"北東アジアの連携"という新しいステージに具体的に歩みを進めた大会であると評している。

　ワークショップの概要は次のとおりである。

韓・中・日国際理解教育ワークショップ

日　時　2006年10月15日（日）

会　場　百周年記念館

テーマ　韓中日の相互理解のための国際理解教育の資料開発ワークショップ

・「国際理解教育カリキュラム開発」　多田孝志（目白大学・日本国際理解教育学会副会長）

・「国際理解教育の教材の開発研究」　ジャン・インミン（中国北京師範大学副教授）

・「国際理解教育の資料開発の方向」　チョ・ナンシン（韓国教育課程評価院教授学習開発）

・「中国と日本の教材開発の方向」　　キム・ダウェン（富川サンド中学校教師）

　ワークショップの会場となった淑明女子大学百周年記念館1階のホールには、大学開学以来の歴史を刻む様々な資料や写真が展示されていたという。ワークショップの百年前、1906年は日韓にとって、大きな節目の年だった。当時の

日本政府が、京城（現ソウル）に朝鮮総督府を設置した年である。その百年後に、日韓中の研究者・教育実践者が「共同教材開発」の目標を設定し、新たな歴史を刻み始めた。

　このように、2006年は日韓中共同プロジェクトの環境が整った記念すべき年であったといえよう。本格的な教材作成に着手したのは、翌年2007年札幌で開催した「日韓中三カ国相互理解のための教材開発ワークショップ」（以下、札幌 WS）である。三カ国科研の源流はまさにここにあった。札幌 WS について、大津（2014 : 163）は次のように語る。

　　　本研究の端緒は、2007年7月ユネスコ・アジア文化センター（ACCU：Asia/Pacific Cultural Centre for UNESCO）の助成を得て札幌で開催した「日韓中三カ国相互理解のための教材開発ワークショップ」にあります。韓国から6名、中国から5名、日本から22名の計33名が参加して、「日韓中ラーメン物語」「行動様式の違い」「日常生活と生活文化」「グローバリゼーションと移民」「歴史認識」の五つのグループに分かれ、二日間にわたって教材素案を検討しました。この時の議論をもふまえ、科研プロジェクト「日韓中の協働による相互理解のための国際理解教育カリキュラム・教材の開発」の最初の全体討議において、三つの大きな単元（＝テーマ）である「食文化」「人間関係」「人の移動」が設定されました。

5.2.　三カ国科研の概要

　2007年の札幌 WS から本格的にはじまった日韓中三カ国相互理解のための教材開発ワークショップは、2009年春、科研費（「基盤研究（B）研究代表：大津和子『日韓中3カ国の協働による相互理解のための国際理解教育カリキュラム・教材の開発』」）として継承された。その後、共同教材開発プロジェクトは加速し、次の二つの研究成果を世に問うことができた。

（1）2012年　科研費研究報告書（基盤（B）代表：大津和子）『日韓中3カ国の協働による相互理解のための国際理解教育カリキュラム・教材の開発』（2009～2011年度）

（2）2014年　大津和子編『日韓中でつくる国際理解教育』明石書店　2014
　以下に、二つの研究の概要について述べる。

　（1）の研究では、最初の全体会議において、三つの大きな単元（テーマ）として、「食文化」「人間関係」「人の移動」を設定した。

　「食文化」単元の「ラーメン」グループは、三カ国におけるラーメンをめぐる食文化や、ラーメンを通じた三カ国のつながりを内容とする教材を開発した。

　「米」グループは、「米」をめぐるグローバリゼーションとローカリゼーションを取り上げた。

　「人間関係」単元の「生活文化」グループは、家族・教師・友人との付き合い方の違いと共通点を内容とする教材を開発した。

　「ことばと生活」グループは、「あいさつことば」「お礼のことば」「若者ことば」を取り上げた教材を開発した。

　「人の移動」単元の「移民」グループは、ハワイ移民、ブラジル移民をテーマにした読み物資料を開発した。

　「留学生」グループは、留学生にとっての異文化理解や直面している諸問題を取り上げた教材を開発した。

　「旅行」グループは、三カ国の文化・歴史・つながりなどを理解するためのすごろく教材を開発した。

　（2）の研究の特色は、次の三点である。

・共通のテーマでカリキュラム・教材を開発する。共通のテーマを扱うことで、日韓中三カ国の文化の違いだけでなく、文化の共通性や相互のつながりを具体的に学ぶ。

・各国の学習者の発達段階に応じたカリキュラム・教材を、三カ国の協働により開発する。三カ国の研究者・教員がアイディアをもち寄り教材案を構想して、日韓中三カ国の学校で実験授業を試み、改善を図る。

・カリキュラム・教材の開発のプロセスにおいて、日韓中三カ国の研究者と教員が相互理解を深めること。三年間にわたって研究会を重ねることにより、日韓中の授業観や学校文化の違いを理解する。

　以上が、（2）の特色であるが、（1）の研究成果のうち、「食文化」「人間関係」「人の移動」から構成されている。

　「食文化」：児童・生徒にとって身近で興味をもちやすい「ラーメン」と「米」を通じて、日韓中の食文化の違いと共通性に気づき、三カ国のつながりを学ぶことができる教材となった。

「人間関係」：「家族」の誕生をめぐる感じ方や考え方の違いだけでなく、家族を思い合うという共通性に気づくことができる教材となった。また、礼儀やマナーの背後にある考え方や価値観を重視した点は、後の「異己」プロジェクトに継承された。

「人の移動」：「移民」と「旅行」を取り上げた。人の移動を通じた文化交流や文化混淆、移民にかかわる諸課題を学ぶこと、「旅行」すごろくを通じて隣国の文化や自国の歴史的なつながりを理解することができる教材となった。

6.「異己」プロジェクト

6.1.「異己」プロジェクトの源流

「異己」プロジェクトは、2013年6月国際委員会でのフリートーキングの場で誕生した。国際委員会での打ち合わせの際、「現在の東アジア情勢や日本と中国の関係を鑑み、今こそ日中の子どもたちと教育実践を磁場としてネットワークを構築すべきである」と合意形成された。学術的背景を探ると、「異己」プロジェクトは、三カ国科研と姜英敏氏の研究成果（「異己」理解教育実践）に遡ることができる。以下、「異己」プロジェクトと三カ国科研と「異己」理解教育実践との関係について述べる。

（1）三カ国科研との関係

三カ国科研と「異己」プロジェクトの接点は、三カ国科研の「人間関係」にある。三カ国科研の「人間関係」のルーツは、札幌WSの「生活文化」に遡ることができる。札幌WS「生活文化」では、三カ国の児童・生徒の日常生活に着目した教材開発を行った。三カ国科研「人間関係」では、日常の人間関係をテーマに、三カ国の児童・生徒が興味・関心、問題意識をもつような教材を開発した。そこでは、児童・生徒の身の回りの事象や日常の生活習慣、価値観、言動のなかで、人間関係にかかわる事象に着目した。

授業実践を通じて、日韓中三カ国の枠組みから、世代間・都市部と地方・グローバル化の浸透等を加味した教材やカリキュラムの開発の必要性が課題として共有された。

（2）「異己」理解教育実践との関係

異なる文化や価値観を理解するための国際理解教育の実践は多数みられてい

るが、対立した価値観をもつ集団同士がその対立について深く議論し、相互理解を試みる実践はまだ少ない。しかし、価値観の対立、いわばお互いの「異己」性こそが文化間、集団間の葛藤や対立を生み出す要因であることを鑑みるとその重要性はいうまでもない。国際理解教育のなかで「理解不可能な他者」との共存を提言した永田（2005：98）や、文化心理学のアプローチから理解不可能な他者同士が交流した場合生み出してしまう「ディスコミュニケーション」について分析した山本（2004：165）は、異なる文化や価値集団間の相互理解に際し、コンフリクトに焦点をあてる必要があると強調した。

　国際理解教育の視点からこの課題を注目するようになった姜英敏（2011：131-141）は「『異己』理解と共生」を国際理解教育の新しいアプローチとして提示し、関連教育実践を重ねてきた。特に日本と中国の小中学生や大学生を対象に「異己」理解を目的とする共同授業を何回か実施し、「異己」理解のプロセスを明らかにしながら、それを前提とした授業開発をめざした。

　以上の（1）と（2）の結節点として、「異己」プロジェクトが生成されるに至った。

6.2.　「異己」プロジェクトの概要

（1）「異己」とは

　「異己」について、姜英敏（2014：98）は次のように説明する。

　「異己」は、『後漢書』に初めて記載された言葉で、現在も広く使われている概念である。価値観が異なり、政治的に対立あるいは敵対する立場にいる派閥、武装勢力、利益集団が互いを「異己」と称し、粛清の対象として看取されてきた。この場合、「敵」ではなく「異己」という用語を使う理由は、「異己」のもつ弁証法的特長が「敵」では現れない特殊な状況を表現しているからである。まず、「異己」と称すのは同じ集団のなかにいて、お互い避けられない場合に限定する。次に、利益や価値観が異なる集団間でそれに伴う違和感や敵対関係が構築される状況をさす。最後に、政治闘争のなかで「異己」がすべて粛清されることは異なる考え方をもつ相手が存在しないことをも意味し、そのような絶対的支配はかえって自分の存続に危機をもたらすことになるので、自己集団存在の前提として「異己」は常に存在する。まさに、文字どおり「異なる自分」ともいえよう。

　グローバル化が急激に進む現代社会においてコンフリクト的な文化や価値を

もつ集団間は、ある意味お互い「異己」としてみられるのではないかと思われる。特に日本、中国、韓国は経済や文化などの領域で相互に深く浸透しているが、人々の交流のなかで文化や価値観の差異からくるコンフリクトも少なくなく、お金の貸し借りなど個人間の交流から歴史認識のような国家的課題の解決まで少なからず影響を及ぼしている。国家利益の衝突が浮き彫りになっている今こそ、「異己」理解はいつよりも喫緊の課題になっている。

　価値多元化社会において異なる価値観や立場をもつ相手を理解し、その相手と共生社会を作っていくという国際理解教育の原点に戻ってみても、「異己」理解と「異己」との共生をめざす国際理解教育の授業開発は重要な課題といえる。

　以上の考え方に立ち、「異己」プロジェクトの構想が立案された。

（2）「異己」プロジェクトの取り組み

　「異己」プロジェクトは、本学会の国際委員会の活動として、2013年日中の研究者と実践者でスタートした。その後、2017年春に科学研究基盤研究（B）として採択され、韓国を交えた三カ国の協働研究として再出発した。毎年、日本と韓国、中国で授業研究と研究会議を行い、児童・生徒の姿と授業者の声を丁寧に読み解くことを重視して、「異己」プロジェクトを進めてきた。具体的な授業場面では、チョコレートをめぐる友人間の所有の問題について、グループ・クラス、国境を越えての対話が行われた。意図的に「異己」を浮き彫りにする手法を使うことによって、クラス内の「異己」、国境を越えた「異己」、自分と「異己」について考えを深めている児童・生徒の姿を見出すことができた。

6.3.　「異己」プロジェクトの成果と課題

（1）成果

　日韓中の教室を磁場として、三カ国協働による国際理解教育の理論と実践の往還が実現した。また、日韓中三カ国の研究者・実践者が、誠心誠意の交流ができ、しなやかで強靱な人と人とのネットワークが構築できた。

　研究内容にかかわっては、次の三点を研究成果としてあげることができる。

・「異己」概念を活用したことで、特定のグループ・クラス内の少数派を意図的に顕在化することができ、その後の意見交流、特に価値葛藤と対話を促すことにつながった。

・「異己」を通じて、自己と「異己」との対話、あるいは「異己」を通じて、国

境を越えた対話を促すことができた。

・「異己」との対話を深めることで、自分と異なる価値判断基準をもつ集団の存在に気づき、理解と共生のプロセスを考えようとすることを促すことができた。

（2）課題

これまでの実践研究を通じて、次の四点が課題として共有された。

・近年の他者理解の研究動向を参照しながら、「異己」プロジェクトの独自性・意義を鮮明に打ち出す必要がある[注1]。

・児童・生徒が「異己」の存在を認識し、「異己」との対話をすることで、どこまで理解が深まり、何に疑問や問題意識をもったかを明らかにするための質的研究が不十分であった。今後は、事前と事後、さらには授業中の児童・生徒の変容を記録し、分析・考察を行うことが必要である。

・児童・生徒の発達段階、あるいは学校種、地域性に応じて、評価規準・基準を設定したり、教材やシナリオを可変的に活用したりできるよう修正を加える必要がある。

・教材・シナリオのさらなる充実と拡充が必要である。また、日中韓だけでなく、欧米での実践も視野に入れてはどうかという意見もある。

7．問いへの応答と残された課題

　本章は、日韓中共同プロジェクトの生成過程を追い、その成果と課題は何か、本学会や国際理解教育にとってどのような意味があり、どのような課題を提起しているのかを明らかにすることが目的であった。そのために、本学会の創設期から、現在まで、本学会と韓国、中国との交流、日韓中共同プロジェクトを概観し、成果と課題を抽出・整理してきた。ここで、本章の目的に迫るため、研究の総括と今後の展望を行う。

7.1．総括

　日韓中共同プロジェクトの直接の端緒は、韓国は2001年の韓国スタディツアー、中国は2005年4月の日中シンポジウム（北京）であったことが確認できた。一方で、そこに至るまでには、本学会の創立時からの韓国と中国、北東ア

ジアとの連携を目ざしていた学会の強い思いと願いが原動力となっていたことが確認できた。また、本章では、日韓中共同プロジェクトの成果と課題を、それぞれ、5.三カ国科研、6.「異己」プロジェクトで述べてきた。

　三カ国の研究者・実践者が、毎年三カ国の教室に出向き、児童・生徒の旺盛な好奇心、深い思考と鋭い意見に、参観者の私たちもしばしば驚き感動することがあった。この子どもたちが、日中韓の友情をとり結び、持続可能な社会の創り手として次世代を担っていくだろうと期待してやまない。

7.2.　今後の課題

（1）学習領域「未来への選択」の重視

　本学会では、国際理解教育の学習領域として、4領域と主な学習内容を設定した。そのなかで、「D 未来への選択」（主な内容：1歴史認識、2市民意識、3参加・協力）がある。また、教育の世界では、持続可能な社会に担い手・創り手の育成が求められている。このことは、日本のみならず、韓国、中国、さらにはグローバルな課題でもある。学会創設当時の米田・中西らの先人の声に耳を傾け、学会のスタディツアーの経緯、これまでの三カ国の交流からは、「D 未来への選択」を重視した対話があってよいのではないだろうか。持続可能な社会、持続可能な日韓中の関係を考えたとき、国際理解教育・「D 未来への選択」の視座からの教材・カリキュラムを本学会が日韓中と協働で提示する時期が到来したように思う。

（2）日韓中共同プロジェクトの進展・応用

　2020年、新型コロナウイルス感染症が世界を震撼させた。同時にグローバル化とそれに対抗するナショナリズムの問題がより顕在化した。世界各国・地域では、国籍・民族などによる痛ましいほどの差別・偏見が報告されている。また、日本国内においても、感染者に対する不当な人権侵害が数多く報告されている。まさに、グローバルであり、かつローカルでもある深刻な人権問題が顕在化している。こうした事態は、日中韓でも同時多発的に起きている。日韓中共同プロジェクトで培った研究上の知見・方法、人的ネットワークを活用し、新たな問題に対応することが求められているといえよう。

注
1）日中韓の相互の対話を通じて、他者理解を促す先行実践研究として、代表的なものとし

て、山本登志哉らの研究がある。山本は文化心理学のアプローチから、『文化とは何か、どこにあるのか—対立と共生をめぐる心理学—』(2015, 新曜社) や、『子どもとお金—おこづかいの文化発達心理学—』(2016, 東京大学出版会) など、重厚な研究成果を公表している。森茂岳雄と姜英敏は日中の大学生同士の対話を行なった実践を行い、その成果を公表している。

　しかしながら、これらの実践研究は、対話を通じて、他者理解をすること、他者理解のアプローチを明確にすることを主眼に置いていた。すなわち、対話を通じて、他者を尊重し、共生への道筋を見出すところまでは到達していなかったのである。

　「異己」プロジェクトは、対話を通じて、他者を理解・尊重し、どうしたら共生への道筋を見出すことができるかを問い掛ける。ここに「異己」プロジェクトの独自性がある。一方で、トニ・モリスン『「他者」の起源』(2019, 集英社新書) やポール・ブルーム『反共感論』(2018, 白揚社)、平田オリザの対話論 (『対話のレッスン』(2015, 講談社学術文庫)、『わかりあえないことから』(2012, 講談社現代新書)) などに論述されている他者とは何か、他者の理解は可能か、自己と他者との関係など、他者理解のアプローチを改めて問い直すことも射程に入れている。

引用文献

大津和子編 (2014)『日韓中でつくる国際理解教育』明石書店

釜田聡 (2006)「海外研究大会報告中国国際理解教育研究大会・日中シンポグローバル時代における国際理解教育」『国際理解教育』VOl.12、166-179頁

釜田聡・姜英敏 (2014)「報告 / 国際委員会 日本・中国「異己」共同授業プロジェクト」『国際理解教育』Vol.20、96-100頁

釜田聡・姜英敏・金仙美・津山直樹 (2018)「報告 / 国際委員会活動報告」『国際理解教育』Vol.24、80-85頁

釜田聡・姜英敏・堀之内優樹 (2019)「国際委員会活動報告」『国際理解教育』Vol.25、103-107頁

柴田元 (2007)「海外研究大会報告第7回韓国国際理解教育学会研究大会の報告」『国際理解教育』Vol.13、146-163頁

강영민 (2011)「이기 (异己) 와의 공생 - 중국 국제이해 교육의 새로운 과제」『국제이해교육』(12)、131-141頁

千葉杲弘 (2002)「海外情報韓国のスタディツアー」『国際理解教育』Vol.8、150-157頁

永田佳之 (2005)「国際理解教育をとらえ直す—グローバリゼーション時代における国際理解教育の再構築に向けて—」帝塚山学院大学国際理解研究所『国際理解』(36)、92-105頁

永田佳之・釜田聡 (2016)「報告 /2015年度国際委員会 日中共同「異己」理解・共生授業プロジェクト」『国際理解教育』Vol.20、100-105頁

中西晃 (1993)「国際理解教育の目指すもの」『国際理解教育』創刊準備号 (0号)、117-123頁

山本登志哉 (2004)「文化間対立という現実へ—構造的ディスコミュニケーション分析」山本登志哉・伊藤哲司編『現代のエスプリ—現実に立ち向かう心理学』第12号、158-167頁

米田伸次 (1993)「学校における国際理解教育の実践と課題」『国際理解教育』創刊準備号 (0号)、98-108頁

［付録1］　紀要『国際理解教育』掲載論文一覧

日本国際理解教育学会が発足してから紀要のサンプル版として刊行された『国際理解教育』（ここでは0号と称す）と、創刊号〜26号の紀要『国際理解教育』が発行され、国際理解教育研究の軌跡をみることができる。ここでは、0号掲載論文と、26号までの紀要に掲載された論文（研究論文、実践研究論文、研究ノート、実践研究ノート、特集論文、特別寄稿論文）を紹介する。

号数	■研究論文　○研究ノート　□実践研究論文　◇実践研究ノート　☆特集論文・特別寄稿
創刊準備号（0号）／1993年1月	わが国の国際化（天城勲）
	国際理解教育の理念と本質（島久代）
	国際理解の教育（新井郁男）
	ユネスコと国際教育（千葉杲弘）
	報告　平和・軍縮とNGOとしてのユネスコ運動（城戸一夫）
	国際理解教育の現状と実践上の課題（天野正治）
	学校における国際理解教育の実践と課題（米田伸次）
	国際理解教育のすすめ方（中島章夫）
	国際理解教育の目指すもの（中西晃）
	「個性の伸長」と国際理解教育（川端末人）
	国際社会と教育（武村重和）
	私の考える国際教育（岡本稔）
	国際人権法典にみる「教育を受ける権利」の推移（相良憲昭）
	日本人の説得力（三浦順治）
1号／1995年6月	■ 1974年国際教育勧告の改訂をめぐって（千葉杲弘）
	■ 国際理解教育の実践上の課題―学校・学級の構造とのかかわりから（佐藤郡衛）
	■ 異文化理解の視点から英語教育における語彙学習を考える―英語学習の初期段階における「内包」の扱いをめぐって（林洋和）
	■ 国際理解教育の基礎理論としてのアイデンティティ・ポートフォリオ理論の構想（本間正人）
	■ 日本の学級集団における規範構造―帰国子女との関連から（武田玲子）
	■ ユネスコ国際理解教育の初志について（永井滋郎）
	○ ワールドスタディーズの成立と展開―イギリスにおける国際教育小史（岡崎裕）
	○ アメリカ映画の中の「日本」―異文化理解の難しさ（矢野重喜）
2号／1996年6月	☆ 地球時代の多文化理解（デイビッド・セルビー，菊地恵子訳，河内徳子監訳）
	■ ユネスコ74年勧告と日本の国際理解教育の課題（嶺井明子）
	■ 教室の周縁から始める国際理解教育―学校改革に向けた国際理解教育の新たな実践的展開（宇土泰寛）
	■ 地域の国際化で子どもの何が変わるか―外国人との交流の実態と異文化観（大島薫）
	□ アメリカの公立学校における「国際理解教育」―日本語イマージョンプログラムの実践を通して（佐々信行）
	□ 帰国生に対する論文指導の試み―世界史学習を通して（小澤一郎）
3号／1997年6月	□ ユネスコの新たな提案―平和文化の構築（河内徳子）
	■ ユネスコの価値教育の展開（溝上泰）
	■ 経済摩擦の学習と国際理解教育―社会科・公民科における「共生」シンボルと「表現力」（柿沼利昭）
	□ 児童の異文化理解の素地の育成を目指して（合津郁夫）
	□ 広義の言語学習を通した国際理解教育（村上博之）
	☆ 学習：秘められた宝（天城勲）

号数	■研究論文　○研究ノート　□実践研究論文　◇実践研究ノート　☆特集論文・特別寄稿	
4号／1998年6月	■	ドイツの総合的学習「教科間連携テーマ」における国際理解教育に関する研究（大野亜由未）
	■	国際理解教育と人権に関する一考察―世界人権宣言50周年に寄せて（米田伸次）
	■	幼児期の平和教育と国際理解―世界幼児教育機構（OMEP）の活動をとおして（畠中徳子）
	○	「平和の文化」と教育―ユネスコによる新たな学際的構想（小林亮）
	□	英語教育の中の国際理解教育―Dear Americaを教材として（寺島隆吉）
	□	文化論を読み日本人論を書く―高校国語科における説明的文章教材による国際理解教育の実践（浅田孝紀）
5号／1999年6月	☆	「在日コリアン」の教育が国際理解教育に示唆するもの―「異文化理解」から多文化教育の発想へ（田渕五十生）
	■	国際理解教育の教材開発における〈動的な対話〉の意義―安重根と千葉十七の相互理解の心理過程をめぐって（佐々木文）
	○	心理学研究から見たセルフ・エスティーム概念の理論的可能性について（野崎志帆）
6号／2000年6月	☆	国際理解教育の基本概念としての「国」を問う（天城勲）
	■	MENC（全米音楽教育者会議）音楽カリキュラムにみる多文化主義（磯田三津子）
	□	多文化主義の視点からの世界史学習（田尻信壹）
7号／2001年6月	■	わが国の国際教育協力の現状と課題（二宮皓）
	■	国際理解の素養としての世界史学習のあり方（二谷貞夫）
	■	「国家」理解のための国際理解教育の課題（新井郁男）
	■	教育実践記録における〈生成する語り〉の諸相（倉石一郎）
	□	グローバル・クラスにおける学びとは何だったのか？（高尾隆）
	☆	インターネットがもたらす高校の国際教育の変化（安藤益代）
8号／2002年6月	■	Language Awareness（言語意識教育）による国際理解の育成―小学校における英語活動実践の提言（塚本美恵子）
	○	交流体験学習としてのホームステイプログラムの成功事例―フォト・ジャーナル制作による交流を通して（内田富男）
	□	日韓歴史認識の共有化をめざした「韓国併合」の授業実践（釜田聡）
	□	「ケータイ」から世界が見える（井ノ口貴史）
9号／2003年6月	■	多文化共生社会における教科書の課題―ドイツの教科書に表れるマイノリティの観点から（中山あおい）
	■	教室内の多文化化を活用した国際理解教育―第二言語話者と第一言語話者、その双方の育ちを目指して（福山文子）
	■	国際理解教育における英語教育の役割―言語イメージ調査からの示唆（吉村雅仁）
	○	国際理解教育における平和学習のすすめ方に関する一考察―Global Issues in the Middle School「ノーベル平和賞」の授業事例を中心に（藤原孝章）
	□	モノローグ的国際理解教育の克服をめざして―留学生との協同で創る総合的な学習（植西浩一）
	□	総合学習「ワールドカルチャー」の実践における子どもの思考分析―多文化教育と国際理解教育のインターフェイスの視点から（中山京子）
	□	帰国子女による英語教材の開発と授業実践（畑野喜信）
10号／2004年6月	■	ニュージーランド社会科における国際理解教育とそのスタンス―日本の社会科との比較から（井田仁康）
	■	日韓の相互理解をめざした歴史認識を深めるために―歴史教育交流と教科書叙述を通じて（釜田聡）
	■	卒業生調査をもとにした小学校英会話の効用と課題―異文化間コミュニケーション能力の視点から（金玹淑）
	□	博物館を利用した国際理解教育の可能性―ハンズ・オン教材を用いた学習プログラム開発に向けて（今晃一・手嶋將博）
	□	小中学校における交流活動参加を通した留学生の学び―留学生にとっての「異文化トレーニング」という視点から（石塚美枝）

号数	■研究論文　○研究ノート　□実践研究論文　◇実践研究ノート　☆特集論文・特別寄稿
11号／2005年6月	■ 図像史料を活用した移民史学習の可能性―「大陸横断鉄道と中国人移民」の教材化（田尻信壹）
	■ 文化理解の再考―動的文化理解の概念とその実践に向けての教材検討（山西優二・近藤牧子）
	■ 異文化間トレランスの形成に向けたユネスコの国際理解教育（小林亮）
	■ 人権、平和、民主主義という普遍的価値に基づく小中高校グローバル教育の単元構成―Betty A. Reardon 著『寛容―平和の入口』を手がかりとして（松井克行）
	□ 国際理解教育における遠隔交流授業の可能性―ケニア・マサイと日本の小学校における遠隔教育の実践から（高橋真央・天沼直子・加藤貴子）
	□ 「総合的な学習の時間」における国際理解教育の授業づくり―直江津港におけるロシア船員との交流を通して（中川和代）
	○ 欧州評議会が近年提唱する「複数言語主義」概念について（山川智子）
	○ 小学校における外国語教育の国際比較（藤兼裕子）
12号／2006年6月	■ 音の力と国際理解教育―モンゴルの音楽をモチーフとした出前授業の実践から（横田和子）
	□ 博物館を利用した国際理解教育の実践と評価―国際理解教育の自己評価チェック表の提示（今田晃一・木村慶太）
	□ 「未来への選択」の視点に立った市民性資質を育成するための授業実践―保小中連携教育の構築を通して（小嶋祐伺郎）
	○ 時事問題を教室で展開する方法とその意義―『Global Express』の分析より（石川一喜）
13号／2007年6月	■ 真珠湾と広島の記憶をめぐる日米共同実践―ロサンゼルス・オマハ・京都の中高生をつなぐ（中山京子）
	■ 国際理解教育の実践分析―交流効果を中心として（李炫妵）
	□ 日中両国における「戦争・平和博物館」の現状と国際理解教育の課題（太田満）
	□ 平和教育の理念を取り入れた国語科カリキュラムの開発（田村かすみ）
	□ 参加体験型・問題提起型学習における教員の役割―サラワク・スタディーツアーの実践を通して（野中春樹）
14号／2008年6月	■ 日本の歴史教科書の中の台湾―語られない民衆の歴史（太田満）
	■ 「深い多様性」に基づくカナダのシティズンシップ教育―WCP 社会科共通フレームワークの分析を手がかりに（坪田益美）
	■ ことばの豊穣性と国際理解教育―ことばとからだのかかわりを中心に（横田和子）
	□ 連携ワークショップ型教員研修の実践的展開―国立民族学博物館との共同研究の成果を活かして（今田晃一・木村慶太・日比野功・手嶋將博）
	□ グローバル・イシューを意識した内容中心指導法による英語の授業の可能性（石森広美）
	○ 博物館における文化理解の内容と方法―ヘニガー・シューの理論に基づいて（磯田三津子）
15号／2009年6月	■ 国際理解教育における理解不可能性の位置づけ―教育行為と教育者の立場の流動性の顕在化（市川秀之）
	■ 紛争後における民族共存社会構築に向けた教育の3段階アプローチ（小松太郎）
	■ 京都・東九条マダンにみる多文化共生―在日コリアンの音楽による多文化教育の実践に向けて（磯田三津子）
	■ 文化人類学と国際理解教育をつなぐ博物館―博物館情報論からの提言（野呂田純一）
	○ "お返し"をめぐる日中共同授業―価値基準の異なる他者理解の試み（姜英敏・王燕玲・草野友子）
	特集：世界遺産教育と国際理解教育
	☆ 世界遺産教育とその可能性―ESD を視野に入れて（田渕五十生）
	☆ 世界遺産教育の構築―奈良市教育委員会における取り組み（中澤静男）
	☆ 情報としての遺産と資源―世界遺産と文化資源の比較考察（中牧弘允）

248

号数	■研究論文　○研究ノート　□実践研究論文　◇実践研究ノート　☆特集論文・特別寄稿
19号／2013年6月	■ 国際理解教育における批判的言語意識（Critical Language Awareness）の意義（黒川悠輔） ■ 国際理解教育における対話の諸課題―所与の関係性の視点から（市川秀之） ■ 相互理解におけるステレオタイプ変容プロセスの臨床的検討―日中大学院生の対話交流のナラティヴ・アプローチ分析を通して（津山直樹） ■ 多文化共生をめざす教育―英国の小学校における平和教育の事例から（坂出義子） 特集：文化的多様性と国際理解教育 ☆ 文化的多様性の学びと国際理解教育―共生社会の構築に向けて（横田和子） ☆ 国際理解教育における文化的多様性の課題―〈あいだ〉としての文化観へ（吉田直子） ☆ 文化的多様性への関係論的アプローチ―「場」的視座からの考察（河野秀明） ☆ 国際理解教育の方法としての場と身体を問う―文化的多様性の学びほぐしへ（横田和子） ◇ 海外フィールドスタディと国際理解―タイ・ラオス国境でのフィールド調査を通して考える（乾美紀）
20号／2014年6月	■ 国際理解教育における ESD で優先すべき学習内容―持続可能な社会づくりに関する課題の整理から（中澤静男） □ 意識変容の学習としての開発教育―ペダゴジーとアンドラゴジーの理論に基づく実践的検討（山中信幸） □ 日系移民学習における自尊感情と文化理解の意義―小学校 3 年「多文化社会に生きるわたしたち」の開発単元を通して（太田満） ◇ ソーシャル・デザイン―地球的課題と国内の地域課題について解決策を考察する（飯沼瑞穂・松橋崇史・千代倉弘明） ◇ 小学校における多言語活動の教材開発と実践―国際理解教育としてのことばの多様性からのアプローチ（秦さやか） 特集：海外研修・スタディツアーと国際理解教育 ☆ 特定課題研究プロジェクトについて（藤原孝章） ☆ スタディツアーにおけるプログラムづくり―「歩く旅」から「学ぶ旅」への転換（藤原孝章・栗山丈弘） ☆ スタディツアーにおける学びと変容―グアム・スタディツアーを事例に（居城勝彦・中山京子・織田雪江） ☆ 相互交流を通した「多様な変容」の実践的分析―高等学校海外研修の臨床的検討（大滝修・津山直樹・森茂岳雄・橋崎頼子） ☆ JICA 教師海外研修と国際理解教育―参加者への質問調査の分析と授業づくりへの示唆（松井克行・金田修治・堀幸美・山中信幸）
21号／2015年6月	■ 一条校による国際バカロレア導入の意図と背景―学校管理職の語りから（渋谷真樹） ■ ESD における「自己変容と社会変容をもたらす学び」―国連欧州経済委員会による理論的枠組みに焦点をあてて（曽我幸代） ○ 中学生は他国をどう見ているのか―日本・中国・米国の中学生に対するアンケート調査結果報告（中橋真穂・潘英峰・義永美央子） ◇ ESD による学校経営と教育実践の変革―ESD を学校の授業で活かすための教育システムの構築（中井精一） 特集：教師教育と国際理解教育 ☆ グローバル時代の国際理解教育と教師教育の未来―ホリスティック・アプローチの可能性（成田喜一郎） ☆ 日韓の教育研究交流と教師の成長―日韓の教師への質問紙調査と半構造化インタビューから（釜田聡） ☆ 国際理解教育の観点からみた小学校教員の意識の変容―外国人講師との関わりから（高井延子） ☆ ミュージアムにおける教員研修ワークショップの可能性―国際理解教育における博物館の活用（佐藤優香） ☆ 国際バカロレアの教育で「グローバル人材の育成」を行う教師と学校（星野あゆみ） ☆ 内発的な研修から生まれる国際理解教育の実践研究コミュニティー（林敏博）

号数	■研究論文　○研究ノート　□実践研究論文　◇実践研究ノート　☆特集論文・特別寄稿
22号／2016年6月	■ 国際理解教育における新たな参加型分析プロセスと成果検証方法の提案―個人別態度構造分析による異文化での学び（前田ひとみ） ■ 国際理解教育は「国家」をいかに扱うか―国家間における葛藤を経験させる教育の展望（大山正博） ■ 国際理解教育における「地域」の再考―開放性と重層性の視座から（小瑶史朗） ◇ 小学校国語学習でアイヌの昔話をどう取り上げるか―多文化教育の発想に立つことの意義（太田満） 特集：道徳教育と国際理解教育 ☆ 戦後の道徳教育と国際理解教育―「特別の教科 道徳」の課題を中心に（貝塚茂樹） ☆ 国際理解教育にとっての「特別の教科 道徳」の危険性（池田賢市） ☆ シティズンシップの育成における対話と自己肯定感―「特別の教科 道徳」と国際理解教育の相違を手がかりに（荒木寿友） ☆ 「道徳教育」と国際理解教育―私学中高一貫校における宗教教育の観点から（神垣しおり） ☆ 国際理解と災後の道徳教育―国際理解教育と東日本大震災から見える災後の道徳教育の姿（宍戸仙助）
23号／2017年6月	■ マンガによる異文化理解教育の可能性―『まんがクラスメイトは外国人 入門編―はじめて学ぶ多文化共生―』を中心に（ギルデンハルト・ベティーナ） ■ 日本の教員養成課程の学生のナショナル・シティズンシップに対する意識―日本とノルウェーの7大学における調査を通して（橋崎頼子・北山夕華・川口広美・南浦涼介） □ 海外研修中止が生んだ札幌でのプロジェクト型多文化教育プログラム―学生たちの5ヶ月間の試み（西原明希） 特集：アクティブ・ラーニングと国際理解教育 ☆ 資質・能力の育成とアクティブ・ラーニング―国際理解教育の授業デザインへの示唆（松尾知明） ☆ 国際理解教育実践におけるアクティブ・ラーニング（中山京子） ☆ 国際理解教育の学習論としての「アクティブ・ラーニング」再考―参加型学習の実践事例の考察を通して（織田雪江） ☆ 国際理解教育におけるラーニング・フォー・アクションとしてのアクティブ・ラーニング―「せつなさ」の重要性（風巻浩） ☆ アクティブ・ラーニングを活用したスタディツアーにおける学びの充実―「知る・考える・行動する」プログラムの実践を通して（大塚圭・小川正純・山田篤史） ☆ 国際バカロレアMYP音楽の授業から考察するアクティブ・ラーニング（本多舞）
24号／2018年6月	■ 地球規模課題と国際理解教育―気候変動教育からの示唆（永田佳之） □ 地域の未来を積極的に創造しようとする生徒の育成―国際理解教育の観点を取り入れた地域学習を通して（小黒淳一・原瑞穂） ◇ 「共生」のための「対話」としての歴史学習―在日コリアンの視点を取り入れた「もう一つの歴史」の授業実践を通して（西村美智子） 特集：「移動する子どもたち」と国際理解教育 ☆ 「移動する子どもたち」の教育支援政策の課題と可能性―政府関連報告書を国際理解教育の視点から読み解く（福山文子） ☆ SDGs時代における移民・難民の受け入れの構造と政策（丸山英樹） ☆ イギリスにおける「移動する子どもたち」の教育課題と支援―難民及び庇護希望者の受け入れに焦点をあてて（菊地かおり） ☆ 学生は「移動する子どもたち」との関わりから何を学んだか―「つながる会」の挑戦（浜田麻里） ☆ 横浜市における外国籍・外国につながる児童生徒への教育支援―横浜市教育委員会の支援事業の取組より（服部信雄）

号数	■研究論文　○研究ノート　□実践研究論文　◇実践研究ノート　☆特集論文・特別寄稿
25号／2019年6月	■ 韓国における「地球市民」育成に向けた政策の変遷―民族性との関係に着目して（神田あずさ） ■ 滞日ムスリム児童のエスノグラフィー――A小学校における宗教的配慮への取り組みとムスリム児童の学校生活（松井理恵） □ SDGsをテーマに取り組んだ学園祭における生徒の意識変容―知る・伝える「アクション」を「エシカル消費」につなぐ（織田雪江） 特集：「グローバル人材」育成と国際理解教育 ☆ ユネスコの地球市民教育（GCED）が目指す共生型のグローバル人材育成の試み―地球市民アイデンティティを育成する意義は何か？（小林亮） ☆ 日本人学校におけるグローバル人材育成の課題（佐藤郡衛） ☆ 公設民営学校における国際バカロレアの導入は国際理解を推進するのか―新自由主義と国際理解教育の結節点としての「グローバル人材」育成（渋谷真樹） ☆ 国際バカロレアの検討による「グローバル人材育成」への示唆―ディプロマ・プログラム言語Aの実践に焦点を当てて（高松美紀） ☆ SGHにおける「グローバル人材」育成―国際理解教育の視点から（石森広美） ☆ 外国にルーツを持つ地域に寄り添った多文化共生教育実践―小学校低学年における「グローバル社会に生きる資質・能力の育成」の可能性と課題（山田文乃）
26号／2020年6月	□ 「人種」をテーマにした小学校における実践―「人種」概念の捉え直しを試みる（東優也） □ 「帰国子女」からの問いかけと教師の応答経験の有意味性―オートエスノグラフィー1978-2006を中心に（成田喜一郎） □ 国際理解教育とアフリカの民族舞踏学習―小学校におけるデジタル教材を活用した実践を通して（野用章子） ■ 「目の見えない文化」を重視した日中異文化理解のための教材研究―異文化間誤解・摩擦事例を活用して（周勝男） 特集：学習指導要領の改訂と国際理解教育 ☆ 文科行政にみる「国際理解教育」政策の現在―2018年文科省組織再編と学習指導要領改訂から（嶺井明子） ☆ 多様な他者の声を聴き価値を創り出す道徳教育実践―ケアリングの視点から（橋崎頼子） ☆ 学習指導要領の改訂と国際理解教育―「言語」の側面から（南美佐江） ☆ 新学習指導要領が目指す教育課程―学習指導要領の展望（小山英恵）

※ 0号は日本国際理解教育学会刊、1～15号は創友社刊、16号以降は明石書店刊。

（中山京子・菊地かおり・桐谷正信）

［付録2］　年表：日本国際理解教育学会の研究活動の歩み

年	研究大会			その他の研究活動
	大会日時・会場	シンポジウムテーマ	特定課題研究・プレイベント等	
1991	第1回大会（学会設立総会） 1991年1月26日 会場：はあといん乃木坂健保会館	「国際理解教育と21世紀」		
1992	第2回大会 1992年1月26日 会場：機械振興会館	記念講演 「21世紀の世界と日米の役割」栗山尚一		
1993	第3回大会 1993年1月24日 会場：国際連合大学	パネルディスカッション 「国際理解教育の来し方行く末」		
1994	第4回大会 1994年2月6日 会場：国際連合大学	講演 「今日の国際社会の在り方とその問題点」中嶋嶺雄		
1995	第5回大会 1995年1月22日 会場：国際基督教大学	「学校教育における国際理解教育の課題」		
1996	第6回大会 1996年6月22・23日 会場：帝塚山学院大学	「共生を進める国際理解教育—理論と実践の統一をめざして」	特別報告 「21世紀の教育国際委員会の報告について」 天城勲	
1997	第7回大会 1997年6月14・15日 会場：目白学園女子短期大学	「国際理解教育の視点から見た総合学習をどう考えたらよいか」	課題別検討会 1.　地域の特性を踏まえた国際理解教育 2.　直接交流による国際理解教育 3.　環境に働きかける国際理解教育	
1998	第8回大会 1998年6月13・14日 会場：上越教育大学	「日韓交流を通じてみた国際理解教育の課題と展望」		第1回教育懇話会 科研費研究報告書（基盤(A)代表：中西晃）『国際理解教育の理論的、実践的指針の構築に関する総合的研究』（1995-97年度）
1999	第9回大会 1999年6月12・13日 会場：帝京大学	「新学習指導要領の『国際化』の視点をどう受けとめ、どう生かすか」	「国際理解教育の基本概念としての『国』—日本の学校教育における『国』をめぐるジレンマの中で」	
2000	第10回大会 2000年6月10・11日 会場：奈良教育大学	「国際理解教育で『総合的な学習』をどう創るか—国際理解教育の実践の理論化と理論の実践化をめざして」 基調講演 「国際理解教育と総合的学習」梶田叡一	「地球時代における『国』と人々—国際理解教育における新たな視点からの『国』の学習について」	第2回教育懇話会

年	研究大会			その他の研究活動
	大会日時・会場	シンポジウムテーマ	特定課題研究・プレイベント等	
2001	第 11 回大会 2001 年 6 月 9・10 日 会場：筑波大学	「国際理解教育におけるメディアリテラシー」	「地球時代における『国』と人々―授業づくりの課題」	第 1 回コロキウム「ユネスコ共同学校と国際理解教育の初志」 第 3 回教育懇話会
2002	第 12 回大会 2002 年 6 月 8・9 日 会場：広島大学	「国際理解教育におけるカリキュラム開発」 基調講演 「国際理解教育のカリキュラム開発」中島章夫	「国際理解教育とユネスコのかかわり―海外の動向と対比して考える」	第 2 回コロキウム「戦後日本における教育政策・行政と国際理解教育」 第 4 回教育懇話会
2003	第 13 回大会 2003 年 6 月 7・8 日 会場：桜美林大学	ミニシンポジウム ○内なる国際化と国際理解教育 ○「自文化」理解と「異文化」理解の両立 ○グローバルな視点に立った国際理解教育 ○平和の学習と国際理解教育 ○学校と地域の連続 ○国際理解教育としての小学校英語教育 ○日韓交流の促進と国際理解教育 ○人権学習と国際理解教育	「国際理解教育と総合学習―カリキュラム開発の理念と方法」	第 3 回コロキウム「国際理解教育における理論・実践研究の現状と課題」 第 5 回教育懇話会
2004	第 14 回大会 2004 年 6 月 5・6 日 会場：京都ノートルダム女子大学	ミニシンポジウム ○学会科研費の現状報告とこれからの課題 ○持続可能な社会：開発と環境の視点に立った国際理解教育 ○多文化共生―内なる国際化のための国際理解教育 ○9.11 以降の国際理解教育を考える ○デジタルバインドと国際理解教育	「国際理解教育の授業実践をどう深めるか―学びの創造と教師の役割」 ＊プレイベント 「シンポジウム：日韓新時代の文化交流と国際理解」	第 4 回コロキウム「カリキュラム開発の方法と教育モデル」 第 6 回教育懇話会
2005	第 15 回大会 2005 年 6 月 4・5 日 会場：玉川大学	ミニシンポジウム ○国際理解教育と「総合学習」で身につく学力―学会科研費研究・国際理解教育のカリキュラム開発に関連して ○21 世紀の市民像を探る―市民社会を創る人間を育む国際理解教育 ○地域から出発する国際理解教育の実践―地域と世界をつなぐ国際理解教育 ○グローバル時代を確かにするもうひとつの国際交流―世界と学びあうユネスコ共同学校の実践などを通して ○国際理解教育研究へのアプローチ：実践の分析と評価	「国際理解教育の現代的定義を問う」 ＊プレイベント 「シンポジウム：持続可能な開発のための国際理解教育」	第 5 回コロキウム「関連学会・研究団体の動向と国際理解教育」 第 7 回教育懇話会 科研費研究報告書（基盤 (B) 代表：米田伸次・多田孝志）『グローバル時代に対応した国際理解教育のカリキュラム開発に関する理論的・実践的研究』(2003-05 年度)
2006	第 16 回大会 2006 年 6 月 10・11 日 会場：岐阜大学	「多文化共生の学校づくり地域づくり」	「アジアにおける国際理解教育の現状と研究ネットワーク構築の可能性」	

	研究大会			その他の研究活動
年	大会日時・会場	シンポジウムテーマ	特定課題研究・プレイベント等	
2007	第 17 回大会 2007 年 7 月 28・29 日 会場：北海道教育大学	「転換期を迎える国際理解教育」	ポストイベント 「日本・韓国・中国相互理解のための教材開発ワークショップ」	
2008	第 18 回大会 2008 年 6 月 14・15 日 会場：富山大学	「学校の中の多文化共生の構築を目指して」	「ユネスコの動向を踏まえた日本の国際理解教育 世界遺産教育を切り口とした ESD」	
2009	第 19 回大会 2009 年 6 月 13・14 日 会場：同志社女子大学	「国際理解教育と『習得・活用・探究・参画』に結びつくカ―ワークショップ、参加型学習がめざすもの」	「ことばと国際理解教育」 ＊プレイベント 「シュタイナー学校現地見学会」「講演会：ユネスコ・スクールとシュタイナー教育」	中牧弘允・多田孝志・森茂岳雄編『学校と博物館でつくる国際理解教育』明石書店
2010	第 20 回大会 2010 年 7 月 2・3・4 日 会場：聖心女子大学	「日本国際理解教育学会の到達点と展望―第 20 回研究大会を記念して」	「グローバル時代のシティズンシップと国際理解教育」 学会創設 20 周年記念特別講演 「グローバリゼーション時代の国際理解と日本の課題」松浦晃一郎 ＊プレイベント 20 周年記念講演会 「21 世紀の教育としての国際理解教育の方向」佐藤学	日本国際理解教育学会編『グローバル時代の国際理解教育』明石書店
2011	第 21 回大会 2011 年 6 月 18・19 日 会場：京都橘大学	「『9.11』後の平和教育の成果と課題―グローバル化の下で、戦争をどう伝え、どう教え、どう学ぶか」	「持続可能な社会形成と教育―ESD の実践的基盤に関する総合的研究」	科研費研究報告書（基盤 (B) 代表：大津和子）『日韓中 3 カ国の協働による相互理解のための国際理解教育カリキュラム・教材の開発』(2009-11 年度)
2012	第 22 回大会 2012 年 7 月 15・16 日 会場：埼玉大学	シンポジウム A「今こそ教科教育における国際理解教育を」 シンポジウム B「国際理解教育実践における新しい検証・評価の方法を探る」 シンポジウム C「シティズンシップからシティズンシップ教育へ」	「文化的多様性と国際理解教育」	日本国際理解教育学会編『現代国際理解教育事典』明石書店
2013	第 23 回大会 2013 年 7 月 6・7 日 会場：広島経済大学	「海外研修・スタディツアーと国際理解教育」	「平和教育と国際理解教育」	
2014	第 24 回大会 2014 年 6 月 14・15 日 会場：奈良教育大学	シンポジウム 1「ESD と国際理解教育」 シンポジウム 2「ことばの教育と国際理解教育」	「国際理解教育における実践研究の視座」	大津和子編『日韓中でつくる国際理解教育』明石書店

研究大会				その他の研究活動
年	大会日時・会場	シンポジウムテーマ	特定課題研究・プレイベント等	
2015	第25回大会 2015年6月13・14日 会場：中央大学多摩キャンパス	「グローバル・シティズンシップの育成と国際理解教育」	「国際理解教育における実践研究のモデルを探る」	日本国際理解教育学会編『国際理解教育ハンドブック』明石書店
2016	第26回大会 2016年6月17・18・19日 会場：上越教育大学	「21世紀の社会に求められる育成すべき資質・能力と国際理解教育」	「研究コミュニティーのつながりを広げる」 ＊プレイベント 「日中共同『異己』理解・共生授業プロジェクト公開研究会」	
2017	第27回大会 2017年6月3・4日 会場：筑波大学	シンポジウムA「湖がつなぐ国際理解教育—アラル海と霞ヶ浦」 シンポジウムB「越境する教育イニシアチブ理念と実際—共生・連帯の視点から」	「国際理解教育における理念研究，方法研究の展望をひらく」	
2018	第28回大会 2018年6月15・16・17日 会場：宮城教育大学	シンポジウムA「ユネスコが推進するグローバルシティズンシップ教育（GCED）と国際理解教育」 シンポジウムB「教室のマイノリティとしての外国人児童生徒の視点から考える国際理解教育」	「国際理解教育における理念研究，方法研究の現段階—プロジェクトの取組と課題」 "実践者のための"論文書き方コーチング ＊プレイベント 「道徳・国際理解公開授業および検討会」	
2019	第29回大会 2019年6月15・16日 会場：椙山女学園大学星ヶ丘キャンパス	「大陸を超えた学びの場としての地球子ども広場と多文化共生の学校・地域づくり」	「国際理解教育における理念研究，方法研究の到達点と今後の課題」 異己シンポジウム「『異己』理解・共生授業プロジェクトの成果と課題」 "実践者のための"論文書き方コーチング	
2020	第30回大会 COVID-19のため中止			

（中山京子・菊地かおり・桐谷正信）

255

あとがき

　本書のベースになっているのは、学会設立20周年記念出版の『グローバル時代の国際理解教育—実践と理論をつなぐ—』（明石書店、2010年）と25周年記念出版の『国際理解教育ハンドブック—グローバル・シティズンシップを育む—』（明石書店、2015年）の二書である。

　本書の最大の特色と意義は，先行する二書との違いを明確にするために、学会では、これまで何をしてきて、これから何ができるか、という根源的で内省的な問いを立て、現代的課題と展望について、学会論文や学会出版物をもとに、提案したことである。本書は、このオリジナルな企画と刊行の趣旨の検討と共有に時間をかけることになった。5年ごとの記念出版としては1年先になってしまったのはそのためである。

　本書の原稿執筆を依頼したのは、2019年秋であり、第一次の締め切りを2020年3月末とした。この時期になると新型コロナウイルスの感染が世界的に拡大した。学校が休みとなり（2020年3月2日以降）、緊急事態宣言が出され（2020年4月7日）、学校の休校が延長され、多くの大学では前期（春学期）がすべて遠隔授業となった。原稿の締め切りも年度末（2020年3月末）としていたが、5月末まで延長した。それゆえ編集会議の多くをリモートで行った。いただいた原稿の手直しも8月中旬にし、出版社に入稿する原稿がすべて揃ったのは9月末であった。この間、執筆者各位には、公私ともに多用かつ多忙ななか、執筆とその手直しに応じていただいた。本当に感謝するほかない。

　本書は、24名の学会会員執筆者と3名の韓国と中国の研究協力者による共同作業である。執筆にあたっては、学会の次世代を担う気鋭の会員にも参加、協力をお願いした。他方で、来年刊行（予定）の『現代国際理解教育事典』（改訂版）では、もっと多くの会員が参加する企画も進行中であることを付記しておく。

　最後になったが、本書は、内容面の企画と編集については、前会長時代の常任理事と事務局が記念出版編集委員（森茂岳雄、中山京子、永田佳之、釜田聡、桐谷正信、石森広美、藤原孝章、森田真樹）として担当した。出版に関する財政面の

努力については森田事務局長にお願いした。あわせて感謝したい。

　また、これまでと同様、学会の企画を快く引き受けていただいた明石書店社長の大江道雅氏、編集作業を担当して下さった森富士夫氏に謝辞を申しあげておきたい。

日本国際理解教育学会前会長
編集委員会を代表して
　　　藤 原 孝 章

執筆者一覧（50音順 ** 編集委員長、* 編集委員）

石森広美 *（いしもり　ひろみ）……………………………………………第 2 部第 5 章
宮城県仙台二華高等学校教諭、東北学院大学・宮城教育大学非常勤講師。専門：国際理解教育、グローバルシティズンシップ教育、比較・国際教育。『「生きる力」を育むグローバル教育の実践―生徒の心に響く主体的・対話的で深い学び―』（単著、明石書店、2019年）、『グローバル教育の授業設計とアセスメント』（単著、学事出版、2013年）、『これからの学校教育を担う教師を目指す』（共著、学事出版、2016年）、『国際理解教育ハンドブック』（共著、明石書店、2015年）、『現代国際理解教育事典』（共著、明石書店、2012年）、『グローバル時代の国際理解教育』（共著、明石書店、2010年）、『シンガポール都市論』（共著、勉誠出版、2009年）

太田 満（おおた　みつる）……………………………………………第 3 部第 11 章
奈良教育大学准教授。専門：社会科教育、国際理解教育、多文化教育。『社会科教育の今を問い、未来を拓く―社会科（地理歴史科、公民科）授業はいかにしてつくられるか―』（共著、東洋館出版、2016年）、『社会科における多文化教育―多様性・社会正義・公正を学ぶ―』（共著、明石書店、2019年）、『中国・サハリン残留日本人の歴史と体験―北東アジアの過去と現在を次世代に伝えるために―』（単著、明石書店、2019年）、『小学校の多文化歴史教育―授業構成とカリキュラム開発―』（単著、明石書店、2020年）

大山正博（おおやま　まさひろ）……………………………………………第 1 部第 4 章
神戸大学大学院人間発達環境学研究科研究員、神戸大学国際人間科学部非常勤講師。専門：社会科教育、国際理解教育、ゲーミング・シミュレーション。「合意形成後の社会を体験させる『継続的社会構成学習』の提唱―『貿易ゲーム』のルール改変後の社会をプレイさせる授業を通じて―」『社会科教育研究』（共著、日本社会科教育学会、2019年）、「The Effectiveness of Negotiation Games in Citizenship Education: An Examination of Diplomatic Negotiation Game INDEPENDENCE DAY in a Japanese High School」『Intersections in Simulation and Gaming』（共著、Springer、2019年）、「国際問題の解決主体を育成する学習の組織―利害当事者として『貿易ゲーム』のルールを再構成する授業を通じて―」『社会科研究』（共著、全国社会科教育学会、2017年）

風巻 浩（かざまき　ひろし）……………………………………………第 2 部第 9 章
東京都立大学教職課程センター特任教授、専門：社会科教育、国際理解教育、開発教育、多文化共生教育。『社会科アクティブ・ラーニングへの挑戦―社会参画をめざす参加型学習―』（単著、明石書店、2016年）、「国際理解教育におけるラーニング・フォー・アクションとしてのアクティブ・ラーニング」（共著、『国際理解教育』Vol.23、2017年）、『実践学校模擬選挙マニュアル』（共著、ぎょうせい、2016年）、『チャレンジ！多文化体験ワークブック―国際理解と多文化共生のために―』（共著、ナカニシヤ出版、2019年）、『事典 持続可能な社会と教育』（共著、教育出版、2019年）、『未来の市民を育む「公共」の授業』（共著、大月書店、2020年）

釜田 聡*（かまだ　さとし）……………………………………………………**第3部第15章**
上越教育大学大学院学校教育研究科教授／兼務：兵庫教育大学大学院連合学校教育学研究科
教授。専門：総合学習、国際理解教育、社会科教育、教師教育。『学校教育の「理論知」と「実
践知」』（共著、2008年、教育開発研究所）、『日本とドイツの教師教育改革―未来のための教師
をどう育てるか―』（共著、東信堂、2010年）、『日韓で考える歴史教育』（共著、明石書店、2010
年）、『グローバル時代の学校教育』（共著、三恵社、2013年）、『地域で進められる新しいカリ
キュラムの創造について』（共著、日本学校教育学会編『学校教育研究』31、60-72、2016年）、『上
越発「総合学習」のあゆみと展開』（共編著、三恵社、2020年）

川口広美（かわぐち　ひろみ）……………………………………………………**第3部第12章**
広島大学大学院人間社会科学研究科准教授。専門：シティズンシップ教育、社会科教育。『イ
ギリス中等学校のシティズンシップ教育』（単著、風間書房、2017年）、『中学校社会科教育・高
等学校公民科教育』『中学校社会科教育・高等学校地理歴史科教育』（共編著、2020年）、『社会
形成科社会科論―批判主義社会科の継承と革新―』（共編著、風間書房、2019年）、「社会科教育
学は《政治的主体》をどのように論じてきたか」（単著、『教育目標・評価学会紀要』28、2018年）、
「日本の教員養成課程の学生のナショナル・シティズンシップに対する意識―日本とノル
ウェーの7大学における調査を通して―」（共著、『国際理解教育』Vol.23、2017年）

姜淳媛（カン　スンオン）………………………………………………………………**コラム**
韓信大学心理児童学部教授、教育大学院教育行政主任教授兼任。専門：教育社会学、平和教
育、人権教育、国際理解教育、世界の市民教育。『韓国の教育の政治経済学』（単著、ハンウル
アカデミー、1990年）、『平和人権教育』（単著、ハンウル、2000年）、『仲間仲裁』（単著、コミュニ
ティー、2007年）、『教育社会学を読み直す』（単著、ハンウル、2012年）、『カンスンウォンのフ
リースクール紀行』（単著、韓信大学出版部、2013年）、『北アイルランド総合学校紀行』（単著、
ハンウル、2017）、『国際理解教育ペダゴジー』（共著、サルリムト、2019年）、『グローバル平和と
韓半島の統一の未来』（共著、韓信大学出版部、2020年）

菊地かおり（きくち　かおり）……………………………………………**第1部第2章、付録**
筑波大学人間系助教。専門：比較・国際教育学、シティズンシップ教育。『共生と希望の教
育学』（共著、筑波大学出版会、2011年）、「多様性のための教育とシティズンシップ教育―イン
グランドの展開に着目して―」（単著、オセアニア教育学会『オセアニア教育研究』第21号、52-66、
2015年）、『岐路に立つ移民教育―社会的包摂への挑戦―』（共著、ナカニシヤ出版、2016年）、
『イングランドのシティズンシップ教育政策の展開―カリキュラム改革にみる国民意識の形
成に着目して―』（単著、東信堂、2018年）、『事典 持続可能な社会と教育』（共著、教育出版、
2019年）

桐谷正信*（きりたに　まさのぶ）……………………………………………………付録
埼玉大学教育学部教授。専門：社会科教育、多文化教育、シティズンシップ教育。『アメリ
カにおける多文化的歴史カリキュラム』（単著、東信堂、2012年）、『社会を創る市民の教育―協
働によるシティズンシップ教育の実践―』（共編著、東信堂、2016年）、『「公民的資質」とは何
か―社会科の過去・現在・未来を探る―』（共著、東洋館出版社、2016年）、「グローバル社会に
おける多文化的社会科教育」（単著、『社会科教育研究』No.134、2018年）、『社会科における多文
化教育―多様性・社会正 義・公正を学ぶ―』（共編著、明石書店、2019年）

金仙美（キム　ソンミ）………………………………………………………………コラム
韓国中央大学校言語教育院教授。専門：教育人類学、多文化教育、国際理解教育、世界市民
教育。『幸せな一週間』（共訳、ソウルセレクション、2012）、『六つの光の話』（共訳、ソウルセレク
ション、2012）、『希望の光へ』（共訳、ソウルセレクション、2012）、『色を見つけた虹』（共訳、ソ
ウルセレクション、2012）、『平和を知るべき平和である』（共著、図書出版トンイン、2013）、『地
球村と共にする世界市民』小・中・高教科書（研究委員、中央教育、2017）、『7人が見た世宗実
録』（共著、デザインミム、2019年）

姜英敏（ジャン　インミン）……………………………………………………………コラム
北京師範大学国際比較教育研究院教授、国際理解教育研究センターセンター長。専門：国際
理解教育、比較・国際教育。『东亚国际理解教育的政策与理论』（単著、高等教育出版社、2017年）、
『日韩道德课理念比较研究』（単著、北京師範大学出版社、2003年）、『全球化视阈下的国际理解教
育政策比较研究』（主編著、山西教育出版社、2018年）、『全球化时代的公民教育―世界各国及国
际组织的公民教育模式―』（訳著、広東教育出版社、2012年）、『当代东西方德育发展要览』（共著、
人民教育出版社、2013年）

曽我幸代（そが　さちよ）……………………………………………………第3部第14章
名古屋市立大学大学院人間文化研究科准教授。専門：ESD、国際理解教育、ホリスティック
教育。『新たな時代の ESD サスティナブルな学校を創ろう―世界のホールスクールから学
ぶ―』（共著、明石書店、2017年）、『対話がつむぐホリスティックな教育―変容をもたらす多様
な実践―』（共著、創成社、2017年）、『社会変容をめざす ESD―ケアを通した自己変容をもと
に―』（単著、学文社、2018年）、『事典 持続可能な社会と教育』（共編著、教育出版、2019年）、
『ワークで学ぶ教育の方法と技術』（共著、ナカニシヤ出版、2019年）、『転換期・名古屋の都市
公共政策』（共著、ミネルヴァ書房、2020年）

津山直樹(つやま　なおき)‥‥‥‥‥‥‥‥‥‥‥‥‥‥‥‥‥‥‥‥‥‥**第1部第3章**
中央大学大学院院生、自由学園高等科・東京外国語大学非常勤講師。専門：教育評価、国際
理解教育、社会科教育。『対話がつむぐホリスティックな教育―変容をもたらす多様な実
践―』(共著、創成社、2017年)、「教室型実践における異文化間能力育成―国際バカロレアに基
づいた中学校社会科での育成プロセスを事例に―」(単著、『異文化間教育』47、2018年)、『社会
科のおける多文化教育―多様性・社会正義・公正を学ぶ―』(共著、明石書店、2019年)、「異な
る教育観をつなぐホリスティックな対話的手法の検討―シナジーを生み出すアクティヴ・イ
ンタビューの可能性―」(共著、『ホリスティック教育／ケア研究』第23号、2020年)

永田佳之＊(ながた　よしゆき)‥‥‥‥‥‥‥‥‥‥‥‥‥‥‥‥‥**第3部第14章**
聖心女子大学現代教養学部教授／グローバル共生研究所副所長。専門：国際理解教育、ESD、
比較教育学。『新たな時代のESD サスティナブルな学校を創ろう―世界のホールスクール
から学ぶ―』(共著、明石書店、2017年)、『気候変動の時代を生きる―持続可能な未来へ導く教
育フロンティア―』(共著、山川出版社、2019年)、『変容する世界と日本のオルタナティブ教
育―生を優先する多様性の方へ―』(共著、世織書房、2019年)『ハーモニーの教育―ポスト・
コロナ時代における世界の新たな見方と学び方―』(監修・監訳、山川出版社、2020年)。

中山京子＊(なかやま　きょうこ)‥‥‥‥‥‥‥‥‥‥‥‥**第2部第7章、付録**
帝京大学教育学部教授。専門：国際理解教育、社会科教育、多文化教育。『先住民学習とポ
ストコロニアル人類学』(単著、御茶の水書房、2012年)、『グアム・チャモロダンスの挑戦―失
われた伝統・文化を再創造する―』(単著、明石書店、2018年)、『せかいの図鑑』(監修、小学館、
2016年)、『チャレンジ！多文化体験ワークブック―国際理解と多文化共生のために―』(共編
著、ナカニシヤ出版、2019年)、『「人種」「民族」をどう教えるか―創られた概念の解体をめざし
て―」(共編著、明石書店、2020年)

南雲勇多(なぐも　ゆうた)‥‥‥‥‥‥‥‥‥‥‥‥‥‥‥‥‥‥**第2部第10章**
東日本国際大学経済経営学部准教授。専門：開発教育、国際理解教育、子どもの権利論。
『ESD・開発教育実践者のためのふりかえり・自己評価ハンドブック』(共編著、開発教育協会、
2014年)、『持続可能な地域づくりのための「学びあい」ハンドブック』(共編著、開発教育協会、
2019年)、「平和を創る主体の育成―埼玉県蕨駅周辺での『フィールドを歩く』行為を通し
て―」(金敬黙編『越境する平和学―アジアにおける共生と和解―』法律文化社、151-173、2019年)、「オ
ルタナティブ教育の意義―子どもの権利の視点から―」(単著、喜多明人編『子どもの学ぶ権利と
多様な学び―誰もが安心して学べる社会へ―』エイデル研究所、54-78、2020年)

成田喜一郎（なりた　きいちろう）···第1部第3章
自由学園副学園長／最高学部特任教授。専門：越境する教育学・ホリスティック教育／ケア学、国際理解教育。『対話がつむぐホリスティックな教育─変容をもたらす多様な実践─』（共著、創成社、2017年）、『実践と理論を架橋・往還する「珠玉」のコンテンツ／スキルへの誘い─子どもと教師の学びの拡張と深化をもたらす─』（単著、電子書籍、2018年）、『教師になるには』（監修、一ツ橋書店、2019年）、『TAMAKUSU：Education/教育の「当たり前」を問い直す』（編著、電子書籍、2019年）、『国際バカロレア教育と教員養成─未来をつくる教師教育─』（共著、学文社、2020年）

橋崎頼子（はしざき　よりこ）···第2部第12章
奈良教育大学教育学部准教授。専門：国際理解教育、シティズンシップ教育、カリキュラム論。「多様な他者の声を聴き価値を創り出す道徳教育実践─ケアリングの視点から─」（単著、『国際理解教育』Vol.26、2020年）、「アイデンティティの複数性と動態的な文化理解にもとづく議論に向けた関係構築─欧州評議会におけるシティズンシップ教育の事例を通して─」（単著、『社会科教育研究』No.134、2018年）、「多元的シティズンシップ育成のための内容と方法─ヨーロッパ評議会の『民主主義の中に生きる』を手がかりに─」（単著、『国際理解教育』Vol.16、2010年）

原　瑞穂（はら　みずほ）···第2部第8章
上越教育大学大学院学校教育研究科准教授。専門：多文化共生、日本語教育、国際理解教育。「外国につながる複言語複文化の子どもへの二言語での個別学習支援経験による教職志望学生の学び」『上越教育大学紀要』（単著、上越教育大学、2018年）、「地域の未来を積極的に創造しようとする生徒の育成─国際理解教育の観点を取り入れた地域学習を通して─」（共著、『国際理解教育』Vol.24、2018年）、「外国につながる子どもたちの保護者の教育参加─『母』としての移住女性のかかわりに注目して─」『上越教育大学紀要』（共著、上越教育大学、2016年）

藤原孝章 **（ふじわら　たかあき）···序章、第1部第1章、あとがき
同志社女子大学現代社会学部特任教授。専門：国際理解教育、社会科教育、シティズンシップ教育、グローバル教育。『グローバル教育の内容編成に関する研究』（単著、風間書房、2016年）、『大学における海外体験学習への挑戦』（共編著、ナカニシヤ書店、2017年）、『18歳成人社会ハンドブック─制度改革と教育の課題─』（共著、明石書店、2018年）、『教師と人権教育─公正、多様性、グローバルな連帯のために─』（共監訳、明石書店、2018年）、『SDGsカリキュラムの創造─ESDから広がる持続可能な未来─』（共編著、学文社、2019年）

松尾知明（まつお　ともあき）‥‥‥‥‥‥‥‥‥‥‥‥‥‥‥‥**第2部第5章**
法政大学キャリアデザイン学部教授。専門：多文化教育、カリキュラム。『「移民時代」の多
文化共生論』（単著、明石書店、2020年）、『多文化教育の国際比較』（単著、明石書店、2017年）、
『21世紀型スキルとは何か』（単著、明石書店、2015年）、『多文化教育がわかる事典』（単著、明
石書店、2013年）、『多文化共生のためのテキストブック』（単著、明石書店、2011年）、『多文化
教育をデザインする』（編著、勁草書房、2013年）、『新版　教育課程・方法論』（単著、学文社、
2018年）

松倉紗野香（まつくら　さやか）‥‥‥‥‥‥‥‥‥‥‥‥‥‥‥**第3部第13章**
埼玉県上尾市立大石中学校教諭。専門：国際理解教育、グローバルシティズンシップ教育、
ESD。『SDGsとまちづくり―持続可能な地域と学びづくり―』（共著、学文社、2019年）、
『SDGsカリキュラムの創造―ESDから広がる持続可能な未来―』（共著、学文社、2019年）、
『事典持続可能な社会と教育』（共著、教育出版、2019年）、『総合的な学習の時間／探究の時
間―持続可能な未来の創造と探究―』（共著、学文社、2020年）、『ポスト・コロナショックの授
業づくり』（共著、東洋館出版社、2020年）

嶺井明子（みねい　あきこ）‥‥‥‥‥‥‥‥‥‥‥‥‥‥‥‥‥**第1部第2章**
元・筑波大学教授。専門：比較・国際教育学、国際理解教育。『世界のシティズンシップ教育―
グローバル時代の国民／市民形成―』（編著、東信堂、2007年）、『共生と希望の教育学』（共著、
筑波大学出版会、2011年）、『中央アジアの教育とグローバリズム』（共編著、東信堂、2012年）、
『国際理解教育ハンドブック』（共著、明石書店、2015年）、『現代ロシアの教育改革』（共編著、東
信堂、2021年）

森田真樹＊（もりた　まさき）‥‥‥‥‥‥‥‥‥‥‥‥‥**執筆者紹介、索引**
立命館大学大学院教職研究科教授。専門：国際理解教育、社会科教育、教師教育。『新しい
教職教育講座　教職教育編8　総合的な学習の時間』（共編著、ミネルヴァ書房、2019年）、「米
国社会科教育におけるグローバル教育の展開と課題」（単著、全国社会科教育学会編『社会科教育
論叢』50、71-80、2017年）、「現代における国際教育の課題と教育実践の視座―グローバル・
シティズンシップの育成という視点を含んで―」（単著、立命館大学教職教育推進機構編『立命館
教職教育研究』（特別号）、121-131、2016年）

森茂岳雄＊（もりも　たけお）‥‥‥‥‥‥‥‥‥‥‥‥‥**まえがき、第3部第11章**
中央大学文学部教授。専門：国際理解教育、多文化教育、社会科教育、カリキュラム研究。
『学校と博物館でつくる国際理解教育―新しい学びをデザインする―』（共編著、明石書店、
2009年）、『真珠湾を語る―歴史・記憶・教育―』（共編著、東京大学出版会、2011年）、『公共人
類学』（共著、東京大学出版会、2014年）、『日本人と海外移住―移民の歴史・現状・展望―』（共
編著、明石書店、2018年）、『社会科における多文化教育―多様性・社会正義・公正を学ぶ―』（共
編著、明石書店、2019年）、『「人種」「民族」をどう教えるか―創られた概念の解体をめざし
て―』（共編著、明石書店、2020年）

吉村雅仁（よしむら　まさひと）···第2部第6章
奈良教育大学教授。専門：言語意識教育、国際理解教育、外国語教育。「小学校における多
言語活動の可能性」（平高史也・木村護郎クリストフ編『多言語主義社会に向けて』くろしお出版、
2017年）、"Educating English Language Teachers to Critical Language Awareness: A
Collaborative Franco-Japanese Project." (López-Gopar, M. (ed.) *International Perspectives on
Critical Pedagogies in ELT.* Springer Nature, 2018)、"A Study on Multilingual Activities
Originated by a Primary School Teacher in Japan: From a Viewpoint of Plurilingualism
and Language Awareness."（『学校教育実践研究』12、2020年）

山西優二（やまにし　ゆうじ）···第2部第10章
早稲田大学文学学術院教授。専門：国際理解教育、開発教育、共生社会論。『地域から描く
これからの開発教育』（共編著、新評論、2008年）、「エンパワーメントの視点からみた日本語教
育―多文化共生に向けて―」『日本語教育155号』（日本語教育学会、2013年）、「平和の文化づく
りに向けた国際理解教育―目標構造と実践へのアプローチ―」『早稲田教育学研究』第7号
（早稲田大学文学学術院教育学会、2016年）、『多文化共生の地域日本語教室をめざして―居場所
づくりと参加型学習教材―』（共著、松柏社、2018年）。

索　引

日本国際理解教育学会

　日本国際理解教育学会は、「国際理解教育の研究と教育実践にたずさわる者が、研究と実践を通じて、国際理解教育を推進し、その発展に寄与することを目的」(学会規約第2条)に、1991年1月に設立された。年一回の研究大会の開催、学会紀要『国際理解教育』の刊行をはじめ、各種研究・実践集会の開催、研究成果の出版及び社会連携事業、海外の学会や研究機関との交流など、国際理解教育の充実と発展をめざした研究・実践活動を展開している。

【学会関連出版物】

『国際理解教育』(学会紀要、明石書店、年刊)

『学校と博物館でつくる国際理解教育―新しい学びをデザインする―』(明石書店、2009年)

『グローバル時代の国際理解教育―実践と理論をつなぐ―』(明石書店、2010年)

『現代国際理解教育事典』(明石書店、2012年)

『日韓中でつくる国際理解教育』(明石書店、2014年)

『国際理解教育ハンドブック―グローバル・シティズンシップを育む―』(明石書店、2015年)

Website http://www.kokusairikai.com

Facebook 日本国際理解教育学会

国際理解教育を問い直す
――現代的課題への15のアプローチ

2021年3月30日　初版第1刷発行

編著者	日本国際理解教育学会
	石森広美／釜田聡／桐谷正信／永田佳之
	中山京子／藤原孝章／森田真樹／森茂岳雄 (五十音順)
発行者	大江道雅
発行所	株式会社 明石書店
	〒101-0021　東京都千代田区外神田6-9-5
電　話	03 (5818) 1171
ＦＡＸ	03 (5818) 1174
振　替	00100-7-24505
	http://www.akashi.co.jp
装丁	明石書店デザイン室
印刷・製本	日経印刷株式会社

(定価はカバーに表示してあります)　　　　　ISBN978-4-7503-5179-7

国際理解教育ハンドブック

グローバル・シティズンシップを育む

日本国際理解教育学会編著

B5判／並製／264頁 ●2600円

国際理解教育の歴史、カリキュラム開発、教育実践などを系統的に解説した格好の入門書。ESD、学力と評価、コンピテンシーなどとの関連性、ユネスコ、欧米、東アジアにおける動向など、幅広い視野から国際理解教育をとらえ、今後の研究と実践の指針を示す。

リンガフランカとしての日本語

多言語・多文化共生のために日本語教育を再考する

青山玲二郎、明石智子、李 楚成編著　梁 安玉監修

●2300円

多様性が拓く学びのデザイン

主体的・対話的に他者と学ぶ教養教育の理論と実践

佐藤智子、高橋美能編著

●2400円

職場・学校で活かす現場グラフィー

ダイバーシティ時代の可能性をひらくために

清水 展、小國和子編著

●2500円

社会科アクティブ・ラーニングへの挑戦

社会参画をめざす参加型学習

風巻 浩

●2800円

国際理解教育

日本国際理解教育学会、ACCU共同企画
大津和子編

●2500円

日韓中でつくる国際理解教育

佐藤郡衛

●2300円

新 多文化共生の学校づくり

多文化共生社会の学校づくり 横浜市の挑戦

佐藤郡衛

●2400円

外国人児童生徒受入れの手引【改訂版】

文部科学省総合教育政策局
男女共同参画共生社会学習・安全課編著

山脇啓造、服部信雄編著

●800円

〈価格は本体価格です〉

現代国際理解教育事典

A5判／上製／336頁
●4700円

日本国際理解教育学会 編著
大津和子、多田孝志、中山京子、
藤原孝章、森茂岳雄

歴史・理論から多文化社会・グローバル社会・地球的課題等の学習領域、さらには学習論・方法論から代表的な実践まで、11分野・270以上の項目を網羅。深遠な内容を包含する国際理解教育の実践と理論を最新の学問的成果を踏まえ編纂・収録した本邦初の本格的な事典。

社会科における多文化教育
多様性・社会正義・公正を学ぶ
森茂岳雄、川﨑誠司、桐谷正信、青木香代子編著
●2700円

外国人児童生徒のための社会科教育
文化と文化の間を能動的に生きる子どもを授業で育てるために
南浦涼介
●4800円

「生きる力」を育むグローバル教育の実践
外国人の子ども、海外で学ぶ子どもの現状と課題
生徒の心に響く主体的・対話的で深い学び
石森広美
●2000円

多文化社会に生きる子どもの教育
佐藤郡衛
●2400円

グローバル化のなかの異文化間教育
異文化間能力の考察と文脈化の試み
西山教行、大木充編著
●2400円

「移民時代」の多文化共生論
想像力・創造力を育む14のレッスン
松尾知明
●2200円

多文化クラスの授業デザイン
外国につながる子どものために
松尾知明
●2200円

小学校の多文化歴史教育
授業構成とカリキュラム開発
太田満
●3800円

〈価格は本体価格です〉

新版 シミュレーション教材「ひょうたん島問題」
多文化共生社会ニッポンの学習課題
藤原孝章
●1800円

多文化共生のためのシティズンシップ教育実践ハンドブック
多文化共生のための市民性教育研究会編著
●2000円

まんが クラスメイトは外国人
「外国につながる子どもたちの物語」編集委員会編
私たちが向き合う
多文化共生の現実
●1300円

まんが クラスメイトは外国人 課題編
みなみななみ まんが
「外国につながる子どもたちの物語」編集委員会編
●1200円

まんが クラスメイトは外国人 入門編
みなみななみ まんが
「外国につながる子どもたちの物語」編集委員会編
はじめて学ぶ
多文化共生20の物語
●1200円

まんがで学ぶ開発教育 世界と地球の困った現実
みなみななみ まんが
●1200円

身近なことから世界と私を考える授業
飢餓・貧困・環境破壊
日本国際飢餓対策機構編
●1200円

身近なことから世界と私を考える授業II
100円ショップ・コンビニ・牛肉・野宿問題
開発教育研究会編著
●1500円

世界と私を考える授業
オキナワ・多みんぞくニホン・核と温暖化
開発教育研究会編著
●1600円

「人種」「民族」をどう教えるか
中山京子、東優也、太田満、森茂岳雄編著
創られた概念の
解体をめざして
●2600円

イスラーム／ムスリムをどう教えるか
荒井正剛、小林春夫編著
ステレオタイプからの脱却
を目指す異文化理解
●2300円

深化する多文化共生教育
孫美幸
ホリスティックな
学びを創る
●2400円

未来をつくる教育ESD
五島敦子、関口知子編著
持続可能な多文化
社会をめざして
●2000円

新たな時代のESD サスティナブルな学校を創ろう
永田佳之編著・監訳 曽我幸代編著・訳
世界のホール
スクールから学ぶ
●2500円

ユネスコスクール 地球市民教育の理念と実践
小林亮
●2400円

国際バカロレアの挑戦
岩崎久美子編著
グローバル時代の
世界標準プログラム
●3600円

にほんでいきる 外国からきた子どもたち
毎日新聞取材班編
●1600円

〈価格は本体価格です〉